纲鉴易知录评注

六

国务院参事室　中央文史研究馆　编

中华书局

纲鉴易知录卷六九

　　卷首语:本卷起宋仁宗至和元年(1054),止宋英宗治平四年(1067),所载为仁英两朝十四年史事。仁宗晚年,范镇、司马光、韩琦等臣僚纷纷建议立储,仁宗最终以宗实为皇子,即英宗。英宗朝最重要的事件是濮议,宰执韩琦、欧阳修等与台谏官群体发生激烈冲突。王安石、司马光的政治观点也是本卷记载的重点。

宋　纪

仁宗皇帝

纲 甲午,至和元年(1054)①,春正月,贵妃张氏卒,追册为温成皇后。二月,孙沔罢。

目 贵妃卒,帝忧悼甚,追册为皇后。知制诰王洙阴与内侍石全斌附会,欲令孙沔读册,帝从之。沔曰:"陛下若以臣沔读册则可,以枢密副使读册则不可。"遂求罢,乃知杭州。

纲 京师疫。

目 内出犀角二,令太医和药以疗民。其一通天犀也,左右请留供服御,帝曰:"吾岂贵异物而贱百姓哉!"立命碎之。

纲 以田况为枢密副使。

纲 三月,王贻永罢,以王德用为枢密使。

目 贻永尚真宗女郑国公主,自以祖宗来无外姻辅政者,恒惧宠禄过盛,故在枢府十五年,能远权势,帝由是益加尊礼。至是,以疾罢。德用时以太子太师致仕,会乾元节上寿②,立班廷中,契丹使语译者曰:"黑王相公乃复起邪!"帝闻之,遂拜枢使。

---

① 辽重熙二十三年。
② 乾元节:宋仁宗诞节,在四月十四日。

纲 夏四月朔,日食,用牲于社。

纲 秋七月,以程戡(kān)参知政事。

纲 梁适免。八月,以刘沆同平章事。冬十月,葬温成皇后,祔其主于
太庙。

纲 乙未,二年(1055)①,春三月,改封孔子后世愿为衍圣公。

目 世愿,孔子四十七代孙,袭封文宣公。太常博士祖无择言"祖谥不可
加后嗣",乃诏改封,仍令世袭。

纲 夏四月,以赵抃为殿中侍御史。

目 抃弹劾不避权幸,声称凛然,京师目为"铁面御史"。其言务欲朝廷别
白君子、小人②。以为小人虽小过,当力遏而绝之;君子不幸诖(guà)
误③,当保全爱惜,以成就其德。时吴充、鞠真卿、马遵、吴中复等,皆
以直言居外,欧阳修、贾黯复求郡,抃言:"近日正人端士纷纷引去者,
以正色立朝,不能谄事权要,伤之者众耳。"由是充等悉得召还。

纲 六月,陈执中免。

目 知谏院范镇论执中无学术,非宰相器。孙抃复论奏执中过失,执中竟
免。然执中在中书八年,人莫敢干以私。

〔文彦博富弼拜相〕

纲 以文彦博、富弼同平章事。

----

① 辽清宁元年。
② 别白:辨别明白。
③ 诖误:因受蒙蔽而犯了过失。

目 帝尝问置相于王素,素对曰:"惟宦官宫妾不知姓名者,可充其选。"帝曰:"如是则富弼耳。"至是,彦博与弼同召,至郊,诏百官迎之。范镇言曰:"隆之以虚礼,不若推之以至诚。"及宣制,士大夫相庆于朝,帝遣小黄门觇知之,语翰林学士欧阳修曰:"古之命相,或得诸梦卜①。今朕用二相,人情如此,岂不贤于梦卜哉。"修顿首贺。会契丹使者耶律防至,王德用与射于玉津园,防曰:"天子以公典枢密,而用富公为相,将相皆得人矣。"

纲 以张昪(biàn)为御史中丞。

目 昪指切时政,无所避畏,帝谓之曰:"卿孤立,乃能如是。"昪对曰:"臣仰托圣主致位侍从,是为不孤。今陛下之臣持禄养望者多,而赤心谋国者少,窃以为陛下乃孤立耳。"帝为感动。

纲 秋八月,契丹宗真死,子洪基立。

纲 冬十二月,修六塔河。

目 时河决大名馆陶,殿中丞李仲昌请自澶州商胡河穿六塔渠入横陇故道②,以披其势,富弼是其策。诏发三十万丁修六塔河以回河道,以仲昌提举河渠。翰林学士欧阳修三上疏,力谏其不可行,帝不听。

纲 丙申,嘉祐元年(1056)③,春正月,帝有疾,文彦博等宿卫禁中。二月,帝疾瘳。

---

① 梦卜:殷高宗因梦见傅说,周文王占卜得吕尚,比喻帝王求得良相。
② 横陇故道:景祐元年七月,黄河在今濮阳市东横陇埽决口形成的河道,在原黄河河道以北。
③ 辽清宁二年。

纲闰三月，以王尧臣参知政事，程戡为枢密副使。

纲以唐介知谏院。

目御史吴中复请召还唐介，文彦博因言于帝曰："介顷言臣事，多中臣病，其间虽有风闻之误，然当时责之太深，请如中复奏。"乃召介知谏院，时称彦博长者。

纲夏四月，河决六塔，流殿中丞李仲昌于英州。

纲五月，罢知谏院范镇。

目帝性宽仁，言事者竞为激讦①，镇独务引大体，非关朝廷安危，生民利疾，则未尝言。及帝暴疾，文彦博因请帝建储，帝许之，会疾瘳而止。至是镇奋然曰："天下事尚有大于此者乎！"即上疏曰："置谏官者，为宗庙、社稷计也。谏官而不以宗庙、社稷计事陛下，是爱死嗜利之人，臣不为也。方陛下不豫，海内皇皇，莫知所为。陛下独以祖宗后裔为念，是为宗庙、社稷之虑，至深且明也。昔太祖舍其子而立太宗，天下之大公也；真宗以周王薨养宗子于宫中，天下之大虑也。愿以太祖之心，行真宗故事，拔近属贤者，优其礼秩而试以政事，俟有圣嗣，复遣还邸。"章累上，不报。执政谕之曰："奈何效希名干进之人！"镇贻书曰："此天象见变，当有急兵。镇义当死职，不可死乱兵之下。此乃镇择死之时，尚何顾希名干进之嫌哉！"因复上疏，言之愈切。除兼侍御史知杂事②，镇以言不从固辞。凡见帝面陈者三，因泣下，帝亦泣谓

① 激讦：激烈率直地揭发、斥责别人的隐私、过失。
② 侍御史知杂事：御史台副长官。

曰:"朕知卿忠,当更俟二三年。"镇前后章凡十九上,待命百余日,须发皆白,朝廷知不可夺,乃罢知谏院,改纠察在京刑狱。时并州通判司马光亦言建储事,且劝镇以死争之。翰林学士欧阳修,殿中侍御史包拯、吕景初、赵抃,知制诰吴奎、刘敞等皆上疏力请,于是文彦博、富弼、王尧臣等相继劝帝早定大计,皆不见听。

纲 六月,大水,社稷坛坏。诏求直言。

纲 彗出紫微垣①。

〔狄青、王德用因被猜忌罢枢密使,根源在宋代的抑武政策〕

纲 秋八月,罢狄青判陈州,以韩琦为枢密使。

目 青在枢府,每出入,士卒辄指目以相矜夸,至壅马足不得行。又其家数有光怪。会大水,青避于相国寺,行止殿上,人情颇疑。翰林学士欧阳修言:"青掌国机密,而得军情,非国家之利。"知制诰刘敞出知扬州,陛辞,亦言:"陛下幸爱青,不如出之以全其终。"帝然之,乃以使相判陈州。

纲 冬十一月,王德用罢,以贾昌朝为枢密使。

目 德用将家子,习知军中情伪,善以恩抚下,故多得士心。虽屡临边境,未尝亲矢石、督攻战,而名闻四夷,闾阎妇女小儿亦呼为"黑王相公"②。

---

① 紫微垣:星官名,古人认为是天帝所居之处。
② 闾阎:民间。

纲十一月,刘沆免,以曾公亮参知政事。

纲以包拯知开封府。

目拯立朝刚毅,贵戚宦官为之敛手,闻者皆惮之,以其笑比黄河清。童稚妇女亦知其名,呼曰"包待制",京师为之语曰:"关节不到①,有阎罗包老。"

纲丁酉,二年(1057)②,春三月,祁公杜衍卒。

目衍临终作遗疏,略曰:"无以久安而忽边防,无以既富而轻财用,宜早建储副以安人心。"语不及私,谥正献。

〔嘉祐二年科举,欧阳修痛抑"太学体",得人最盛〕

纲以翰林学士欧阳修知贡举。

目帝切于求士,进士诸科一举而获选者至千三百余人。士子习尚险怪奇涩之文,号"太学体"。张方平尝言:"文章之变与政通。迩来文格日失其旧,各出新意,相胜为奇,驱扇浮薄③,重亏雅俗,非取贤敛才备治具之意。"虽下诏揭示,而士习不改。翰林学士欧阳修知贡举,痛抑新体,凡为时所推誉者皆被黜。榜出,浇薄之士俟修晨朝聚噪于马首,街司逻卒不能禁止④,然自是场屋之习遂为之变⑤。

① 关节:暗中请托、贿赂。
② 辽清宁三年。
③ 驱扇:驱策煽动。
④ 街司:左右街司掌巡逻、清道、排仪仗等事。
⑤ 场屋:考场,指科举考试。

纲三月,护国节度使、同平章事狄青卒。

目青为人慎密寡言,其计事必审中机会而后发。行师,先正部伍,明赏
　罚,与士卒同饥寒劳苦,虽敌猝犯之,无一士敢后先者,故数有功。尝
　有持狄梁公画像及告身诣青献之①,以为青之远祖。青谢之曰:"一
　时遭际,安敢自附梁公。"厚赠其人而遣之。卒谥武襄。

纲秋八月,诏诸州置广惠仓。

目初,天下没入户绝田,官自粥之。至是韩琦请留勿粥,募人耕而收其
　租,别为仓贮之,以给州县之老幼贫疾不能自存者,谓之"广惠仓"。

纲冬十二月,诏间岁一举士②,置明经科。

纲戊戌,三年(1058)③,夏六月,文彦博、贾昌朝罢。

目彦博以老求罢,以使相判河南,封潞国公。知谏院陈旭等恐昌朝遂代
　为相,乃率僚属上言昌朝交通女谒④,昌朝竟出判许州。

纲以韩琦同平章事,宋庠、田况为枢密使,张昪为副使。

纲以包拯为御史中丞。

目拯言:"东宫虚位日久,天下以为忧。夫万物皆有根本,而太子者,天
　下之根本也,根本不立,祸孰大焉。"帝曰:"卿欲谁立?"拯曰:"臣非
　才备位,所以乞豫建太子者,为宗庙万世计尔。陛下问臣欲谁立,是

---

① 狄梁公:武周名相狄仁杰,死后赠梁国公。
② 间岁:两年。
③ 辽清宁四年。
④ 女谒:泛指后宫妃嫔之干求请托者。

疑臣也。臣年七十且无子,非邀后福者。"帝喜曰:"徐当议之。"

纲秋八月,王尧臣卒。

纲己亥,四年(1059)①,春正月朔,日食,用牲于社。

目知制诰刘敞言:"社者,上公之神,群阴之长,故日食则伐鼓于社,所以责上公,退群阴。今反祠而请之,是屈天子之礼,从诸侯之制,抑阳扶阴,降尊贬重,非承天戒尊朝廷之义也。"

纲夏四月,封周世宗后柴咏为崇义公。

目给田十顷,以奉周祀,从著作佐郎何鬲请也。

纲秋七月,放宫人。

纲田况罢。

纲冬十一月,汝南王允让卒,追封濮王。

目允让天资浑厚,内宽外庄,知大宗正寺二十年。宗子有好学者,勉进之以善;若不率教,则劝戒之,至不变,始正其罪。故皆畏服。及薨,谥安懿,以其子宗实育宫中,故恤典有加②。

〔邵雍《易》学〕

纲召河南处士邵雍,不至。

目雍,河南人,少时自雄其才,慷慨欲树功名,于书无所不读。始为学,即

① 辽清宁五年。
② 恤典:官员死后的抚恤之礼。

坚苦刻励,寒不炉,暑不扇,夜不就枕者数年。既而逾河汾①,涉淮汉②,周流齐鲁宋郑③,久之,幡然来归,曰:"道在是矣。"遂不复出。

初,北海李之才受《易》于河南穆修④,修受于种放,而放受之于陈抟,源流最远。之才摄共城令⑤,雍时居母忧于苏门山⑥,躬爨(cuàn)以养父⑦,之才叩门来谒,劳苦之曰⑧:"好学笃志,果何似?"雍曰:"简策迹外⑨,未有适也。"之才曰:"君非迹简策者,其如物理之学何⑩。"他日则又曰:"物理之学学矣,不有性命之学乎。"雍再拜愿受业,之才遂授以河图、洛书、伏羲八卦六十四卦图象。雍由是探赜(zé)索隐⑪,妙悟神契,玩心高明,深造曲畅,遂衍伏羲先天之旨⑫,著书十余万言。富弼、司马光、吕公著诸贤居洛中,雅敬雍,恒相从游,为市园宅。雍德气粹然,望之知其贤,群居燕笑终日,不为甚异,人无贵贱少长,一接以诚,故贤者悦其德,不贤者服其化。留守王拱辰荐雍遗逸,授将作主簿,后复举逸士,补颍州团练推官⑬,皆固辞乃受命,竟称疾不之官。

---

① 河汾:黄河、汾水,代指今山西。
② 淮汉:淮河、汉水,代指今河南、湖北一带。
③ 齐鲁宋郑:今山东及河南东部一带。
④ 北海:郡名,即青州。
⑤ 共城:县名,今河南辉县市。
⑥ 苏门山:在今河南辉县市西北。
⑦ 爨:烧火做饭。
⑧ 劳苦:慰问。
⑨ 简策:书籍。
⑩ 物理:事物的内在规律。
⑪ 探赜:探索奥秘。
⑫ 衍:推演,阐述。
⑬ 颍州:治今安徽阜阳市。团练推官:州僚佐,掌推勾狱讼之事。

纲 庚子，五年（1060）①，夏四月，程戡免，以孙抃为枢密副使。

纲 五月，召王安石为三司度支判官。

目 安石，临川人，好读书，善属文，曾巩携其所撰以示欧阳修，修为之延誉。擢进士上第，授淮南判官。故事，秩满许献文求试馆职②，安石独否，调知鄞（yín）县③，通判舒州④。文彦博为相，荐其恬退，乞不次进用，以激奔竞之风。欧阳修荐为谏官。安石皆以祖母年高辞。修以其须禄养，复言于朝，召为群牧判官，改度支判官。

〔王安石上《万言书》，陈述变革纲领〕

安石议论高奇，能以辨博济其说，果于自用⑤，慨然有矫世变俗之志。于是上《万言书》，其大要以为："今天下之财力日以困穷，风俗日以衰坏，患在不知法度，不法先王之政故也。法先王之政者，法其意而已。法其意，则吾所改易更革，不至乎倾骇天下之耳目，嚣天下之口，而固已合先王之政矣。因天下之力，以生天下之财，以供天下之费。自古治世，未尝以财不足为患也，患在治财无其道耳。"

先是，馆阁之命屡下，安石辄辞不起，士大夫谓其无意于世，恨不识其面。朝廷每欲畀（bì）以美官⑥，惟患其不就也。及赴是职，闻者莫不喜悦。

①辽清宁六年。
②秩满：官吏任期届满。馆职：馆阁之职，授予清要文臣。
③鄞县：今浙江宁波市鄞州区。
④舒州：治今安徽潜山市。
⑤自用：根据自己的判断行事。
⑥畀：给与。

纲六月,契丹新置国子监。

[《新唐书》成书]

纲欧阳修等上《新唐书》。

目先是,帝以刘昫等所撰唐史卑弱浅陋,命翰林学士欧阳修、端明殿学
　士宋祁刊修之,曾公亮提举其事,十有七年而成,凡二百二十五卷。
　事增于前,文省于旧,修撰纪、志、表,祁撰传。

纲冬十一月,宋庠免,以曾公亮为枢密使。以张昇、孙抃参知政事,欧阳
　修、陈旭、赵槩(gài)为枢密副使。

纲辛丑,六年(1061)①,春三月,起复富弼同平章事,弼固辞,许之。

目弼以母丧去位,诏为罢春宴。故事,执政遭丧皆起复,帝虚位五起之,
　弼固请终制,且曰:"起复,金革之变礼②,不可施于平世。"帝乃许之。

纲夏四月,陈旭罢。

纲以包拯为枢密副使。

纲六月朔,日食。

目司天言:"当食六分之半。"食四分而雨。群臣欲援例称贺,同判尚书
　礼部司马光言:"日之所照,周遍华夷,云之所蔽,至为近狭,虽京师不
　见,四方必有见者。天意若曰'人君为阴邪所蔽',灾愿(tè)甚明③,天

①　辽清宁七年。
②　金革:兵器和戎装,借指战争。
③　灾愿:灾害。

下皆知其忧危，而朝廷独不知也。食不满分者，乃历官术数不精，当治其罪，亦非所以为贺也。"帝从之。

纲 以司马光知谏院。

目 光入对，首言："臣昔通判并州，所言三章，愿陛下果断力行。"帝沉思久之，曰："得非欲选宗室为继嗣者乎？ 此忠臣之言，但人不敢及耳。"光对曰："臣言此，自谓必死，不意陛下开纳。"帝曰："此何害！ 古今皆有之。"

〔司马光上三论、《五规》，阐述其政治理念〕

光复以三札子上，其一论："君德有三：曰仁、曰明、曰武。仁者，非妪煦姑息之谓①。兴教化，修政治，养百姓，利万物，此人君之仁也。明者，非烦苛伺察之谓。知道谊，识安危，别贤愚，辨是非，此人君之明也。武者，非强亢暴戾之谓②。唯道所在，断之不疑，奸不能惑，佞不能移，此人君之武也。陛下天性慈惠，谨微接下，子育元元③，泛爱群生，虽古先圣王之仁殆无以过。然践祚垂四十年，而朝廷纪纲犹有亏缺，闾里穷民犹有怨叹，意者群臣不能宣扬圣化，将陛下之于三德，万分一亦有所未尽欤？ 臣伏见陛下推心御物，端拱渊默，群臣各以其意有所敷奏，陛下不复询访利害，一皆可之，诚使陛下左右前后之臣，皆忠实正人则善矣，或有一奸邪在焉，则岂可不为之寒心哉！"

其二论："致治之道有三：曰任官、曰信赏、曰必罚。国家御群臣之道，

———

① 妪煦：和悦之色。
② 强亢：刚愎。
③ 元元：百姓。

累日月以进秩,循资途而授任。苟日月积久,则不问其人之贤愚而置高位;资途相值,则不问其人之能否而居重职。非特如是而已。国家采名不采实,诛文不诛意。夫以名行赏,则天下饰名以求功;以文行罚,则天下巧文以逃罪。陛下诚能慎选在位之士而用之,有功则增秩加赏,而勿徙其官;无功则降黜废弃,而更求能者;有罪则流窜刑诛,而勿加宽贷。"

其三言:"养兵之术,务精不务多。赦书害多而利少,非国家之善政。"又进《五规》:曰保业、惜时、远谋、谨微、务实。又言:"故事,凡臣僚上殿奏事,悉屏左右内臣。今内臣不过去御坐数步,君臣对问之言皆可听闻,恐漏泄机事,非便。"帝皆嘉纳之,诏:"自今止令御药侍臣及扶侍四人立殿角以备宣唤,余悉屏之。"

纲 以王安石知制诰。

目 安石自度支判官改同修起居注,辞之累日,阁门吏赍敕就付之,拒不受。吏随而拜之,则避于厕。吏置敕于案而去,又遣还之。上章至八九,乃受。及径除知制诰,安石遂不复辞矣。

纲 秋八月,以曾公亮同平章事,张昇为枢密使,胡宿为副使。

目 宿为人清慎忠实,临事不妄发,既发亦不可回止。其当重任,尤能顾惜大体。群臣多务更张革弊,宿曰:"变法,古人所难,不务守祖宗成法而徒纷纷,无益于治也。"

纲 闰月,策贤良方正直言极谏之士。

目 王介、苏轼、苏辙皆在举中。辙对切直,胡宿力请黜之,帝不许,曰:"以直言召人,奈何以直弃之!"乃收入第四等。王安石意辙右宰相,专攻人主,比之谷永①,不肯撰词。韩琦曰:"此人谓宰相不足用,欲得娄师德、郝处俊而用之②,尚以谷永疑之乎?"改命沈遘(gòu)为之词。

纲 以欧阳修参知政事。

目 时韩琦为首相,法令典故问曾公亮,文学之事问修,三人同心辅政,百官奉法循理,朝廷称治。修以兵民、官吏、财利之要,中书所当知者集为总目,遇事取视之,不复求诸有司。

纲 冬十月,起复宗实知宗正寺,固辞不拜。

目 群臣以储位未建为忧,言者虽切,而帝未之允。司马光上疏曰:"向者臣进豫建太子之说,意谓即行。今寂无所闻,此必有小人言:'陛下春秋鼎盛,何遽为此不祥之事!'小人无远虑,特欲仓卒之际,援立其所厚善者耳。'定策国老'、'门生天子'之祸③,可胜言哉!"帝大感动,曰:"送中书。"光见韩琦等曰:"诸公不及今定议,异日禁中夜半出寸纸,以某人为嗣,则天下莫敢违。"琦等拱手曰:"敢不尽力。"时知江州吕诲亦上疏言之。及琦入对,以光、诲二疏进读,帝遽曰:"朕有意久矣,谁可者?"琦皇恐对曰:"此非臣辈所可议,当出自圣择。"帝曰:"宫中尝养二子,小者甚纯,近不慧,大者可也。"琦请其名,帝曰:"宗实。"琦等遂力赞之,议乃定。

① 谷永:西汉末王凤势盛,谷永前后上奏四十余事批评皇帝、后妃,以阿谀王氏。后以为奸谀小臣的代表。
② 娄师德:武周贤相,生性宽厚。郝处俊:唐高宗朝贤相。
③ 定策国老、门生天子:唐末宦官杨复恭拥立唐昭宗,后因擅权被迫致仕,曾言:"(昭宗)废定策国老,有如此负心门生天子!"

宗实天性笃孝,好读书,不为燕嬉亵慢①,服御俭素如儒者。时居濮王丧②,乃起复知宗正寺。琦曰:"事若行,不可中止。陛下断自不疑,乞内中批出。"帝意不欲宫人知,曰:"只中书行足矣。"命下,宗实固辞,乞终丧。帝复以问琦,琦对曰:"陛下既知其贤而选之,今不敢遽当,盖器识远大,所以为贤也,愿固起之。"帝曰:"然。"

纲 壬寅,七年(1062)③,春三月,孙抃罢,以赵槩参知政事,吴奎为枢密副使。

纲 夏四月,枢密副使包拯卒。

目 拯性峭直耿介④,与人不苟合,不一毫妄取,平居无私书,故人亲党干谒一切绝之,然恶吏苛刻,务敦厚,于人未尝不恕。其饮食服用喜俭朴,虽贵,如布衣时。卒赠礼部尚书,谥孝肃。

〔宋仁宗建储〕

纲 秋八月,立宗实为皇子,赐名曙。九月,进封巨鹿郡公。

目 宗实既终丧,韩琦言:"宗正之命初出,外人皆知必为皇子,不若遂正其名。"帝从之。琦至中书,召翰林学士王珪草诏,珪曰:"此大事也,非面受旨不可。"明日请对,曰:"海内望此举久矣,果出自圣意乎?"帝曰:"朕意决矣。"珪再拜贺,始退而草诏。诏下,宗实复称疾固辞,

---

① 亵慢:举止不庄重。
② 濮王:赵允让,宗实之父。
③ 辽清宁八年。
④ 峭直:严峻刚正。

章十余上。记室周孟阳请其故,宗实曰:"非敢徼福,以避祸也。"孟阳曰:"今已有此迹,设固辞不受,中人别有所奉①,遂得燕然无患乎!"宗实始悟。司马光言于帝曰:"皇子辞不赀(zī)之富②,至于旬月,其贤于人远矣。然'父召无诺,君命召不俟驾',愿以臣子大义责之,宜必入。"帝从之,宗实遂受命。将入宫,戒其舍人曰:"谨守吾舍,上有適(dí)嗣,吾归矣③。"因肩舆赴召,良贱不满三十人,行李萧然,唯书数厨而已。中外相贺。

綱 癸卯,八年(1063)④,春三月,帝崩。巨鹿公曙即位,尊皇后为皇太后,赦。

綱 帝有疾,诏请皇太后权同听政。

目 帝得暴疾,诏请皇太后权同处分军国事,后乃御内东门小殿垂帘,宰臣日奏事。后性慈俭,颇涉经史,多援以决事。中外章奏日数十上,一一能记纲要。有疑未决者,则曰"公辈更议之",未尝出己意简柅(nǐ)⑤,曹氏及左右臣仆毫分不以假借⑥,宫省肃然。

綱 立皇后高氏。

綱 五月,以富弼为枢密使。

①中人:宦官。
②不赀:数量极多,无法计量。
③適:同"嫡"。
④辽清宁九年。
⑤简柅:检查遏止。
⑥曹氏:皇太后家。

纲 秋七月,帝疾瘳。

〔两宫成隙〕

目 帝疾甚,举措或改常度,遇宦者尤少恩,左右多不悦,乃共为谗间,两宫遂成隙,内外汹惧。知谏院吕诲上书两宫,开陈大义,词旨深切,多人所难言者,然两宫犹未释然。

一日,韩琦、欧阳修奏事帘前,太后呜咽流涕,且道所以。琦曰:"此病故尔,疾已必不然。子疾,母可不容之乎?"后意不解。修进曰:"太后事先帝数十年,仁德著于天下。昔温成之宠,太后处之裕如①,今母子间反不能容邪!"后意稍和。修复曰:"先帝在位久,德泽在人,故一日晏驾,天下奉戴嗣君无敢异同者。今太后一妇人,臣等五六书生耳,非先帝遗意,天下谁肯听从。"后默然久之。琦进曰:"臣等在外,圣躬若失调护,太后不得辞其责。"后惊曰:"是何言! 我心更切也。"同列闻者莫不流汗。

后数日,琦独见帝,帝曰:"太后待我少恩。"琦对曰:"自古圣帝明王不为少矣,独称舜为大孝,岂其余尽不孝哉! 父母慈而子孝,此常事,不足道;惟父母不慈而子不失孝,乃为可称。但恐陛下事之未至耳,父母岂有不慈者哉!"帝大感悟。

帝自六月不御殿,至是初御紫宸殿,见百官,琦因请乘舆祷雨,具素服以出,人情大安。

_____

① 裕如:从容,不急迫。

纲冬十月,葬永昭陵①。

英宗皇帝

纲甲辰,英宗皇帝治平元年(1064)②,夏五月,太后还政于帝,加韩琦尚
书右仆射。

目帝疾大瘳,琦欲太后撤帘还政,乃取十余事禀帝,帝裁决悉当,琦即诣
太后覆奏,后每事称善。琦因白后求去,后曰:"相公不可去,我当居
深宫耳。"遂起。琦即厉声命撤帘,帘既落,犹于御屏后见后衣也。帝
亲政,加琦右仆射。

纲秋八月,内侍任守忠有罪,窜蕲(qí)州③。

目初,庄献太后临朝,守忠与都知江德明等交通请谒,权宠过盛,累迁宣
政使、入内都知④。仁宗以未有储嗣,属意于帝,守忠建议欲援立昏
弱以邀大利。及帝即位,又乘帝疾交构两宫。知谏院司马光论守忠
离间之罪,国之大贼,乞斩于都市。吕诲亦上疏论之。帝纳其言,翌
日,韩琦出空头敕一道,欧阳修已签,赵槩难之,修曰:"第书之,韩公
必自有说。"既而琦坐政事堂,召守忠立庭下曰:"汝罪当死!"遂责蕲
州安置,取空头敕填与之,即日押行,琦意以为少缓则中变也。其党
史昭锡等悉窜南方,中外快之。

---

① 永昭陵:宋仁宗陵墓,在今河南巩义市。
② 辽清宁十年。
③ 窜:流放。蕲州:治今湖北蕲春县北。
④ 入内都知:宦官机构入内内侍省长官。

纲 诏日开经筵。

目 重阳节当罢讲,吕公著、司马光言:"先帝时无事常开经筵。近以圣体不安,遂于端午及冬至后盛暑、盛寒权罢数月。今陛下始初清明,宜亲近儒雅,讲求治术,愿不惜顷刻之闲,日御讲筵。"从之。

纲 九月,复武举。

纲 冬十一月,刺陕西民为义勇军。

目 韩琦言:"唐置府兵,最为近古。今之义勇,河北几十五万①,河东几八万,勇悍纯实,若稍加简练,亦唐之府兵也。河东、北、陕西三路当西北控御之地②,事当一体。今若于陕西诸州刺手背以为义勇,甚便。"乃命徐亿等往籍陕西五户三丁之一刺之,凡十五万六千余人,人赐钱二千。民情惊扰,而纪律疏略,不可用。知谏院司马光上疏力谏,不听。光至中书与韩琦辨,琦曰:"兵贵先声,谅祚方桀骜,使骤闻益兵二十万,岂不震慑!"光曰:"兵贵先声,为其无实也,独可欺于一日之间耳。今吾虽益兵,实不可用,不过十日,彼将知其详,尚何惧?"琦曰:"君但见庆历间乡兵刺为'保捷',忧今复然。已降敕与民约,永不充军戍边矣。"光曰:"朝廷尝失信于民,未敢以为然。"琦曰:"吾在此,君无忧。"光曰:"公长在此地可也。异日他人当位,用以运粮戍边,反掌间耳。"琦不从,竟为陕西之患。

纲 十二月,吴奎罢,以王畴为枢密副使。

---

① 几:将近。
② 西北:指西夏、契丹。

纲 以内侍为陕西诸路钤辖。

纲 乙巳,二年(1065)①,春二月,罢三司使蔡襄。

目 帝自濮邸立为皇子,闻近臣中有异议,人疑为襄。及即位,数问:"襄何如人?"韩琦等为救解,帝意不回,襄请罢,遂命出知杭州。

纲 王畴卒。

〔第一次濮议〕

纲 夏四月,诏议崇奉濮王典礼。

目 初,知谏院司马光以帝必将追隆所生,尝因奏事言:"汉宣帝为孝昭后,终不追尊卫太子、史皇孙②,光武上继元帝,亦不追尊巨鹿、南顿君③,此万世法也。"既而韩琦等言:"礼不忘本,濮安懿王德盛位隆,所宜尊礼,请下有司议。王及夫人王氏、韩氏、仙游县君任氏,合行典礼,用宜称情。"帝令:"须大祥后议之④。"至是,诏:"礼官与待制以上议。"翰林学士王珪等相视莫敢先发,司马光独奋笔立议,略云:"为人后者为之子,不得顾私亲。若恭爱之心分于彼,则不得专于此。秦汉以来,帝王有自旁支入承大统者,或推尊其父母以为帝后,皆见非当时,取讥后世,臣等不敢引以为圣朝法。况前代入继者多宫车晏驾之后,援立之策,或出臣下,非如仁宗皇帝年龄未衰,深惟宗庙之重,于

① 辽咸雍元年。
② 卫太子、史皇孙:汉宣帝祖父刘据、父亲刘进。
③ 巨鹿、南顿君:光武帝祖父巨鹿都尉刘回、父亲南顿县令刘钦。
④ 大祥:古时父母丧后两周年的祭礼。

宗室中简推圣明,授以大业。陛下亲为先帝之子,然后继体承祧(tiāo)①,光有天下。濮安懿王虽于陛下有天性之亲,顾复之恩②,然陛下所以负扆(yǐ)端冕③,子孙万世相承,皆先帝德也。臣等窃以为濮王宜准先朝封赠期亲尊属故事,尊以高官大国,谯国、襄国、仙游并封太夫人,考之古今为宜称。"于是珪即命吏具以光手稿为按,议上。中书奏:"珪等所议未见详定,濮王当称何亲? 名与不名?"珪等议:"濮王于仁宗为兄,于皇帝宜称皇伯而不名。"欧阳修引《丧服大记》,以为:"为人后者,为其父母降服三年为期,而不没父母之名,以见服可降而名不可没也。若本生之亲,改称皇伯,历考前世皆无典据。进封大国,则又礼无加爵之道。请下尚书集三省御史台议。"而太后手诏诘责执政,帝乃诏曰:"如闻集议不一,权宜罢之,令有司博求典故以闻。"

纲 五月,以陈旭为枢密副使。

纲 秋七月,富弼、张昇罢。

目 嘉祐中,韩琦与弼同相,或中书有疑事,往往与枢密谋之。自弼使枢密,非得旨合议者,琦未尝询弼,弼颇不怿。及太后还政,弼大惊曰:"弼备位辅佐,他事固不可预闻,此事韩公独不能共之邪!"或以咎琦,琦曰:"此事当如出太后意,安可显言于众。"弼愈不怿。帝亲政,加弼户部尚书,弼辞曰:"制词取嘉祐中尝议建储推恩,此特丝发之劳④,

① 承祧:指承继为后嗣。
② 顾复:父母之养育。
③ 负扆端冕:背对宫殿之屏风,身着帝王之衣冠,指做皇帝。
④ 丝发:比喻微细。

何足加赏。仁宗、太后于陛下有天地之恩,尚未闻所以为报,可谓倒置。"再奏,不听,乃受。至是以足疾力求解政,遂以使相、郑国公判扬州。未几徙判汝州。

昪请老,帝曰:"太尉勤劳王家,讵可遽去①。"但命五日一至院,进见毋蹈舞②。司马光亦疏昪忠谨清直,请留于朝,而昪求去益力,乃判许州。

纲 以文彦博为枢密使,吕公弼为副使。

目 彦博自河南入觐,帝曰:"朕之立,卿之功也。"彦博悚然对曰:"陛下入继大统,乃先帝意,皇太后协赞之力,臣何功之有!且其时臣方在外,皆韩琦等承圣志,受顾命,臣无预焉。"因避谢不敢当。帝曰:"暂烦卿西行,即召还矣。"乃改判永兴军,遂召为枢密使。

纲 八月,京师大水,诏求直言。

目 京师大雨,平地涌水,坏官私庐舍,漂人民畜产,不可胜计。帝下诏责躬求言③。司马光上疏,略云:"陛下即位以来,灾异甚众。日有黑子;江、淮之水,或溢或涸;去夏霖雨,涉秋不止,老弱流离,积尸成丘;今夏疫疠大作,弥数千里,秋收未获,暴雨大至,都城之内,道路乘桴④,官府民居,覆没殆尽,死于压溺者不可胜纪。陛下安得不侧身恐惧,思其所以致此者乎!"又曰:"先帝擢陛下于众人中,升为天子,惟以一后数公主托陛下,而梓宫在殡,已失太后欢心,长公主数人屏

① 讵:岂。
② 蹈舞:臣子朝拜帝王时做出特定的舞蹈姿势,是一种礼节。
③ 责躬:反躬自责。
④ 桴:木筏。

居闲宫,此陛下所以失人心之始也。"又曰:"凡百奏请,不肯与夺。知
人之贤不能举,知人不肖不能去,知事之非不能改,知事之是不能从,
此天下所以重失望也。"又曰:"台谏,天子之耳目,其有所言,当以圣
意察其是非,不宜一付之大臣。"帝嘉纳之。

纲 丙午,三年(1066)①,春正月,翰林学士范镇罢。

目 韩琦求去,镇草批答②,引"周公不之鲁"为辞,帝不悦。镇遂请外,罢
知陈州。时论或谓镇以议濮王追崇事忤欧阳修,修为帝言"镇以周公
待琦,是以孺子待陛下",镇之出,修为之也。

纲 契丹复改国号曰辽。

〔第二次濮议〕

纲 诏称濮王为亲,立园庙。谪侍御史吕诲等于州县。

目 濮王崇奉之议久而未定,侍御史吕诲、范纯仁、监察御史吕大防引义
固争,以为王珪议是,乞从之。章七上而不报,遂劾韩琦专权导谀罪,
曰:"昭陵之土未干,遽欲追崇濮王,使陛下厚所生而薄所继,隆小宗
而绝大宗。"又共劾欧阳修:"首开邪议,以枉道说人主,以近利负先
帝,陷陛下于过举,而韩琦、曾公亮、赵槩附会不正,乞皆贬黜。"不报。
时中书亦上言:"请明诏中外,以皇伯无稽,决不可称。今所欲定者,
正名号耳,至于立庙京师,干乱统纪之事,皆非朝廷本意。"帝意不能
不向中书,然未即下诏也。既而皇太后手诏中书:"宜尊濮王为皇,夫

① 辽咸雍二年。
② 批答:皇帝对臣僚奏章的批复。

人为后,皇帝称亲。"帝下诏谦让,不受尊号,但称亲,即园立庙,以王子宗朴为濮国公,奉祠事,仍令臣民避王讳。时论以为太后之追崇及帝之谦让,皆中书之谋也。于是吕诲等以所论奏不见听用,缴纳御史敕告①,家居待罪,帝命阁门以告还之。诲力辞台职,且言:"与辅臣势难两立。"帝以问执政,琦、修等对曰:"御史以为理难并立,若臣等有罪,当留御史。"帝犹豫久之,命出御史,乃下迁诲知蕲州,纯仁通判安州,大防知休宁县。

时赵鼎、赵瞻、傅尧俞使契丹还,以尝与吕诲言濮王事,即上疏乞同贬,乃出鼎通判淄州,瞻通判汾州②。帝眷注尧俞,独进除侍御史。尧俞曰:"诲等已逐,臣义不当止。"帝不得已,命知和州③。知制诰韩维及司马光皆上疏乞留诲等,不报,遂请与俱贬,亦不许。侍读吕公著言:"陛下即位以来,纳谏之风未彰,而屡诎(chù)言者④,何以风天下!"帝不听。公著乞补外,乃出知蔡州⑤。诲等既出,濮议亦寝。

纲 三月,彗星见西方。

目 如太白⑥,长丈有五尺。又孛于毕⑦,如月。

纲 夏四月,胡宿罢,以郭逵同签书枢密院事。

纲 夏人寇边,环庆经略使蔡挺击走之。

---

① 敕告:敕命告身,指授官凭证。
② 汾州:治今山西汾阳市。
③ 和州:治今安徽和县。
④ 诎:同"黜"。
⑤ 蔡州:治今河南汝南县。
⑥ 太白:金星。
⑦ 毕:二十八宿之一。

纲 秋九月,诏宰臣举馆职。

目 帝谓中书曰:"水潦(lǎo)为灾①,言事者多言不进贤,何也?"欧阳修曰:"近年进贤路狭。往时进士五人以上,皆得试馆职;第一人及第,不十年即至辅相。今第一人两任方得试,而第二人以下无复得试。往时大臣荐举即召试,今止令上簿,候阙人乃试。唯有因差遣例除者,半是年劳老病之人,此所谓进贤路狭也。"帝嘉纳之。因命韩琦等四人举士,得二十人,皆令召试。琦等以人多难之,帝曰:"苟贤,岂患多也。"乃先召试十人,余须后试。时士人以登台阁、升禁从为显官,而不以官之迟速为荣滞,故为之语曰:"宁登瀛②,不为卿。宁抱椠③,不为监。"

纲 冬十月,以郭逵为陕西四路宣抚使④。

纲 诏礼部三岁一贡举。

纲 十一月,帝有疾。十二月,立子顼(xū)为皇太子,大赦。

目 时帝久疾,韩琦入问起居,因进言曰:"陛下久不视朝,愿早建储以安社稷。"帝颔之。琦请帝亲笔指麾,帝乃书曰:"立大王为皇太子。"琦曰:"必颍王也,烦圣躬更亲书之。"帝又批于后曰:"颍王顼。"琦即召学士承旨张方平至福宁殿草制,帝凭几言,言不可辨。方平复进笔请

---

① 水潦:大雨。
② 登瀛:登馆阁,即任馆职。
③ 抱椠:在三馆秘阁校书,亦任馆职。
④ 陕西四路:秦凤、泾原、环庆及鄜延四个安抚使路,今陕西、甘肃东南部一带。

书其名,帝力疾书之①。太子既立,帝因泫然下泪。文彦博退谓琦曰:"见上颜色否?人生至此,虽父子亦不能不动也。"

纲丁未,四年(1067)②,春正月,帝崩,太子即位,大赦。

纲尊皇太后曰太皇太后,皇后曰皇太后。以吴奎为枢密副使,以韩琦为司空兼侍中。

纲二月,立皇后向氏。

目后,太尉敏中之曾孙,定国留后经之女,帝为颍王时纳焉,至是册为后。

纲始命公主行见舅姑礼。

纲三月,欧阳修罢。

目修既以议濮王典礼为吕诲所诋,惟蒋之奇以修议为是。及诲等斥,而修荐之奇为御史,众因目为奸邪。之奇患焉,思所以自解。会修妇弟薛良孺有憾于修,诬修以帏薄不根之谤③,达于中丞彭思永,思永以告之奇,之奇即上章劾修。修杜门请推治④,帝使诘所从来,皆辞穷。乃黜思永知黄州⑤,之奇监道州酒税。修因力求退,乃以观文殿学士知亳州。

①力疾:勉强支撑病体。
②辽咸雍三年。
③帏薄:帏幕和帘子,借指家庭生活。不根:没有根据。
④杜门:闭门。推治:审问治罪。
⑤黄州:治今湖北黄冈市。

綱 以吴奎参知政事。

目 奎入谢,进《治说》三篇。又尝言:"帝王所职惟在判正邪,使君子常居要近,小人不得以害之,则自治矣。"帝因言:"尧时四凶犹在朝。"奎曰:"四凶虽在,不能惑尧之聪明。圣人以天下为度,未有显过,固宜包容,但不可使居近要地耳。"帝然之。

綱 以司马光为翰林学士,固辞,不许。

目 光力辞,帝曰:"古之君子,或学而不文,或文而不学,惟董仲舒、扬雄兼之。卿有文学,何辞焉?"光对曰:"臣不能为四六①。"帝曰:"如两汉制诰可也,且卿能进士取高第,而云不能四六,何邪?"光乃就职。

綱 闰月,以王安石知江宁府②。

目 终英宗之世,安石被召未尝起,韩维、吕公著兄弟更称扬之③。帝在颍邸,维为记室,每讲说见称,辄曰:"此非维之说,维友王安石之说也。"维迁庶子,又荐安石自代。帝由是想见其人。及即位,召之,安石不至。帝谓辅臣曰:"安石历先帝朝召不赴,颇以为不恭。今又不至,果病邪? 有所要邪?"曾公亮曰:"安石真辅相材,必不欺罔。"吴奎曰:"臣尝与安石同领群牧,见其护非自用,所为迂阔,万一用之,必紊纲纪。"帝不听,命知江宁府。众谓安石必辞,及诏至,即起视事。

綱 夏四月,以司马光为御史中丞。

---

① 四六:指骈文。因以四字六字为对偶,故名。
② 江宁府:治今江苏南京市。
③ 更:更相,轮番。

纲 秋八月,葬永厚陵①。

纲 京师地震。

〔韩琦罢相〕

纲 九月,召王安石为翰林学士,罢司空侍中韩琦。

目 琦执政三朝,或言其专,帝颇不悦。曾公亮因力荐安石,觊以间琦。琦求去益力,帝不得已,以琦为镇安、武胜军节度使②,司徒兼侍中,判相州。入对,帝泣曰:"侍中必欲去,今日已降制矣。然卿去,谁可属国者③? 王安石何如?"琦对曰:"安石为翰林学士则有余,处辅弼之地则不可。"帝不答。

琦早有盛名,识量英伟,临事喜愠不见于色④。居相位,再决大策,以安社稷。当是时朝廷多故,琦处危疑之际,知无不为。或曰:"公所为诚善,万一蹉跌,岂惟身不自保,恐家无处所矣。"琦叹曰:"是何言邪!人臣当尽力事君,死生以之⑤。至于成败,天也,岂可豫忧其不济,遂辍不为哉。"闻者愧服。

纲 吴奎、陈升之罢⑥。

纲 以吕公弼为枢密使,张方平、赵抃参知政事,韩绛、邵亢为枢密副使。

---

① 永厚陵:宋英宗陵墓,在今河南巩义市。

② 镇安军:藩镇军号,治陈州。

③ 属国:托付国事,即为宰相。

④ 愠:怒,怨恨。

⑤ 以:从事。

⑥ 陈升之:即陈旭,避宋神宗讳改。

目 抃自知成都召知谏院。故事，近臣召自外州将大用者①，必更省府②。及命下，大臣以为疑。帝曰："吾赖其言耳。苟欲用之，无伤也。"及入谢，帝曰："闻卿匹马入蜀，以一琴一鹤自随，为治简易，亦称是乎?"遂拜参知政事。抃感顾知遇，朝政有未便者必密启闻，帝嘉其忠，恒褒答之。

纲 复以司马光为翰林学士。冬十月，张方平罢。

纲 青涧守将种谔，袭虏夏监军嵬名山，遂复绥州。

纲 十一月，夏人诱杀知保安军杨定等。诏韩琦经略陕西，窜种谔于随州。

目 种谔既受嵬名山降，夏主谅祚乃诈为会议，诱知保安军杨定等杀之，边衅复起。朝议以谔生事，欲弃绥诛谔。陕西宣抚主管机宜文字赵卨(xiè)言："虏既杀王官，而又弃绥不守，示弱已甚。且名山举族来归，当何以处?"又移书执政，请存绥以张兵势，规度大理河川建堡，画稼穑之地三十里以处降者。不从，乃命琦判永兴军，经略陕西。琦初言绥不当取，及定等被杀，复言绥不可弃。枢密以初议诘之，琦具论其故，卒存绥州。时言者交论种谔，乃下吏，贬其官，安置随州。

纲 十二月，夏主谅祚卒，子秉常立。

闫建飞 评注

李华瑞　高纪春 审定

---

① 大用：指用为宰相、执政。
② 更：经历。省府：指三司、开封府等。

纲鉴易知录卷七〇

卷首语:本卷起宋神宗熙宁元年(1068),止熙宁三年(1070),所载为神宗朝前三年史事。神宗即位后,与王安石多次讨论变法理念,最终决定任用王安石主持变法。变法措施包括设置制置三司条例司,行青苗法、均输法、将兵法、保甲法、募役法等。司马光、富弼、韩琦、苏轼等官员对新法措施尤其是青苗法十分反对,但神宗支持王安石,反对新法官员多被罢黜、外放,离开朝廷。

宋　纪

神宗皇帝

纲 戊申,神宗皇帝熙宁元年(1068)①,春正月朔,日食。

[理财最急,神宗之变法主张]

目 帝不受朝,诏宰相极言阙失。帝尝谓文彦博曰:"天下敝事至多,不可不革。"彦博对曰:"譬如琴瑟不调,必更张之。"韩绛曰:"为政立事,当有大小先后之序。"帝曰:"大抵威克厥爱②,乃能有济。"又谓彦博曰:"当今理财最为急务。养兵备边,府库不可不丰,大臣共宜留意节用。"

纲 赵槩罢。

目 槩秉心和平,与人无怨恶,在官如不能言,然阴以利物者为多,时议比之刘宽、娄师德③。以老求罢。

纲 以唐介参知政事。

纲 夏四月,诏王安石越次入对。

---

① 辽咸雍四年。
② 威克厥爱:严明胜过慈爱。
③ 刘宽:东汉名臣,为政以宽。

〔王安石与宋神宗论治〕

目安石受命,历七月始至京师,诏越次入对。帝问为治所先,安石对曰:"择术为先。"帝曰:"唐太宗何如?"曰:"陛下当法尧舜,何以太宗为哉!尧舜之道至简而不烦,至要而不迂,至易而不难,但末世学者不能通知,以为高不可及耳。"帝曰:"卿可谓责难于君。"

一日御讲席,群臣退,帝留安石坐,因言:"唐太宗必得魏徵,汉昭烈必得诸葛亮①,然后可以有为,二子诚不世出之人也。"安石曰:"陛下诚能为尧舜,则必有皋、夔、稷、契(xiè)②;诚能为高宗③,则必有傅说。彼二子者,何足道哉!以天下之大,常患无人可以助治者,以陛下择术未明,推诚未至,虽有皋、夔、稷、契、傅说之贤,亦将为小人所蔽,卷怀而去耳④。"帝曰:"何世无小人!虽尧舜之时,不能无四凶。"安石曰:"惟能辨四凶而诛之,此其所以为尧舜也。若使四凶得肆其谗慝⑤,则皋、夔、稷、契亦安肯苟食其禄以终身乎。"

纲六月,河决恩、冀、瀛州⑥。

纲秋七月,以陈升之知枢密院事。

纲京师地震。

----

① 汉昭烈:蜀汉建立者刘备。
② 皋、夔、稷、契:相传尧舜时代名臣,稷、契分别为周朝、殷商祖先。
③ 高宗:商王武丁,在位期间任用傅说为相,商朝再度强盛,史称"武丁中兴"。
④ 卷怀:敛藏。
⑤ 谗慝:进谗陷害。
⑥ 恩州:治今河北清河县。冀州:治今河北衡水市冀州区。

目 自七月至十一月京师地震者六,河朔地亦大震。

纲 九月,初封太祖曾孙从式为安定郡王。

目 帝谓创业垂统,实自太祖,顾无以称,乃下诏封太祖诸孙行尊者一人,奉太祖祀,世世勿绝。同知太常礼院刘攽(bān)言:"礼,诸侯不得祖天子。太祖传天下于太宗,继体之君,皆太祖子孙,不当别为天子置后。若崇德昭、德芳之后①,世世勿降爵,宗庙祭祀,使之在位,则所以褒扬艺祖者著矣。"帝从之,遂有是命。从式,德芳之孙也。

纲 冬十一月,郊。

〔民不加赋而国用足〕

目 执政以河朔旱伤,国用不足,乞南郊勿赐金帛。诏学士议。司马光曰:"救灾节用,当自贵近始,可听也。"王安石曰:"常袞辞堂馔②,时以为袞自知不能,当辞职,不当辞禄。且国用不足③,以未得善理财者故也。"光曰:"善理财者不过头会箕(jī)敛尔④。"安石曰:"不然。善理财者,不加赋而国用足。"光曰:"天下安有此理!天地所生财货百物,不在民则在官,彼设法夺民,其害乃甚于加赋,此盖桑弘羊欺武帝之言,太史公书之,以见其不明耳。"争议不已。帝曰:"朕意与光同,然姑以不允答之。"会安石草制引常袞事责两府,两

---

① 德昭、德芳:均为宋太祖之子。
② 堂馔:宰相工作餐。堂即宰相机构政事堂。
③ 国用:国家财政经费。
④ 头会:按人头征税。箕敛:以簸箕收取,即苛敛民财。

府不敢复辞。

綱十二月,邵亢罢。

綱己酉,二年(1069)①,春二月,以富弼同平章事,王安石参知政事。

〔富弼愿神宗二十年口不言兵〕

目初,弼自汝州入觐,诏许肩舆至殿门,令其子掖(yè)以进②,且命毋拜。坐语,从容访以治道。弼知帝果于有为,对曰:"人君好恶不可令人窥测,可测则奸人得以傅会。当如天之监人,善恶皆所自取,然后诛赏随之,则功罪皆得其实矣。"又问边事,弼对曰:"陛下临御未久,当布德惠,愿二十年口不言兵。"帝默然。至日昃乃退③。欲以集禧观使留之,力辞赴郡。至是,召拜司空兼侍中,赐甲第,悉辞之,乃诏以左仆射同平章事。

时帝以灾变避殿,减膳撤乐,王安石言:"灾异皆天数,非关人事得失所致。"弼在道闻之,叹曰:"人君所畏者天耳,若不畏天,何事不可为者。此必奸人欲进邪说以摇上心,使辅弼谏诤之臣无所施其力。是治乱之机,不可以不速救。"即上书数千言力论之。及入对,又曰:"君子小人之进退,系王道之消长,愿深加辨察,勿以同异为喜怒,喜怒为用舍。陛下好使人伺察外事,故奸憸得志。又今中外之务渐有更张,此必小人献说于陛下也。大抵小人惟喜动作生事,则其间有所希觊;

① 辽咸雍五年。
② 掖:搀扶。
③ 日昃:太阳偏西。

若朝廷守静,则事有常法,小人何望哉。愿深烛其然,无使有悔!"

〔变风俗,立法度,方今之所急〕

帝欲用安石,唐介言:"安石难大任。"帝曰:"文学不可任邪? 经术不可任邪? 吏事不可任邪?"介对曰:"安石好学而泥古,故议论迂阔,若使为政,必多所更变。"介退谓曾公亮曰:"安石果大用,天下必困扰,诸公当自知之。"帝问侍读孙固曰:"安石可相否?"固对曰:"安石文行甚高,处侍从、献纳之职可矣。宰相自有度,安石狷狭少容①。必欲求贤相,吕公著、司马光、韩维其人也。"帝不以为然,竟以安石参知政事,谓之曰:"人皆不能知卿,以卿但知经术,不晓世务。"安石对曰:"经术正所以经世务。"帝曰:"然则卿设施以何为先?"安石对曰:"变风俗,立法度,正方今之所急也。"帝深纳之。

〔创设制置三司条例司〕

纲 创制置三司条例司,议行新法,命陈升之、王安石领其事。

目 王安石言:"周置泉府之官②,以权制兼并,均济贫乏,变通天下之财,后世惟桑弘羊、刘晏粗合此意③。学者不能推明先王法意,更以为人主不当与民争利。今欲理财,则当修泉府之法,以收利权。"帝纳其说。

---

① 狷狭:胸襟气度狭隘。
② 泉府:《周礼》中掌国家税收、物资专卖的官员。
③ 桑弘羊:汉武帝大臣,善理财,作平准法。刘晏:唐代宗朝宰相,善理财,改革榷盐法、漕运和常平法等。

安石犹恐帝不能决意任之,乃复言:"人才难得亦难知。今使十人理财,其中容有一二败事,则异论乘之而起。尧与群臣共择一人治水,尚不能无败事,况所择而使非一人,岂能无失。要当计利害多少,不为异论所惑。"帝曰:"有一人败事而遂废所图,此所以少成事也。"乃立制置三司条例司,掌经画邦计,议变旧法,以通天下之利。命升之、安石领其事。

初,泉人吕惠卿①,自真州推官秩满入都②,与安石论经义意多合,遂定交。因言于帝曰:"惠卿之贤,虽前世儒者未易比也。学先王之道而能用者,独惠卿而已。"遂以惠卿及苏辙并为简详文字。事无大小,安石必与惠卿谋之,凡所建请章奏皆惠卿笔也。又以章惇为三司条例官,曾布简正中书五房。凡有奏请,朝臣以为不便者,布必上疏条析,以坚帝意,使专任安石,以威胁众,俾毋敢言,由是安石信任布,亚于惠卿。而农田、水利、青苗、均输、保甲、免役、市易、保马、方田诸役相继并兴,号为新法,颁行天下。

安石与刘恕友善,欲引置三司条例,恕以不习金谷为辞,且曰:"天子方属公以大政,宜恢张尧舜之道以佐明主,不应以利为先。"安石遂与之绝。

纲 夏四月,河决,地震,旱。

纲 参知政事唐介卒。

目 介简伉敢言③,居政府数与王安石争辩,而安石强解,帝主其说,介不

————————
① 泉人:福建泉州人。
② 真州:治今江苏仪征市。
③ 简伉:高傲,清高。

胜其愤,遂疽发背而卒。谥忠肃。

纲 以薛向为江、浙、荆、淮发运使。

纲 罢知开封府滕甫。

目 初,甫同修起居注,帝召问治乱之道,对曰:"治乱之道,如黑白、东西,所以变色易位者,朋党汨(gǔ)之也①。"帝曰:"卿知君子、小人之党乎?"曰:"君子无党,譬之草木,绸缪(móu)相附者②,必蔓草,非松柏也。朝廷无朋党,虽中主可以济③,不然,虽上圣亦殆④。"帝以为名言,乃以翰林学士知开封府。甫在帝前论事,如家人父子,言无文饰,洞见肺鬲⑤。帝知其诚荩,事无巨细,人无亲疏,辄皆问之,甫随事解答,不少嫌隐。王安石尝与甫同考试,语言不相能,深恶甫。会议新法⑥,恐甫言而帝信之,因极力排甫,出知郓州。

纲 遣使察农田水利赋役于天下。

目 从三司条例司之请,遣刘彝、谢卿材、侯叔献、程颢、卢秉、王汝翼、曾伉、王广廉八人行诸路,相度农田、水利、税赋、科率、徭役利害。

纲 置卖盐场于永兴军,罢通商法。

目 官自鬻之,从薛向之请也。

---

① 汨:扰乱。
② 绸缪:紧密缠缚。
③ 济:济事,成功。
④ 殆:危,危险。
⑤ 肺鬲:比喻人的内心。鬲,通"膈"。
⑥ 会:恰逢。

纲五月,罢翰林学士郑獬(xiè)、宣徽北院使王拱辰、知制诰钱公辅。

目獬权开封府,不肯行新法,拱辰与王安石议新法不合,公辅言滕甫不宜去,薛向变法当黜。安石恶之,出獬知杭州,拱辰判应天府,公辅知江宁府。

纲六月,罢御史中丞吕诲。

目王安石将执政,士大夫多以为得人,吕诲独言其不通时事,大用之则非所宜。将对,学士司马光亦将诣经筵①,相遇并行,光密问:"今日所言何事?"诲曰:"袖中弹文乃新参也②。"光愕然曰:"众喜得人,奈何论之?"诲曰:"君实亦为是言邪③!安石虽有时名,然好执偏见,轻信奸回,喜人佞己。听其言则美,施于用则疏,置诸宰辅,天下必受其祸。且上新即位,所与图治者二三执政而已,苟非其人,将败国事。此乃心腹之疾,顾可缓邪!"

上疏言:"大奸似忠,大诈似信。安石外示朴野,中藏巧诈,骄蹇慢上,阴贼害物。诚恐陛下悦其才辩,久而倚毗④,大奸得路,群阴汇进,则贤者尽去,乱由是生。臣究安石之迹,固无远略,惟务改作,立异于人,徒文言而饰非,将罔上而欺下,臣窃忧之,误天下苍生必斯人也。"疏奏,帝方眷注安石,还其章疏。诲遂求去,安石亦求去。帝谓曾公亮曰:"若出诲,恐安石不自安。"安石曰:"臣以身许国,陛下处之有义,臣何敢以形迹自嫌,苟为去就。"乃出诲知邓州。

---

① 经筵:为帝王讲论经史而设的御前讲席。
② 新参:新任参知政事王安石。
③ 君实:司马光字。
④ 倚毗:倚重亲近。

诲既斥,安石益横,光由是服诲之先见,自以为不及也。诲三居言职,始论陈旭,次论欧阳修,最后论王安石。凡三见黜,人推其鲠(gěng)直。

王安石嫌吕公弼不附己,乃白用公弼弟知开封府公著为中丞以逼之①,公弼果力求去,帝不许。公著言于帝曰:"惟人君去偏听独任之弊,而不主先入之言,则不为邪说所乱矣。"帝善其言,而不能用。

〔均输法〕

纲 秋七月,行均输法。

目 条例司言:"诸路上供,岁有常数,年丰可以多致,而不能赢余;年歉难于供亿,而不敢不足。远方有倍蓰(xǐ)之输②,中都有半价之鬻,徒使富商大贾,乘公私之急,以擅轻重敛散之权。今江、浙、荆、淮发运使实总六路赋入,宜假以钱货,资其用度。凡上供之物,皆得徙贵就贱,因近易远。预知在京仓库所当办者,得以便宜蓄买,而制其有无,庶几国用可足,民财不匮。"诏以发运使薛向领均输平准,专行于六路,赐内藏钱五百万缗,上供米三百万石。时议者虑其为扰,多言非便,帝不听。

薛向既董其事,乃请设置官属,从之。苏辙言:"今先设官置吏,簿书廪禄为费已厚,非良不售,非贿不行。是官买之价,比民必贵;及其卖也,弊复如前。此钱一出,恐不可复,纵使其间薄有所获,而征商之额所损必多矣。"帝方惑于王安石,不纳其言,然均输法亦迄不能就。

---

① 御史中丞与宰执须相互避嫌。
② 蓰:五倍。

纲 八月，罢判国子监范纯仁。

〔范纯仁《尚书解》〕

目 初，纯仁自陕西转运副使召还，拜起居舍人、同知谏院，奏言："王安石变祖宗法度，掊（póu）克财利①，民心不宁。《书》曰：'怨岂在明，不见是图。'愿陛下图不见之怨。"帝曰："何谓不见之怨？"对曰："杜牧所谓'不敢言而敢怒'者是也。"帝曰："卿善论事，宜为朕条陈古今治乱可为监戒者②。"遂作《尚书解》以进。

时帝切于求治，多延见疏逖（tì）小臣③，咨访阙失。纯仁言："小人之言，听之若可采，行之必有累。盖知小忘大，贪近昧远。愿加深察。"及薛向行均输法于六路，纯仁言："臣尝亲奉德音，欲修先王补助之政。今乃使小人掊克生灵，敛怨基祸。安石以富国强兵之术启迪上心，欲求近功，忘其旧学，鄙老成为因循，弃公论为流俗，异己者为不肖，合意者为贤人。在廷之臣，方大半趋附，陛下又从而驱之，其将何所不至！道远者理当驯致④，事大者不可速成，人才不可急求，积弊不可顿革，傥欲事功急就，必为憸佞所乘。宜速还言者而退安石。"留章不下。纯仁力求去，不许。未几罢谏职，改判国子监，纯仁去意愈确。安石使谕之曰："已议除知制诰矣。"纯仁曰："是以利诱（xù）我也⑤。

---

① 掊克：聚敛，搜刮。

② 监：同"鉴"。

③ 疏逖：疏远，闲散。

④ 驯致：逐渐达到。

⑤ 诱：引诱，诱惑。

言不用,万钟何加焉①!"遂录所上章申中书。安石大怒,乞加重贬,帝曰:"宜与一善地。"命知河中府,寻徙成都转运使,以新法不便,戒州县未得遽行,安石怒其沮格,以事左迁知和州。

纲 以程颢权监察御史里行。

目 初,颢举进士,再调晋城令②,民以事至县者必告以孝弟(tì)忠信③。度乡村远近为伍保,使之力役相助,患难相恤。凡孤茕(qióng)残废④,使无失所,行旅疾病,皆有所养。乡必有校,暇时亲至,召父老与之语。儿童所读书,亲为正句读(dòu)⑤。乡民为社会,为立科条,旌其善恶。在县三年,民爱之如父母。去之日,哭声振野。用荐者改著作佐郎。至是,吕公著荐为御史。帝素知其名,数召见,每退,必曰:"频求对,欲常常见卿。"一日从容咨访,报正午,始趋出庭,中人曰:"御史不知上未食乎!"颢前后进说甚多,大要以正心、窒欲、求言、育才为言,务以诚意感悟人主。尝劝帝防未萌之欲,及勿轻天下士。帝俯躬曰:"当为卿戒之。"

纲 罢条例司检详文字苏辙。

目 辙与吕惠卿论多不合,会遣八使于四方求遗利,辙以书抵王安石,力陈其不可。安石怒,将加之罪,陈升之止之,乃以为河南府推官。

---

① 钟:古量名。"万钟"极言俸禄之优厚。
② 晋城:县名,今山西晋城市。
③ 弟:同"悌",敬顺兄长。
④ 茕:无兄弟。
⑤ 句读:语句中的停顿。古代诵读文章,极短的停顿叫读,稍长的停顿叫句。

〔青苗法〕

纲 九月，行青苗法。

目 初，陕西转运使李参以部内多戍兵，而粮储不足，令民自隐度麦粟之赢，先贷以钱，俟谷熟还官，号青苗钱。经数年，廪有余粮。至是，条例司请："以诸路常平、广惠仓钱谷，依陕西青苗钱例，民愿预借者给之，令出息二分，随夏秋税输纳，愿输钱者从其便；如遇灾伤，许展至丰熟日纳。非惟足以待凶荒之患，民既受贷，则兼并之家，不得乘新陈不接以邀倍息①。又常平、广惠之物，收藏积滞，必待年俭物贵，然后出粜，所及者不过城市游手之人，今通一路有无，贵发贱敛，以广蓄积，平物价，使农人有以赴时趋事，而兼并不得乘其急。凡此皆以为民，而公家无所利其入，是亦先王散惠兴利，以为耕敛补助之意也。欲量诸路钱谷多寡，分遣官提举，每州选通判幕职官一员，典干转移出纳②，仍先自河北、京东、淮南三路施行，俟有绪，推之诸路。"诏曰："可。"乃出内库缗钱百万，籴河北常平粟，而常平、广惠仓之法遂变为青苗矣。

初，王安石既与吕惠卿议定，出示苏辙等曰："此青苗法也，有不便以告，勿疑。"辙曰："以钱贷民，本以救民。然出纳之际，吏缘为奸，虽有法不能禁；钱入民手，虽良民不免妄用；及其纳钱，虽富民不免逾限：如此，则恐鞭棰必用，州县之事烦矣。"安石曰："君言诚有理，当徐思之。"由是逾月不言青苗。

---

① 倍息：一倍的利息，即借一还二。
② 典干：主管，负责。

会京东转运使王广渊言:"春农事兴而民苦乏,兼并之家得以乘急要利。乞留本道钱帛五十万,贷之贫民,岁可获息二十五万。"从之。其事与青苗法合,安石始以为可用。召广渊至京师与之议,于是决意行焉。

纲 以吕惠卿为崇政殿说书。

目 王安石荐惠卿为太子中允、崇政殿说书。司马光谏曰:"惠卿憸巧,非佳士,使王安石负谤于中外者皆其所为。安石贤而愎(bì)①,不闲世务②,惠卿为之谋主,而安石力行之,故天下并指为奸邪。近者进擢不次,大不厌众心③。"帝曰:"惠卿进对明辩,亦似美才。"光对曰:"惠卿诚文学辩捷,然用心不正,愿陛下徐察之。江充、李训若无才④,何以动人主?"帝默然。光又贻书安石曰:"谄谀之士,于公今日诚有顺适之快,一旦失势,将必卖公自售矣。"安石不悦。

纲 冬十月,富弼罢。

目 王安石用事,雅不与弼合,弼度不能争,多称疾求退,章数十上。帝曰:"卿即去,谁可代卿者?"弼荐文彦博。帝默然良久,曰:"王安石何如?"弼亦默然。遂出判亳州。弼恭俭孝敬,好善疾恶,常言:"君子与小人并处,其势必不胜。君子不胜,则奉身而退,乐道无闷;小人不胜,则交结构扇,千歧万辙,必胜而后已。待其得志,遂肆毒于善良,

---

① 愎:固执。
② 闲:通"娴",熟习。
③ 厌:满足。
④ 江充:汉武帝晚年佞臣,引发巫蛊之祸。李训:唐文宗朝宰相,策划诛杀宦官,导致甘露之变。

求天下不乱,不可得也。"

纲 以陈升之同平章事。

目 升之既相,帝问司马光曰:"近相升之,外议云何?"对曰:"闽人狡险,楚人轻易。今二相皆闽人,二参政皆楚人,必将援引乡党之士,充塞朝廷,风俗何以更得淳厚。"帝曰:"升之有才智,晓民政。"光曰:"但不能临大节不可夺耳。凡才智之士,必得忠直之人从旁制之,此明主用人之法也。"帝又曰:"王安石何如?"对曰:"人言安石奸邪,则毁之太过,但不晓事,又执拗耳。"

纲 城绥州。

目 初,夏主秉常寇秦州,复上誓表,请纳安远、塞门二寨以乞绥州,诏将许之,鄜延宣抚郭逵上言曰:"此正商於(wū)六百里之策也①。非先交二寨,不可与绥。"朝议以为然,赐以誓诏。逵命机宜文字赵卨等如夏,卨以夏人渝盟,请城绥州不以易二寨,从之,改名绥德城。

纲 十一月,命韩绛制置三司条例。

目 初,陈升之欲傅会王安石以固其位,安石亦患正论盈廷,引升之为助。升之知其不可,而竭力为之用;安石德之,故先使正相位。升之既相,乃时为小异,阳若不与之同者。因言于帝曰:"宰相无所不统,所领职事,岂可称司,请罢制置三司条例司。"由是二人遂判②,安石乃荐绛共事。安石每奏事,绛必曰:"臣见安石所陈非一,皆至当可用,陛下

① 商於:战国时秦楚边境,在今河南南阳市、陕西商洛市一带。秦惠文王时,张仪以商於之地欺骗楚怀王。
② 判:不合。

宜省察。"安石恃以为助。

纲 十二月,下龙图阁学士祖无择秀州狱①,贬为忠正节度副使②。

目 初,无择与王安石同知制诰,安石尝辞一人所馈润笔物,不获,取置诸院梁上。安石忧去,无择用为公费,安石闻而恶之。及安石得政,乃讽监司求无择罪。会知明州苗振以贪闻③,御史王子韶使两浙廉其状,因迎安石意,遂连无择在杭州贪贿。时无择知通进银台司,自京师逮赴秀州狱,巧诋无所得,遂诬以他事,调为忠正军节度副使。无择以言语、政事为时名卿,被诬放弃,士论惜之。

[增置三京留司、宫观官,以处置新法异议之人]

纲 增置宫观官。

目 帝以监司郡守有老不任职者,则与闲局,王安石亦欲以处异议者,遂增置三京留司御史台、国子监及诸州宫观官使④,不限员。

纲 以张载为崇文院校书,寻辞归。

目 载,长安人,少喜谈兵,至欲结客取洮(táo)西之地⑤。年二十,以书谒范仲淹,仲淹谓之曰:"儒者自有名教可乐,何事于兵!"因劝之读《中庸》。载读其书,犹以为未足,又访诸释、老,累年究极其说,知无所

---

① 秀州:治今浙江嘉兴市。
② 节度副使:无职事,多用于安置贬降官。
③ 明州:治今浙江宁波市。
④ 三京:西京河南府、南京应天府、北京大名府。
⑤ 洮西:洮水之西,当时为西夏所占。

得,反而求之六经①,与程颢、程颐论道学之要,涣然自信曰:"吾道自足,何事旁求。"于是尽弃异学,淳如也。举进士,调云岩令②,以敦本善俗为先。每月吉③,具酒食,召乡人高年会县庭,亲劝酬之,使人知养老事长之义,因访民疾苦,及告所以训戒子弟之意。

帝初即位,一新百度,思得才哲之士谋之,吕公著荐载有古学,召见,问治道。载对曰:"为政不法三代者,终苟道也。"帝悦,以为崇文校书。一日见王安石,安石问以新政。载曰:"公与人为善则人以善归公,如教玉人琢玉,则宜有不受命者矣。"未几移疾,屏居南山下④。

纲 庚戌,三年(1070)⑤,春正月,罢判尚书省张方平。

目 初,帝欲用王安石,方平以为不可。方平寻以丧去,服阕(què)⑥,以观文殿学士判尚书省。安石言留之不便,遂出知陈州。及陛辞,极论新法之害,帝为之怃然⑦。未几,召为宣徽北院使,留京师,安石深沮之,方平亦力求去,乃复出判应天府。

纲 二月,河北安抚使韩琦请罢青苗法。王安石称疾不朝,诏谕起之。

〔韩琦请罢青苗法〕

目 河北安抚使韩琦上疏曰:"臣准散青苗诏书,务在惠小民,不使兼并乘

---

① 六经:《诗》《书》《礼》《易》《乐》《春秋》,泛指儒家经典。
② 云岩:县名,今陕西宜川县。
③ 月吉:农历每月初一日。
④ 南山:终南山。
⑤ 辽咸雍六年。
⑥ 服阕:守丧期满除去丧服。
⑦ 怃然:怅然失意的样子。

急以要倍息,而公家无所利其入。今所立条约,乃令乡户及坊郭户①,借钱一千,纳一千三百,是官自放钱取息,与初诏相违。又条约虽禁抑勒,然不抑勒,则上户必不愿请,下户虽或愿请,请时甚易,纳时甚难,将来必有督索同保均赔之患。陛下躬行节俭,以化天下,自然国用不乏,何必使兴利之臣,纷纷四出,以致远迩之疑哉。乞罢提举官,第委提点刑狱,依常平旧法施行。"帝袖其疏以示执政曰:"琦真忠臣,虽在外,不忘王室。朕始谓可以利民,今乃害民如此!且坊郭安得青苗,而使者亦强与之。"王安石勃然进曰:"苟从其所欲,虽坊郭何害!"因难琦奏曰:"如桑弘羊笼天下货财以奉人主私用,乃可谓兴利之臣。今陛下修周公遗法,抑兼并,振贫弱,非所以佐私欲,安可谓兴利之臣乎!"帝终以琦说为疑,安石遂称疾不出。

帝谕执政罢青苗法,赵抃请俟安石出。安石求去,帝命司马光草答诏,有"士夫沸腾,黎民骚动"之语。安石抗章自辩,帝为巽(xùn)辞谢之②,且命吕惠卿谕旨。韩绛又劝帝留安石,安石入谢,因言:"中外大臣、从官、台谏朋比,欲败先王正道以沮陛下,此所以纷纷也。"帝以为然。安石乃起视事,持新法益坚。以琦奏付条例司,令曾布疏驳,刊石颁之天下。琦申辩愈切,且谓安石妄引《周礼》以惑上听,皆不报。

[司马光辞枢密副使]

纲 以司马光为枢密副使,固辞不拜。

---

① 坊郭户:城市户籍居民。
② 巽辞:委婉的言辞。

国光素与王安石厚，及行新法，贻书开陈再三，又与吕惠卿辨论于经筵，安石不乐。帝欲大用光，访之安石，安石曰："光外托劘（m6）上之名①，内怀附下之实，所言尽害政之事，所与尽害政之人，而欲置之左右使预国论，此消长之机也。光才岂能害政，但在高位，则异论之人倚以为重。韩信立汉赤帜，赵卒夺气②，今用光，是与异论者立赤帜也。"

及安石称疾不出，帝乃以光为枢密副使。光辞曰："陛下所以用臣，盖察其狂直，庶有补于国家。若徒以禄位荣之，而不取其言，是以天官私非其人也。臣徒以禄位自荣，而不能救生民之患，是盗窃名器，以私其身也。陛下诚能罢制置条例司，追还提举官，不行青苗、助役法，虽不用臣，臣受赐多矣。青苗之散，使者恐其逋负，必令贫富相保。贫者无可偿，则散而之四方，富者不能去，必责使代偿，十年之外，贫者既尽，富者亦贫，常平又废，加之以师旅，因之以饥馑，民之赢者必委死沟壑，壮者必聚而为盗贼，此事之必至者也。"疏凡九上，帝使谓之曰："枢密，兵事也，官各有职，不当以他事为辞。"光对曰："臣未受命，则犹侍从也，于事无不可言者。"会安石复起视事，乃下诏允光辞，收还敕诰。知通进银台司范镇封还诏旨者再，帝以诏直付光，不由门下。镇奏曰："由臣不才，使陛下废法。"乞解其职，许之。

纲解韩琦河北安抚使。

目琦以论青苗不见听，上疏请解河北安抚使，止领大名府路。王安石欲

①劘：规劝，劝谏。
②指汉高祖三年韩信与赵军的井陉之战。

沮琦,即从之。

〔专以策论试进士〕

纲 三月,始以策试进士。

目 初,同知贡举吕公著在贡院中密奏言:"天子临轩策士而用诗赋,非举贤求治之意,乞出自宸衷以咨访治道①。"至是上御集英殿试进士,遂专用策,赐叶祖洽以下三百人及第、出身。祖洽策言:"祖宗多因循苟简之政,陛下即位革而新之。"得擢第一。时直史馆苏轼谓:"祖洽诋祖宗以媚时宰,而魁多士,何以正风化?"乃拟答进士策献之。上以示王安石,安石言:"轼才亦高,但所学不正,又以不得逞之故,其言遂跌荡至此②。"数请绌之。

纲 置刑法科。

纲 贬知审官院孙觉知广德军③。

目 帝初即位,觉为右正言,以言事忤帝意,罢去。王安石早与觉善,将援以为助,自知通州召还④,累改知审官院。时吕惠卿用事,帝问于觉,觉对曰:"惠卿辩而有才,过于人数等,特以为利之故,屈身安石。安石不悟,臣窃以为忧。"帝曰:"朕亦疑之。"青苗法行,首议者谓:"《周官·泉府》,民之贷者至输息二十而五,国事之财用取具焉。"觉条奏

———

① 宸衷:天子心意。
② 跌荡:放纵不拘。
③ 广德军:治今安徽广德市。
④ 通州:治今江苏南通市。

其妄曰："成周赊贷，特以备民之缓急，不可徒与也，故以国服为之息①。然国服之息，说者不明，郑康成释经乃引王莽计赢受息②，无过岁什一为据。不应周公取息重于莽时，况国用专取具于泉府，则冢宰九赋将安用邪！圣世宜讲求先王之法，不当取疑文虚说以图治。"安石览之怒，始有逐觉意。会曾公亮言畿县散青苗钱③，有追呼抑配之扰④。安石遣觉行视虚实⑤，觉言："民实不愿与官相交，望赐寝罢。"遂坐奉诏反覆，贬知广德军。

纲 夏四月，贬御史中丞吕公著知颍州。

目 青苗法行，公著上疏曰："自古有为之君，未有失人心而能图治，亦未有胁之以威，胜之以辩，而能得人心者也。昔日之所谓贤者，今皆以此举为非，而主议者一切诋为流俗浮论，岂昔皆贤而今皆不肖乎！"会帝使公著举吕惠卿为御史，公著曰："惠卿固有才，然奸邪不可用。"王安石以是积怒公著，诬其言："韩琦欲因人心，如赵鞅兴晋阳之甲⑥，以逐君侧之恶。"贬知颍州。

纲 赵抃罢。

目 安石持新法益坚，抃大悔恨，上疏言："制置条例司，建使者四十余辈，骚动天下。安石强辩自用，诋公论为流俗，违众罔民，顺非文过。近

① 国服：服事于国，即向国家缴纳租税。
② 郑康成：汉代经学集大成者郑玄。计赢：计算盈利。
③ 畿县：都城属县。
④ 追呼：胥吏到门前号叫催租。抑配：强行摊派。
⑤ 行视：巡行视察。
⑥ 赵鞅：赵简子，春秋时晋国六卿之一，与韩魏荀三家攻灭叛乱的范氏、中行氏。

者,台谏侍从多以言不听而去,司马光除枢密不肯拜。且事有轻重,体有大小。财利于事为轻,而民心得失为重。青苗使者于体为小,而禁近耳目之臣用舍为大。今去重而取轻,失大而得小,惧非宗庙、社稷之福也。"奏入,恳求去位,乃出知杭州。抃长厚清修,为政善因俗施教,宽猛不同,以惠利为本,韩琦称为人中表仪,己不及也。

纲 以韩绛参知政事。

纲 以李定为监察御史里行。罢知制诰宋敏求、苏颂、李大临。

〔三舍人〕

目 定少受学于王安石,举进士,为秀州判官。孙觉荐之朝,召至京师。知谏院李常见之,问曰:"君从南方来,民谓青苗法如何?"定曰:"民便之,无不喜者。"常曰:"举朝方共争是事,君勿为此言。"定即往白安石,且曰:"定但知据实以言,不知京师乃不许。"安石大喜,立荐对。帝问青苗事,定曰:"民甚便之。"于是诸言新法不便者,帝皆不听。命定知谏院,宰相言:"前无选人除谏官之比。"遂拜监察御史里行。知制诰宋敏求、苏颂、李大临言:"定不由铨考擢授朝列,不缘御史荐置宪台,虽朝廷急于用才,度越常格,然隳(huī)紊法制,所益者小,所损者大。"封还制书。诏谕数四,颂等执奏不已,并坐累格诏命,落知制诰。天下谓之"三舍人"。

纲 罢监察御史里行程颢、张戬、右正言李常,以谢景温为侍御史知杂事。

目 颢言:"自古兴治立事,未有中外人情交谓不可而能有成者。正使侥幸小有事成,而兴利之臣日进,尚德之风浸衰,尤非朝廷之福。"帝令颢诣中书议,安石方怒言者,厉色待之。颢徐言曰:"天下事非一家私议,愿平气以听之。"安石为之愧屈。

戬与台官王子韶论新法不便,乞召还孙觉、吕公著。戬又上疏论王安石乱法,曾公亮、陈升之依违不能救正,韩绛左右徇从①,李定以邪诌窃台谏,吕惠卿刻薄辩给,假经术以文奸言,岂宜劝讲君侧。又诣中书争之,安石举扇掩面而笑,戬曰:"戬之狂直,宜为公笑,然天下之笑公者不少矣。"陈升之从傍解之,戬曰:"公亦不得为无罪。"升之有愧色。

常上言:"均输青苗,敛散取息,傅会经义,何异王莽猥析《周官》片言以流毒天下②。"安石遣所亲密谕意,常不为止。又言:"州县散常平钱实不出本,勒民出息。"帝诘安石,安石请令常具官吏主名,常以非谏官体,不奉诏。

安石既积怒言者,而颢等以言不行,亦各乞罢,乃罢常通判滑州③,戬知公安县,子韶知上元县④。安石素善颢,及是虽不合,犹敬其忠信,但出为京西路提刑。颢固辞,乃改签书镇宁节度判官。数日之间,台谏一空。安石以外议纷纷,请以姻家谢景温为侍御史知杂事,帝从之。

纲 五月,诏罢制置条例归中书,以吕惠卿兼判司农寺。

纲 辽立贤良科。

---

① 徇从:顺从,曲从。
② 猥:鄙陋,浅薄。
③ 滑州:治今河南滑县。
④ 上元县:今江苏南京市。

纲 分审官东、西院。六月,罢知谏院胡宗愈。

目 旧制,文选属审官院,武选属枢密院。至是帝与王安石议分审官为东、西院,东主文,西主武,以夺枢密之权,且沮文彦博也。彦博言于帝曰:"若是则臣无由与武臣相接,何由知其才而委令之哉!"帝不听。宗愈亦力言其不可,且言:"李定非才。"帝恶之,手诏:"宗愈潜伏奸意,中伤善良。"罢通判真州。

监察御史陈荐言:"李定顷为泾县主簿①,闻母仇氏死,匿不为服。"定自辩实不知为仇氏所生,故疑不敢服,而以侍养辞官。曾公亮谓"当行追服",王安石力主之。罢荐御史,而改定为崇政殿说书。监察御史林旦、薛昌朝、范育复言:"定不孝之人,不宜居劝讲之地。"且论安石之罪。安石又白罢三人。定亦不自安,求解说书,乃检正中书吏房、直舍人院。

纲 以朱寿昌通判河中府。

目 寿昌父巽守京兆时②,妾刘有娠而出③,生寿昌,数岁乃还父家,母子不相闻者五十年。寿昌行四方求之,不得,饮食罕御酒肉,与人言辄流涕。及知广州军④,与家人诀,弃官入秦,誓不见母不还。行次同州得焉⑤,刘氏时年七十余矣。京兆守臣钱明逸以闻,诏寿昌赴阙。时言者共攻李定不服母丧,王安石力主定,因忌寿昌。及寿昌至,但

---

① 泾县:今安徽泾县。
② 京兆:府名,治今陕西西安市。
③ 娠:怀孕。出:被休弃。
④ 广州军:宋无广州军,据《通鉴续编》卷九应作"广德军"。
⑤ 次:到,至。

付审官院折资①,通判河中府。居数岁,其母卒,寿昌居丧几丧明,天下称其孝。

纲 秋七月,罢吕公弼知太原府,以冯京为枢密副使。

目 公弼以王安石变法,数劝其务安静,安石不悦。公弼具疏将论之,从孙嘉问窃其稿以示安石,安石先白之,帝怒,遂罢公弼知太原府。吕氏号嘉问为"家贼"。

京为御史中丞,言:"薛向总利权无绩效,近者复除天章阁待制,于侍从为最亲,非向人材所堪处。"帝不悦,以语安石,安石请改用京,帝从之,以为枢密副使。

纲 出直史馆苏轼通判杭州。

〔苏轼进言,批评王安石及新法〕

目 轼自直史馆议贡举与帝合,即日召见,问方今政令得失。轼对曰:"陛下天纵文武,不患不明,不患不勤,不患不断,但患求治太急,听言太广,进人太锐。愿镇以安静,待时之来,然后应之。"帝竦然曰②:"卿三言,朕当熟思之。凡在馆阁,皆当为朕深思治乱,无有所隐。"轼退言于同列,王安石不悦,命权开封推官,将困之以事。

轼决断精敏,声闻益远。尝以新法不便,上疏极论,且曰:"臣之所言者三言而已,愿陛下结人心,厚风俗,存纪纲。人主所恃者人心也,自古及今未有和易同众而不安,刚果自用而不危者。祖宗以来,治财用

---

① 折资:折算官资,即官员出任比其级别低的职位。
② 竦然:惊惧貌。

者不过三司,今陛下又创制置三司条例司,使六七少年日夜讲求于内,使者四十余辈分行营干于外①。以万乘之主而言利,以天子之宰而治财,君臣宵旰几一年矣②,而富国之功茫如捕风。青苗放钱,自昔有禁,今陛下始立成法,每岁常行,虽云不许抑配,而数世之后,暴君污吏,陛下能保之乎!昔汉武以财力匮竭,用桑弘羊之说,买贱卖贵,谓之均输,于时商贾不行,盗贼滋炽,几至于乱。臣愿陛下结人心者此也。国家之所以存亡者,在道德之浅深,不在乎强与弱。历数之所以长短者,在风俗之厚薄,不在乎富与贫。臣愿陛下务崇道德而厚风俗,不愿陛下急于有功而贪富强。仁祖持法至宽,用人有序,专务掩覆过失,未尝轻改旧章。考其成功,则曰未至;言乎用兵,则十出而九败;言乎府库,则仅足而无余。徒以德泽在人,风俗知义,故升遐之日③,天下归仁。议者见其末年吏多因循,事不振举,乃欲矫之以苛察,济之以智能,招来新进勇锐之人,以图一切速成之效。未享其利,浇风已成,欲望风俗之厚,岂可得哉!臣愿陛下厚风俗者此也。祖宗委任台谏,未尝罪一言者,纵有薄责,旋即超升。台谏固未必皆贤,所言亦未必皆是,然须养其锐气,而借之重权者,将以折奸臣之萌也。臣闻长老之谈,皆谓台谏所言,常随天下公议。今者物论沸腾,怨讟(dú)交至④,公议所在,亦知之矣。臣恐自兹以往,习惯成风,尽为执政私人,以致人主孤立,纲纪一废,何事不生?臣愿陛下存纪纲者此也。"

———————————

① 营干:经营,办理。
② 宵旰:宵衣旰食,比喻勤于政事。
③ 升遐:帝王去世的婉辞。
④ 怨讟:怨恨诽谤。

时王安石赞帝以独断专任,轼因试进士发策,以晋武平吴独断而克,苻坚伐晋独断而亡,齐桓专任管仲而霸,燕哙专任子之而败,事同功异为问。安石滋不悦,使侍御史谢景温论奏其过,穷治无所得。轼遂请外,通判杭州。

纲 八月,夏人寇环、庆州①,以韩绛为陕西宣抚使。

纲 九月,以曾布为崇政殿说书,判司农寺。

目 王安石常欲置其党一二人于经筵,以防察奏对者。吕惠卿遭父丧去职,安石遂荐布代之。布资序浅②,人尤不服,寻罢。

　山阴陆佃(diàn)尝受经于安石③,至是应举入京师。安石问以新政,佃曰:“法非不善,但推行不能如初意,还为扰民。”安石惊曰:“何乃尔?吾与惠卿议之。”又访外议,佃曰:“公乐闻善,古所未有,然外间颇以为拒谏。”安石笑曰:“吾岂拒谏者,但邪说营营,顾无足听。”佃曰:“是乃所以致人言也。”明日召佃谓之曰:“惠卿言:‘私家取债,亦须一鸡半豚。’已遣李承之使淮南质究矣。”既而承之还,诡言民无不便,佃说遂不行。

纲 以刘庠知开封府。

目 庠不肯屈事王安石,安石欲见之。或以为言,庠曰:“安石自执政,未尝一事合人情,往将何语邪!”卒不往,而上疏极言新法非是。帝曰:“奈何不与大臣协心济治乎!”庠对曰:“臣知事陛下而已,不敢附安

---

① 环州:治今甘肃环县。
② 资序:官员资历、升迁次序。
③ 山阴:县名,今浙江绍兴市。

石也。"

纲 曾公亮罢。

目 公亮初嫉韩琦,故荐王安石以间之。及同辅政,知帝方向安石,凡更张庶事,一切阴助之,而外若不与同者。尝遣其子孝宽参其谋,至帝前略无所异,由是帝益信任安石,安石深德之。公亮以老求去,遂拜司空、侍中、集禧观使。苏轼尝从容责其不能救正变更,公亮曰:"上与介甫如一人,此乃天也。"然安石犹以公亮不尽阿附己,于是听其罢相。

纲 以冯京参知政事,吴充为枢密副使。

纲 策贤良方正之士,黜台州司户参军孔文仲。

目 诏举贤良,帝亲策之。太原判官吕陶对曰:"陛下初即位,愿不惑理财之说,不间老成之谋,不兴疆埸(yì)之事①。陛下措意立法,自谓庶几尧舜,然以陛下之心如此,天下之论如彼,独不反而思之乎!"及奏第,帝顾王安石取卷读,读未半,神色颇沮。帝觉之,使冯京竟读,称其言有理。台州司户参军孔文仲策凡九千余言,力论安石所建之法非是,宋敏求第为异等。安石怒,启帝御批,罢文仲还故官。齐恢、孙固封还御批。范镇上疏言:"臣所荐孔文仲,草茅疏远,不识忌讳。且以直言求之,而又罪之,恐为圣明之累。"不听。吕陶亦止授通判蜀州。

纲 罢翰林学士司马光。

目 光求去,上曰:"王安石素与卿善,何自疑?"光曰:"安石执政,凡忤其

---

① 疆埸:疆界。

意如苏轼辈者皆毁其素履①,中以危法。臣不敢避削黜,但欲苟全素履。且臣善安石孰如吕公著?安石初举公著,后亦毁之,彼一人之身,何前是而后非,必有不信者矣。"求益力,乃以端明殿学士知永兴军。

纲 冬十月,陈升之罢。

纲 贬秦凤经略使李师中知舒州。

目 管干秦凤经略司机宜文字王韶,请筑渭、泾上下两城,屯兵以抚纳洮、河诸部②。下师中议,师中以为不便,诏师中罢帅事。韶又言渭源至秦州良田不耕者万顷③,愿置市易司,颇笼商贾之利,取其赢以治田,乞假官钱为本。诏秦凤经略司以川交子易物货给之,命韶领市易事。师中言:"韶所指田,乃极边弓箭手地耳。又将移市易司于古渭④,恐秦州自此益多事,所得不补所亡。"王安石主韶议,为削师中职,徙知舒州。寻进韶太子中允。

初,师中仕州县,邸状报包拯参知政事,或曰:"朝廷自此多事矣。"师中曰:"包公何能为?今知鄞县王安石者眼多白,甚似王敦,他日乱天下者必斯人也。"世贵其先识。

纲 翰林学士范镇致仕。

目 镇上疏曰:"臣言青苗不见听,一宜去;荐苏轼、孔文仲不见用,二宜

① 素履:素来的操守。
② 洮:州名,治今甘肃临潭县。河:州名,治今甘肃临夏州。
③ 渭源:县名,今甘肃定西市。
④ 古渭:城寨名,今甘肃陇西县。

去。李定避持服,遂不认母,坏人伦,逆天理,而欲以为御史,反为之罢舍人,逐台谏。王韶上书肆欲欺罔,以兴造边事,事败则置而不问,反为之罪帅臣。及不用苏轼则掎摭(zhí)其过①,不悦孔文仲则遣之归仕,以此二人,况彼二人②,是非得失,能逃圣鉴乎!"因复极言青苗之害,且曰:"陛下有纳谏之资,大臣进拒谏之计。陛下有爱民之性,大臣用残民之术。"疏入,王安石大怒,持其疏至手颤,乃自草制极诋之,遂以户部侍郎致仕。镇表谢,略曰:"愿陛下集群议为耳目,以除壅蔽之奸。任老成为心腹,以养中和之福。"天下闻而壮之。苏轼往贺曰:"公虽退而名益重矣。"镇愀然曰:"君子言听计从,消患于未萌,使天下阴受其赐,无智名,无勇功。吾独不得为此,使天下受其害而吾享其名,吾何心哉!"

〔改更戍法为将兵法,提高了北宋后期军队战斗力〕

纲十二月,改诸路更戍法。

〔保甲法〕

纲立保甲法。

目于是诸州籍保甲,聚民而教之,禁令苛急,往往去为盗,郡县不敢以闻。判大名府王拱辰抗言其害,曰:"非止困其财力,夺其农时,是以法驱之使陷于罪罟(gǔ)也③。浸淫为大盗,其兆已见。纵未能尽罢,

---

① 掎摭:指摘,摘取。
② 况:比。
③ 罟:法网。

愿裁损下户以纾(shū)之①。"主者指拱辰为沮法，拱辰曰："此老臣所以报国也。"抗章不已，帝悟，由是下户得免。

目以韩绛、王安石同平章事，王珪参知政事。

〔募役法〕

纲行募役法。

目司马光言："上等户自来更互充役，有时休息，今使岁出钱，是常无休息之期。下等户及单丁、女户从来无役，今尽使之出钱，是鳏寡孤独之人俱不免役。夫力者，民之所生而有；谷帛者，民可耕桑而得；至于钱者，县官之所铸②，民之所不得私为也。今有司立法，惟钱是求，岁丰则民贱粜其谷，岁凶则伐桑枣、杀牛、卖田得钱以输，民何以为生乎！此法卒行，富室差得自宽③，贫者困穷日甚矣！"帝不听。

闫建飞 评注

李华瑞 高纪春 审定

———

① 纾：缓和，解除。
② 县官：官府。
③ 差：稍微，勉强。

纲鉴易知录卷七一

卷首语:本卷起宋神宗熙宁四年(1071),止熙宁八年(1075),所载为神宗朝五年的史事。新法继续推进,出台了市易法、保马法、方田均税法,王安石则罢而复相。对新法有不同意见的官员司马光、韩维、富弼、文彦博、冯京等纷纷去位,郑侠《流民图》是反新法的高潮事件。科举亦进行了改革,以王安石《三经新义》为考试标准。

宋　纪

神宗皇帝

纲 辛亥,四年(熙宁四年,1071)①,春正月,韩绛使种谔袭夏人,败之,遂城啰兀②。

纲 粥广惠仓田。

目 广惠仓田,本绝户业,以赈济者也。王安石请粥之,以为河北东西③、陕西、京东四路青苗本钱,诏从之。

〔熙宁四年科举改革,废诗赋,专以经义、策论取士〕

纲 二月,更定科举法,专以经义、论、策试士。

目 初,上笃意经学,深悯贡举之弊,且以西北人材多不在选,遂议更法。王安石言于帝曰:“进士科试诗赋,亦多得人。然士少壮时正当讲求天下正理,乃闭门学作诗赋,及其入官,世事皆所未习。此科法败坏人材,致不如古。”既而中书门下言:“今欲追复古制,则患于无渐,宜先除去声律偶对之文,使学者得专意经术,以俟朝廷兴建学校,然后讲求三代所以教育、选举之法,施之天下,则庶几可以复古矣。”于是

---

① 辽咸雍七年。
② 啰兀:城寨名,在今陕西米脂县西北。
③ 河北东西:应作河北、河东。

改法,罢诗赋,士各占治《易》《诗》《书》《周礼》《礼记》一经,兼《论语》《孟子》。每试四场,初本经,次兼经,大义凡十道;次论一首,次策三道,礼部试即增二道。其殿试则专以策。分五等,第一等、二等赐进士及第,第三等赐进士出身,第四等赐同进士出身,第五等赐同学究出身。

评北宋科举改革:

　　宋代是科举制度发展的关键阶段,经历了多方面改革,进士科逐渐成为主要科目。考试制度方面,随着锁院、糊名、誊录等制度化,考试程序趋于严密,促进了考试公平;科举向社会各阶层开放,"寒俊"有机会进入官僚阶层,促进了社会流动。殿试的出现,使进士成为"天子门生",抑制了"座主—门生"关系。考试内容方面,由以诗赋定去留,发展到重在经义、策、论,助推着宋代学术文化的发展。科举与学校的关系日趋密切,尤其是三舍法将科举与太学高度绑定。科举推动了州县学和书院的兴盛、教育的普及,对宋代的政治文化、社会发展产生了持久深远的影响。

纲　三月,夏人陷抚宁诸城①。诏安置种谔于潭州。韩绛免。

纲　诏察奉行新法不职者。

目　陈留知县姜潜②,到官才数月,青苗令下,潜即榜于县门,又移之乡村,各三日,无人至。遂撤榜付吏曰:"民不愿矣!"即移疾去。

---

① 抚宁:城寨名,在今陕西米脂县西北。
② 陈留:县名,今河南开封市陈留镇。

山阴知县陈舜俞上书极论新法,谪监南康军盐酒税①。至是,复上书言:
"青苗法实便,初迷不知尔!"识者笑之。

〔司马光归洛阳,专心编修《资治通鉴》〕

纲 夏四月,以司马光判西京留台②。

目 光在永兴,以言不用,乞判西京留台,不报。又上疏曰:"臣之不才,最
出群臣之下,先见不如吕诲,公直不如范纯仁、程颢,敢言不如苏轼、
孔文仲,勇决不如范镇。今陛下唯安石是信,附之者谓之忠良,攻之
者谓之谗慝。臣今日所言,陛下之所谓谗慝者也。若臣罪与范镇同,
即乞依镇例致仕;若罪重于镇,或窜或诛,所不敢逃!"久之,乃从其
请。光既归洛,自是绝口不复论新法。

〔笑骂从他笑骂,好官还我为之〕

纲 以邓绾(wǎn)为侍御史,判司农寺。

目 初,绾通判宁州③,知王安石得君专政,乃条上时事数十,以为"宋兴
百年,习安玩治,当事更化"。且言:"陛下得伊周之佐,作青苗、免役
等法,民莫不歌舞圣泽,愿勿移以浮议而坚行之。"复贻安石书,极其
佞谀。由是安石力荐于帝,遂驿召对,帝问:"识王安石、吕惠卿否?"
绾对曰:"不识也。"帝曰:"安石,今之古人;惠卿,贤人也。"退见安
石,欣然如素交。或问:"君今当作何官?"绾曰:"不失为馆职。""得

---

① 南康军:治今江西庐山市。
② 留台:留守司御史台。
③ 宁州:治今甘肃宁县。

无为谏官乎？"明日果除集贤校理、检正中书孔目房。乡人在都者皆笑且骂，绾曰："笑骂从他笑骂，好官还我为之！"寻同知谏院。时新法皆出司农，曾布不能独任其事，安石欲藉绾以威众，故有是命。

纲 五月，右谏议大夫吕诲卒。

目 诲以疾表求致仕，曰："臣本无宿疾，偶值医者用术乖方①，妄投药剂，寖成风痹(bì)②，遂艰行步，非只惮跖(zhí)戾之苦③，又将虞心腹之变④。势已及此，为之奈何！"盖以身疾喻朝政也。至是，病亟。司马光往省之，至则目已瞑，闻光哭，张目强视曰："天下事尚可为，君实勉之！"遂卒。

纲 罢知开封府韩维。

目 保甲法行，维时知开封，上言："诸县团结保甲，乡民惊扰，至有截指断腕以避丁者，乞候农隙排定。"帝以问安石，安石对曰："此固未可知，就令有之，亦不足怪。"帝曰："民言合而听之，则理亦不可不畏也。"安石对曰："为天下者，如止欲任民情所愿而已，则何必立君而为之张官置吏也！大抵保甲法不特除盗，固可渐习为兵，且省财费。惟陛下果断，不恤人言以行之。"帝遂变河东、北、陕西三路义勇如府畿保甲法。安石由此益恶维。

帝欲命维为御史中丞，维以兄绛居政府，力辞。安石因言："维善附流俗以非上所建立，乞允其请。"会文彦博求去，帝曰："密院事剧，当除

---

① 乖方：错误，失当。
② 风痹：中医指因风寒湿侵袭引起的肢节疼痛或麻木的病症。
③ 跖：脚掌。戾：扭曲。
④ 虞：忧虑。

韩维佐卿①。"明日维奏事殿中,以言不用,力请外郡,乃出知襄州②。

纲 六月,知蔡州欧阳修致仕。

目 修以风节自持,既连被污蔑,年六十,即乞谢事。及守青州,上疏请止
散青苗钱。帝欲复召执政,王安石力诋之,乃徙蔡州,至是求归益切。
冯京请留之,安石曰:"修附丽韩琦,以琦为社稷臣。如此人在一郡则
坏一郡,在朝廷则坏朝廷,留之安用!"乃以太子少师致仕。

纲 贬富弼官,徙知汝州。

目 弼判亳州,青苗法行,弼谓:"如是则财聚于上,人散于下。"持不行。
提举官赵济劾弼沮格诏旨,邓绾乞付有司鞫治③,乃落弼使相,以左
仆射移判汝州。弼行过应天,谓判府张方平曰:"人固难知也。"方平
曰:"谓王安石乎?亦岂难知者!方平顷知皇祐贡举④,或称其文学,
辟以考较,既至,院中之事皆欲纷更。方平恶其为人,檄之使出,自是
未尝与语。"弼有愧色,盖弼亦素喜安石也。

纲 秋七月,贬御史中丞杨绘知郑州,监察御史里行刘挚监衡州盐仓。

目 时贤士多引去,以避王安石。绘上疏言:"老成人不可不惜。当今旧
臣多引疾求去,范镇年六十有三,吕诲年五十有八,欧阳修年六十有
五而致仕,富弼年六十有八而引疾,司马光、王陶皆五十而求散地,陛
下可不思其故乎!"安石闻而深恶之。

---

① 即任命韩维为枢密副使,辅佐枢密使文彦博。
② 襄州:治今湖北襄阳市。
③ 鞫治:审问定罪。
④ 张方平知贡举在庆历六年,并非皇祐年间。

挚为安石所器,拜监察御史里行。始就职,即奏言:"陛下有劝农之志,今变而为烦扰;陛下有均役之意,今倚以为聚敛。天下有喜于敢为,有乐于无事,彼以此为流俗,此以彼为乱常,此风浸成,汉唐党祸必起矣。"因陈率钱助役十害。绘又言助役之难行者有五。于是安石大怒,使知谏院张璪取绘、挚所论助役十害、五难行之事,作十难以诘之,璪辞不为。曾布请为之,既作十难,且劾绘、挚欺诞怀向背;诏下其疏于绘、挚,使各言状。绘录前后四奏以自辨,挚奋然曰:"为人臣,岂可压于权势,使天子不知利害之实!"即条对所难以伸其说,不报。明日,复上疏曰:"陛下夙夜励精以亲庶政,天下未致于安且治者,谁致之邪? 陛下注意以望太平,而自以太平为己任得君专政者是也。二三年间,开阖摇动,举天地之内,无一民一物得安其所者。其议财,则市井屠贩之人皆召至政事堂;其征利,则下至历日而官自粥之。推此以往,不可究言。轻用名器,淆混贤否。忠厚老成者,摈之为无能;侠少儇(xuān)辩者①,取之为可用;守道忧国者,谓之流俗;败常害民者,谓之通变。凡政府谋议经画,除用进退,独与一掾(yuàn)属曾布者论定②,然后落笔,同列与闻,反在其后。故奔走乞丐之人,布门如市。今西夏之款未入,反侧之兵未安,三边疮痍,流溃未定,河北大旱,诸路大水,民劳财乏,县官减耗。圣上忧勤念治之时,而政事如此,皆大臣误陛下,而大臣所用者误大臣也。"疏奏,安石欲窜挚岭外③,帝不许,诏贬绘知郑州,谪挚监衡州盐仓。璪亦落职。

———————

① 儇:轻薄巧慧。
② 掾属:僚佐、属官。
③ 岭外:岭南。

〔王雱任崇政殿说书〕

纲 八月,以王雱(pāng)为崇政殿说书。

目 雱,安石子也。为人慓悍阴刻,无所顾忌。性敏甚,未冠已著书数十
　　万言。举进士,调旌德尉①。雱气豪,睥睨(pì nì)一世②,不能作小官。
　　安石执政,所用多少年,雱亦欲预选,乃与父谋曰:"执政子虽不可预
　　事,而经筵可处。"安石欲帝知而自用,乃以雱所作策及注《道德经》
　　镂版鬻于市,遂传达于帝,邓绾、曾布又力荐之。召见,除太子中允、
　　崇政殿说书。
　　安石更张政事,雱实导之。常称商鞅为豪杰之士,且言不诛异议者则
　　法不行。安石一日与程颢语,雱囚首跣足③,携妇人冠以出,问父所言
　　何事。曰:"以新法为人所沮,故与程君议之。"雱大言曰:"枭韩琦、
　　富弼之首于市,则法行矣。"安石遽曰:"儿误矣!"颢曰:"方与参政论
　　国事,子弟不可预,姑退。"雱不乐。

纲 命王韶主洮、河安抚司事。

纲 冬十月,以鲜于侁为利州转运副使④。

目 初,诏监司各定所部助役钱数。利州路转运使李瑜欲定四十万。侁
　　时为判官,争之曰:"利州民贫地瘠,半此可矣。"瑜不从,遂各为奏。
　　帝是侁议,谕司农曾布,使颁以为式,因黜瑜而擢侁副使,兼提举常

────────────

① 旌德:县名,今安徽旌德县。
② 睥睨:侧目而视,表示高傲。
③ 囚首:不束发。
④ 利州:转运使路,今四川北部一带。治利州,今四川广元市。

平。佹既为副使,部民不请青苗钱,安石遣吏诘之,佹曰:"青苗之法,
愿取则与。民自不愿,岂能强之哉!"苏轼称佹上不害法,中不废亲,
下不伤民,以为三难。

〔立太学生三舍法〕

纲 立太学生三舍法。

目 帝垂意儒学,因言者论太学假锡庆院西北廊甚湫隘,乃尽以锡庆院及
朝集院西庑广太学。增直讲为十员,率二员共讲一经。生员厘为三
等:始入太学为外舍,定额为七百人;外舍升内舍,员三百;内舍升上
舍,员百。各执一经,从所讲官受学,月考试其业,优等以次升舍。

纲 壬子,五年(1072)①,春正月,置京城逻卒,察谤时政者。

纲 二月,以蔡挺为枢密副使。

目 挺知渭州,甲兵整习,常若寇至,故多立功效。然谲(jué)智深险②,在
位岁久,郁郁不得志,寓意词曲,有"玉关人老"之句,中使至,使优伶
歌之,传达禁中。帝闻而慜之,故有是命。

纲 三月,判汝州富弼致仕。

目 弼至汝州两月,即上言:"新法臣所不晓,不可以治郡,愿归洛养疾。"
许之。遂请老,复授司空、使相,使致仕。弼虽家居,朝廷有大利害,
知无不言。帝虽不尽用,而眷礼不衰,尝因王安石有所建明,却之曰:

————————

① 辽咸雍八年。
② 谲:诡诈。

"富弼手疏称'老臣无所告诉,但仰屋窃叹'者,即当至矣。"其敬之如此。

〔市易法〕

纲 行市易法。

目 自王韶倡为缘边市易之说,王安石善之,以为与汉平准法同①,可以制物低昂而均通之,遂用草泽魏继宗议,以内藏库钱帛置市易务于京师。凡货之可市及滞于民而不售者,平其价市之,愿以易官物者听。若欲市于官者,则度其田宅或金帛为抵当而贷之钱,责期使偿,半岁输息十一,及岁倍之;过期不输,息外每月更加罚钱。以户部判官吕嘉问为提举。

〔保马法〕

纲 夏五月,行保马法。

目 王安石建保甲养马之法,文彦博、吴充以为不便,安石持论益坚。乃诏曾布等上其条约,保甲愿养马者户一匹,物力高愿养二匹者听,皆以监牧见马给之,或官与其直,令自市。先行于开封府及陕西五路。岁一阅其肥瘠,死病者补偿。三等以上,十户为一保,四等以下,十户为一社,以待病毙补偿者。保户马死,保户独偿;社户马死,社户半偿之。其后遂遍行于诸路。

────────

① 平准法:汉武帝时桑弘羊设置平准机构,官府从事商业经营,平抑物价,实则与民争利。

纲王安石求去位,帝不许。

纲秋闰七月,以章惇为湖北察访使。

目时帝思用兵以威四夷。湖北提点刑狱赵鼎上言:"峡州峒(dòng)酋刻
剥无度①,蛮众愿内附。"辰州布衣张翘②,亦上书言南北江利害。遂
诏中书检正官章惇察访荆湖北路,经制蛮事。

纲八月,王韶击吐蕃,败之,遂城武胜③。

目初,韶言:"措置洮、河只用回易息钱,未尝辄费官本。"文彦博曰:
"工师造屋,初必小计,冀人易于动工。及既兴作,知不可已,乃方
增多。"帝曰:"屋坏岂可不修!"王安石曰:"主者善计,自有忖度,
岂为工师所欺也!"彦博不复敢言。由是韶进讨,敢肆欺诞,朝廷不
与计财。

纲观文殿学士致仕欧阳修卒。

〔欧阳修《新五代史》〕

目是岁,有诏求修所撰《五代史》,而修卒矣。修天资刚劲,见义勇为,平
生与人,尽言无隐,奖引后进,如恐不及,赏识之下,率为闻人。及在
政府,士大夫有所干请,辄面谕可否,虽台谏论事,亦必以是非诘之,
怨诽益众。自五代以来,文体卑弱。修游随州,得唐韩愈遗稿,读而

---

① 峡州:治今湖北宜昌市。峒酋:南方少数民族首领。
② 辰州:治今湖南沅陵县。
③ 武胜:城寨名,在今甘肃临潭县。

心慕之,苦心探赜,坐忘寝食,遂以文章名冠天下,学者翕(xī)然师尊之①。谥文忠。

纲 贬唐坰(jiōng)为潮州别驾。

目 坰尝上书言:"秦二世制于赵高,乃失之弱,非失之强。"帝悦其言。又言:"青苗法不行,宜斩大臣异议如韩琦者数人。"王安石尤喜之,荐使对,赐进士出身,为崇文校书。安石复令邓绾举为御史,遂除太子中允。将用为谏官,安石疑其轻脱,将背己立名,不除职,以本官同知谏院,非故事也。

坰果怒安石易己②,凡奏二十疏论时事,皆留中不出。坰乃因百官起居日,扣陛请对,帝令谕以他日,坰伏地不起,遂召升殿。坰至御座前,进曰:"臣所言皆大臣不法,请对陛下一一陈之。"乃搢(jìn)笏展疏③,目安石曰:"王安石近御座听札子!"安石迟迟,坰诃(hē)曰④:"陛下前犹敢如此,在外可知!"安石竦然而进。坰大声宣读,凡六十条,大抵言:"安石专作威福,曾布表里擅权,天下但知惮安石,不复知有陛下。文彦博、冯京知而不敢言,王珪曲事安石,无异厮仆。"且读且目珪,珪惭惧,俯首先降。又言:"薛向、陈绎,安石颐指气使,无异家奴;张璪、李定为安石爪牙;张商英乃安石鹰犬。"至诋安石为李林甫、卢杞。帝屡止之,坰慷慨自若,略不退慑。读已,下殿再拜而退。侍臣卫士相顾失色,阁门纠其渎乱朝仪,贬潮州别驾。

---

① 翕然:一致。
② 易:轻视。
③ 搢笏:把笏版插在腰带上。
④ 诃:同"呵",呵斥。

〔方田均税法〕

纲颁方田均税法。

目帝患田赋不均,诏司农重定方田及均税法,颁之天下。令既具,乃以巨野县尉王曼(màn)为指教官,先自京东路行之,诸路仿焉。

纲九月,少华山崩①。

纲冬十二月,以陈升之为枢密使。

纲癸丑,六年(1073)②,春二月,王韶克河州。

目获木征妻子③。

纲三月,置经义局。

目训《诗》《书》《周礼》义,以王安石提举,吕惠卿、王雱同修撰。帝欲召程颢预其事,安石不可。

纲夏四月,文彦博罢。

目彦博久居枢密,以王安石多变旧典,言于帝曰:"朝廷行事,务合人心,宜兼采众论,以静重为先。陛下励精求治,而人心未安,盖更张之过也。祖宗法未必皆不可行,但有偏而不举之弊尔。"及市易司立,至果实亦官监卖,彦博以为损国体,敛民怨,致华岳山崩,为帝极言之。安石曰:"华山之变,殆天意为小人发。市易之起,自为细民久困,以抑

① 少华山:在今陕西渭南市东南,与华山相对。
② 辽咸雍九年。
③ 木征:青海东部吐蕃首领,降宋后赐名赵思忠。

兼并尔,于官何利焉!"彦博求去益力,遂以司空、河东节度使判河阳,

徙大名府。身虽在外,而帝眷有加。

纲 置律学。

目 诏士之莅官,以法从事。今所习非所学,宜置律学,命官、举人皆得入

学习律令。

纲 六月,知南康军周敦颐卒。

目 敦颐,道州营道人①。初,因舅郑向任为分宁主簿②,有狱久不决,敦

颐至,一讯立辨。邑人惊曰:"老吏不如也。"调南安司理③,有囚,法

当不死,转运使王逵欲深治之。敦颐力与辩,逵不听,敦颐委手版,将

弃官去,曰:"如此,尚可仕乎!杀人以媚人,吾不为也。"逵悟,囚得

释。调桂阳令④,改知南昌,富家、大姓、黠吏、恶少惴惴焉,不独以得

罪为忧,而又以污秽善政为耻。历知南康军,年五十七而卒。

〔周程授受,传统史家多认为是二程理学源头,不过目前学界多认为二程

理学与周敦颐无关〕

敦颐博学力行,著《太极图》《易通》,明天理之根源,究万物之终始,

言约而道大,文质而义精,得孔孟之本原,大有功于学者。为南安司

理时,通判程珦(xiàng)以其学为知道⑤,使二子颢、颐往受业。敦颐每

①营道:道州附郭县,今湖南道县。

②分宁:县名,今江西修水县。

③南安:军名,治今江西大余县。司理:司理参军,负责刑狱的州军佐官。

④桂阳:县名,今湖南汝城县。

⑤道:天地万物运行的根本法则。

令寻孔颜乐处,所乐何事。颢尝曰:"自再见周茂叔后,吟风弄月以归,有'吾与点也'之意①。"侯师圣学于程颐,未悟,因见敦颐。敦颐留与对榻夜谈,越三日乃还。程颐惊异之,曰:"非从周茂叔来邪?"其善开发人类此。既至南康,即筑室于莲花峰下②。前有溪合于溢(pén)江③,取营道所居濂溪以名之,学者称为濂溪先生。

纲大蝗。

纲秋九月,初策武举之士。

纲吐蕃木征复入河州,王韶破走之,遂取岷、宕、洮、叠四城④。帝御殿受贺。

纲收免行(háng)钱⑤。

纲冬十月,章惇击南江蛮,平之,置沅州⑥。

纲行折二钱。

[宋辽议河东边界]

纲甲寅,七年(1074)⑦,春三月,辽使人来议疆事,遣太常少卿刘忱

① 吾与点也:指孔子赞同曾点的观点。曾点,孔子弟子,曾参父亲。
② 莲花峰:在今江西九江市南。
③ 溢江:今龙开河,在江西九江市。
④ 岷州:治今甘肃岷县。宕州:治今甘肃宕昌县。叠州:治今甘肃迭部县。
⑤ 免行钱:官府所需物料人工,原是向工商各行摊派,此后改以钱折算,即免行钱。
⑥ 沅州:治今湖南芷江县。
⑦ 辽咸雍十年。

报之。

目 辽以河东路沿边增修成垒,起铺舍①,侵入蔚、应、朔三州界内,使林牙萧禧来言②,乞行毁撤,别立界至。禧归,帝面谕以三州地界,俟遣官与北朝官即境上议之。遂诏忱如辽。辽遣枢密副使萧素会忱于代州境上。

诏下枢密院议,且手诏判相州韩琦、司空富弼、判河南府文彦博、判永兴军曾公亮条代北事宜以闻③。琦言:"臣观近年朝廷举事,似不以大敌为恤,彼见形生疑,必谓我有复燕之意,故引先发制人之说造为衅端。所以致疑,其事有七:招高丽朝贡,一也;取吐蕃之地建熙河④,二也;植榆柳于西山以制蕃骑,三也;创保甲,四也;筑河北城池,五也;置都作院,颁弓矢新式,六也;置河北三十七将,七也。契丹素为敌国,因事起疑,不得不然。臣尝窃计,始为陛下谋者,必曰治国之本,当先聚财、积谷,募兵于农,则可以鞭笞四夷。故散青苗钱,为免役法,置市易务,次第取钱。新制日下,更改无常,而监司督责以刻为明。今农怨于畎亩,商叹于道路,长吏不安其职,陛下不尽知也。夫欲攘斥四夷以兴太平,而先使邦本困摇,众心离怨,此则为陛下始谋者大误也。臣今为陛下计,宜遣报使,具言向来兴作,乃修备之常,疆土素定,悉如旧境,不可持此造端,以隳累世之好。可疑之形,如将官之类,因而罢去。益养民爱力,选贤任能,使天下悦服,边备日充,若

———————

① 铺舍:巡逻军卒驻扎、办公之所。
② 林牙:辽朝职官,掌文书起草。
③ 代北:今山西北部一带。
④ 熙河:安抚使路,今甘肃东南、青海东北部一带。

其果自败盟,则可一振威武,恢复故疆,摅(shū)累朝之宿愤矣①。"弼、彦博、公亮亦皆有言,大抵度上以虏为忧,故深指时事云。

〔郑侠《流民图》〕

綱 大旱,诏求直言。夏四月,权罢新法,雨。

目 自去秋七月不雨至夏四月,帝忧形于色,欲尽罢法度之不善者。王安石曰:"水旱常数,尧、汤不免。但当修人事以应之。"帝曰:"朕所以恐惧者,正谓人事之未修尔!今取免行钱太重,人情咨怨,自近臣以至后族,无不言其害者。"冯京曰:"臣亦闻之。"安石曰:"士大夫不逞者,以京为归,故京独闻此言,臣未之闻也!"翰林学士韩维言:"陛下损膳避殿,乃举行故事,恐不足以应变。当痛自责己,广求直言。"帝即命维草诏行之。

初,光州司法参军郑侠②,为安石所奖拔,感其知己,思欲尽忠。及满秩入京,安石问以所闻,侠曰:"青苗、免役、保甲、市易数事,与边鄙用兵,在侠心不能无区区也。"安石不答。久之,监安上门。会岁饥,征敛苛急,东北流民,每风沙霾曀(yì)③,扶携塞道,羸疾愁苦,身无完衣,或茹木实草根④,至身被锁械,而负瓦揭木,卖以偿官,累累不绝。乃绘所见为图,奏疏诣阁门,不纳,遂假称密急,发马递,上之银台司,且云:"旱由安石所致。去安石,十日不雨,即乞斩臣宣

---

① 摅:抒发,表达。
② 光州:治今河南潢川县。
③ 曀:昏暗。
④ 茹:吃。

德门外,以正欺君之罪。"疏奏,帝反覆观图,长吁数四,袖以入内。
是夕,寝不能寐。翌日,命开封体放免行钱,三司察市易,司农发常
平仓,三卫具熙河所用兵①,诸路上民物流散之故,青苗、免役,权息
追呼,方田、保甲并罢,凡十有八事,民间欢呼相贺。是日,果大雨,远
近沾洽。

纲 下监安上门郑侠狱,复行新法。

目 辅臣入贺雨。帝示以侠所进图状,且责之。皆再拜,安石上章求去,
外间始知所行之由。群奸切齿,遂以侠付御史,治其擅发马递罪。吕
惠卿、邓绾言于帝曰:"陛下数年忘寝与食,成此美政,天下方被其赐,
一旦用狂夫之言,罢废殆尽,岂不惜哉!"相与环泣于帝前。于是新法
一切如故,惟方田暂罢。

纲 吐蕃木征围河州,王韶击降之。

〔王安石罢相,韩绛、吕惠卿继任,守其成规,别号"传法沙门"、"护法善神"〕

纲 王安石免。以韩绛同平章事,吕惠卿参知政事。

目 安石执政六年,更法度,开边疆,老成正士废黜殆尽,儇慧少年超擢用
事,天下怨之,而帝倚任益专。太皇太后尝乘间语帝曰:"祖宗法度,
不宜轻改。吾闻民间甚苦青苗、助役,宜罢之。"帝曰:"此以利民,非
苦之也。"后又曰:"安石诚有才学,然怨之者甚众,欲保全之,不若暂
出之于外。"帝曰:"群臣惟安石为国家当事。"时帝弟岐王颢在侧,因

---

① 三卫:三衙,即禁军统辖机构殿前司、马军司、步军司。

进曰："太后之言,至言也,不可不思。"帝怒曰："是我败坏天下邪?汝自为之!"颢泣曰："何至是邪!"皆不乐而罢。久之,太后流涕谓帝曰："安石乱天下,奈何?"帝始疑之。及郑侠疏进,安石不自安,遂求去位,帝再四勉留,安石请益坚,乃以观文殿大学士知江宁府。吕惠卿使其党变姓名曰投匦(guǐ)留之①,安石感其意,因乞韩绛代己而惠卿佐之,帝从其请。二人守其成规不少失,时号绛为"传法沙门",惠卿为"护法善神"。

纲初榷蜀茶。

纲五月,罢制科。

纲三司使曾布、提举市易司吕嘉问免。

纲六月,作浑仪、浮漏成②。

纲秋七月,立手实法。

目时免役出钱或未均,吕惠卿用其弟曲阳尉和卿计,创手实法。其法,官为定物价,使民各以田亩、屋宅、资货、畜产随价自占。非用器、食粟而辄隐落者许告,有实,以三分之一充赏。诏从其言,于是民家尺椽(chuán)寸土,检括无遗,至于鸡豚亦遍钞之③,民不聊生。

纲冬十月,置三司会计司。

---

① 投匦:代指臣民向皇帝上书。
② 浑仪:古代标记天体位置的天文仪器。浮漏:即五壶浮漏,古代计时器。
③ 钞:登记。

纲 十二月,以王韶为枢密副使。

纲 乙卯,八年(1075)①,春正月,蔡挺罢。

纲 窜郑侠于英州,罢参知政事冯京,放秘阁校理王安国于田里。

目 侠上疏论吕惠卿朋奸壅蔽,仍取唐魏徵、姚崇、宋璟、李林甫、卢杞传
为两轴,题曰“正直君子邪曲小人事业图迹”,在位之臣与之暗合者,
各以其类,复为书献之,且荐冯京可相。惠卿奏为谤讪②,令中丞邓
绾、知制诰邓润甫治之,遂编管侠于汀州。

御史台吏杨忠信谒侠曰:“御史缄默不言,而君上书不已,是言责在监
门,而台中无人也。”取怀中名臣谏疏二帙授侠曰:“以此为正人助。”
京在政府,常与惠卿争辨,而王安石弟安国素与侠善。侍御史张璪承
惠卿旨,劾京与侠交通有迹。时侠已行,惠卿遂令奉礼郎舒亶往捕,
遇于陈州,搜其箧,得所录名臣谏疏,有言新法事及亲朋书尺,悉按姓
名治之。狱成,惠卿欲致侠以死,帝曰:“侠所言,非为身也,忠诚亦可
嘉,岂宜深罪!”但徙英州。京罢政,出知亳州。安国夺秘阁校理,放
归田里。

初,安国仕西京国子教授,秩满至京师。帝以安石故,特召对,问曰:
“汉文帝何如主?”安国对曰:“三代以后未有也。”帝曰:“但恨其才不
能立法更制耳。”安国对曰:“文帝自代来入未央宫③,定变故俄顷呼
吸间,恐无才者不能。至用贾谊言,待群臣有节,专务以德化民,海内

① 辽大康元年。
② 谤讪:诽谤讥讽皇帝。
③ 代:代国,今山西北部,汉文帝即位前为代王。

兴于礼义,几致刑措①,则文帝加有才一等矣。"帝曰:"王猛佐苻坚,以蕞尔国而令必行。今朕以天下之大,不能使人,何也?"曰:"猛教坚以峻刑法杀人,致秦祚不传世。今刻薄小人必有以是误陛下者,愿专以尧舜、三代为法,则下岂有不从者乎!"帝又问:"卿兄秉政,外论谓何?"安国对曰:"恨知人不明,聚敛太急尔!"帝不悦,由是止授崇文院校书,寻改秘阁校理。安国屡以新法之弊力谏安石,又尝以佞人目惠卿,故惠卿衔之。

纲　二月,复以王安石同平章事。

目　初,吕惠卿迎合安石,建立新法,安石故力援引,骤至执政。惠卿既得志,忌安石复用,遂欲逆闭其途,凡可以害安石者无所不用其智。安石闻而怨之。时韩绛颛(zhuān)处中书②,事多稽留不决,且数与惠卿争论,度不能制,密请帝复用安石,帝从之。安石承命,即倍道而进,七日至汴京。

[宋辽议定河东疆界]

纲　二月,辽人复来议疆事。遣知制诰沈括报之。

目　刘忱与萧素议不能决,虏初指蔚、朔、应三州分水岭土垄为界,及忱与之行视,无土垄,乃但云以分水岭为界。凡山皆有分水,虏意至时可以罔取也。相持久之。至是,辽主复遣萧禧来致图书,以忱等迁延为言,乃命韩缜代忱等与辽使议。缜与禧争辩或至夜分,禧执分水岭之

---

① 刑措:置刑法而不用,即社会风气好,无人诉讼。
② 颛:同"专",专擅。当时韩绛独相。

说不变,留馆不肯辞,曰:"必得请而后反。"帝不得已,先遣知制诰沈括报聘。括诣枢密院阅故牍,得顷岁所议疆地书,指古长城为分界,今所争乃黄嵬山①,相远三十余里,表论之。帝喜曰:"大臣殊不究本末,几误国事。"乃赐括白金千两,使行。

括至辽,辽相杨益戒与议,不能屈,遽曰:"数里之地不忍,而轻绝好乎?"括曰:"师直为壮,曲为老。今北朝弃先君之大信,以威用其民,非我朝之不利也。"凡六会,竟不可夺,乃还。括在道,图其山川险易迂直,风俗淳庞②,人情向背,为《使契丹图》,上之。

纲 夏四月,以吴充为枢密使。

纲 闰月,陈升之罢。

〔王安石上《三经新义》,此后荆公新学成为北宋后期经学主流和科举考试指导思想〕

纲 六月,王安石上《三经新义》,诏颁于学宫。

目 王安石等以所训释《诗》《书》《周礼》三经上进,帝谓之曰:"今谈经者人人殊,何以一道德③?卿所著经,其以颁行,使学者归一。"遂颁于学宫,号曰《三经新义》。加安石左仆射,吕惠卿给事中,王雱龙图阁直学士。雱辞新命,惠卿劝帝许之,由是王、吕之怨益深。《新义》既颁,一时学者无敢不传习,主司纯用以取士;先儒传注,一切废而不

---

① 黄嵬山:在今山西原平市北。
② 庞:杂乱。
③ 一:使统一。

用。又黜《春秋》之书，不列学宫，至诋之为断烂朝报①。安石又以字
学久不讲，后罢居金陵，作《字说》二十四卷以进，多穿凿附会，其流入
于佛、老云。

纲 司徒、侍中、魏公韩琦卒。

目 琦卒前一夕，大星陨州治，枥(h)马皆惊②。帝自为碑文，载琦大节，篆
其首曰"两朝顾命定策元勋"③。赠尚书令，谥忠献，后追封魏王。

纲 秋七月，诏韩缜如河东，割地以界辽。

目 辽使争议疆事不决。帝问于安石，安石劝帝曰："将欲取之，必姑与
之。"于是诏于分水岭为界，禧乃去。至是，遣天章阁待制韩缜如河
东，割新疆与之。凡东西失地七百里，遂为异日兴兵之端。

纲 八月，韩绛免。

纲 冬十月，吕惠卿有罪，免。

目 御史蔡承禧论惠卿奸恶，惠卿居家俟命，中丞邓绾亦欲弥缝前附惠
卿之迹以媚安石，安石子雱复深憾惠卿，遂讽绾发惠卿兄弟强借秀
州华亭富民钱五百万④，与知华亭县张若济买田共为奸利事，置狱
鞫之。惠卿竟罢，出知陈州。绾又论三司使章惇协济惠卿之奸，出
知湖州。

---

① 断烂：不成篇章。朝报：朝廷公告，刊载诏令、奏章及官吏任免等事，又名邸报、邸抄。
② 枥：马槽。
③ 两朝：宋仁宗、英宗朝。
④ 华亭：今上海市松江区。

綱 彗星见,诏求直言。罢手实法。

目 彗出轸(zhěn)①。诏求直言,赦天下,询政事之未协于民者。邓绾言：
　　“凡民养生之具,日用而家有之,今欲尽令疏实,则家有告讦之忧,人
　　怀隐匿之虑。商贾通殖货利,交易有无,或春有之而夏已荡析,或秋
　　贮之而冬已散亡,公家簿书,何由拘录,其势安得不犯！徒使嚚(yín)
　　讼者趋赏报怨②,畏怯者守死忍困而已。”诏罢手实法。

綱 十一月,交阯大举入寇③,陷钦、廉州④。

綱 十二月,以元绛参知政事,曾孝宽签书枢密院事。

目 绛在翰林,谄事王安石,而安石尝德曾公亮之助己,欲引公亮子孝宽
　　于政地以报之,由是二人同升。

綱 罢直学士院陈襄。

目 襄,福州侯官人⑤。举进士,历知仙居、河阳县⑥,留意教化,进县子弟
　　于学。判府富弼奇之,及弼相,荐诸朝,累擢侍御史。上疏论青苗之
　　害,曰：“臣观制置司所议,莫非引经以为言,而其实则称贷以取利,是
　　特管夷吾、商鞅之术。望贬斥王安石、吕惠卿以谢天下,罢韩绛以杜
　　大臣争利而进者。”不听。乃请外,帝惜其去,留修起居注。安石屡欲
　　出之,帝不许。三迁直学士院,帝尝访人才之可用者,襄以司马光、韩

① 轸：二十八星宿之一。
② 嚚讼：奸诈而好争讼。
③ 交阯：政权名,今越南北部一带。
④ 廉州：治今广西合浦县。
⑤ 侯官：县名,今福建福州市。
⑥ 仙居县：今浙江仙居县。河阳县：今河南孟州市。

维、吕公著、苏颂、范纯仁、苏轼等三十三人对。安石益恶之，摘(tī)其书诏小失①，讽御史劾之，遂知陈州。

闫建飞　评注

李华瑞　高纪春　审定

---

① 摘：挑出。

纲鉴易知录卷七二

　　卷首语:本卷起宋神宗熙宁九年(1076),止宋哲宗元祐元年(1086),所载为神宗、哲宗朝十一年的史事。王安石二次罢相,神宗继续推行新法,并主持元丰官制改革。与此同时,宋与交阯、西夏发生战争,重要战役有五路攻夏、永乐城之战等。神宗去世后,太皇太后高氏垂帘听政,任用司马光为相,废罢新法诸措施,是为元祐更化。理学家二程、张载事迹,也是本卷记载的重点。

宋　纪

神宗皇帝

纲 丙辰,九年(熙宁九年,1076)①,春正月,交阯陷邕州,知州事苏缄死之。

目 交人围邕,知州苏缄悉力拒守,外援不至,城遂陷。缄义不死贼手,命其家三十六人皆先死,藏尸于坎,乃纵火自焚。城中人感缄之义,无一人从贼者。于是交人尽屠其民,凡五万八千余口。事闻,诏赠缄奉国节度使②,谥曰忠勇。

纲 章惇招降五溪蛮,遂城下溪州③。

纲 二月,以郭逵为安南招讨使。

目 王安石闻钦、廉陷,不悦。会得交人露布④,言中国作青苗、助役之法,穷困生民,今出兵欲相拯济。安石怒,自草敕榜诋之,而以天章阁待制赵卨为招讨使,宦者李宪为副,将兵讨之。既而卨与李宪议事不合,帝因问卨:"孰可代宪?"卨言:"逵老于边事,愿以为使,而己副之。"帝从其言,仍诏占城、占腊合击交阯⑤。

─────────

① 辽大康二年。
② 奉国:藩镇军号,治明州。
③ 下溪州:治今湖南古丈县会溪坪。
④ 露布:布告、通告。
⑤ 占城:政权名,在今越南南部。占腊:政权名,今柬埔寨一带。

纲 秋七月,御史中丞邓绾有罪,免。

目 吕惠卿既出守陈,而张若济之狱久不成,王雱令门下客吕嘉问、练亨甫共取邓绾所列惠卿事杂他书下制狱,王安石不知也。省吏告惠卿于陈,惠卿以状闻,且讼安石:"尽弃所学,隆尚纵横之末数,方命矫令①,罔上要君。"帝以状示安石,安石谢无有,归以问雱。雱言其情,安石咎之,雱忿,患疽发背死。帝颇厌安石所为,绾虑安石去失势,乃上书言宜录安石子及婿,仍赐第京师。帝以语安石,安石曰:"绾为国司直,而为宰臣乞恩泽,极伤国体,当黜之!"帝以绾操心颇僻,赋性奸回②,论事荐人,不循分守,斥知虢(guó)州③。

纲 八月,罢粥祠庙。

目 司农粥祠庙于民,应天府阏(è)伯、微子庙皆在粥中④,判官刘挚叹曰:"一至于此!"往见判府张方平曰:"独不能为朝廷言之邪!"方平戄(jué)然⑤,托挚为奏,曰:"阏伯迁商丘,主祀炎火,为国家盛德所乘;微子,宋始封之君,开国此地,亦本朝受命建号所因。又有双庙,乃唐张巡、许远,孤城死败,能捍大患。今若令承买,小人规利,冗亵渎慢,何所不为,岁收微细,实伤国体,乞留此三庙以慰邦人崇奉之意。"疏上,帝大震怒,批牍尾曰:"慢神辱国,无甚于斯!"于是天下神庙皆得罢粥。

---

① 方命:违抗命令。
② 赋性:天性。
③ 虢州:治今河南灵宝县南。
④ 阏伯:殷商先祖契,后世奉为火神。
⑤ 戄然:急遽的样子。

〔王安石二次罢相〕

纲 冬十月，王安石免，以吴充、王珪同平章事，冯京知枢密院事。

目 安石之再相也，屡谢病求去，及子雱死，尤悲伤不堪，力请解机务，帝益厌之，乃以使相判江宁府，寻改集禧观使。安石既退处金陵，往往写"福建子"三字，盖深悔为吕惠卿所误也。

充子安持虽娶安石女，而充心不善安石所为，数为帝言新法不便。帝察充中立无与，及安石免，遂相之。充欲有所变革，乞召还司马光、吕公著、韩维、苏颂及荐孙觉、李常、程颢等数十人。

光自洛贻书充曰："自新法之行，中外汹汹。民困于烦苛，迫于诛敛，愁怨流离，转死沟壑，日夜引领，冀朝廷觉悟，一变敝法。今日救天下之急，当罢青苗、免役、保甲、市易，而息征伐之谋。欲去此五者，必先别利害，开言路，以悟人主之心。今病虽已深，犹未至膏肓（huāng）①，失今不治，遂为痼（gù）疾矣②。"充不能用。吕惠卿告安石罪，发其私书有"无使上知"，及"勿令齐年知"之语。京与安石同年生，故云。帝以安石为欺而贤京，故召用之。

评王安石变法：

　　熙宁年间，王安石在宋神宗支持下推行变法。新法以富国强兵为核心，涉及财政体制变革、机构调整、人才培养、军事制度、社会整合等各个方面，力图通过王朝的力量推动对整个社会的改造。要实现这样宏大的计划，既需要君臣高度配合，也需要朝野理解支持。王安石展示出"天

---

① 膏肓：中医以心尖脂肪为膏，心脏与膈膜之间为肓，比喻关键之处。
② 痼疾：积久难治之症。

变不足畏,祖宗不足法,流俗之言不足恤"的坚定改革勇气,但是在当时的历史条件下,"变风俗、立法度"的政治理想和"民不加赋而国用饶"的理财理念,在很多层面超越了现实。变法固然增加了朝廷财政收入,军事实力也有所提高,但明显加重了百姓负担。其后徽宗朝,新法措施更异化为朝廷敛财的手段,导致王安石在后世长时间遭受非议。

纲十二月,郭逵败交阯兵于富良江①,李乾德降。

纲诏宦者李宪节制秦凤、熙河诸军。

纲丁巳,十年(1077)②,春二月。王韶免。

目韶与王安石有隙,且以勤兵远略,归曲朝廷,帝亦不悦。数以母老乞归,乃出知洪州。

纲秋七月,河决澶州。

纲九月,河南邵雍卒。

[邵雍为北宋理学五子之一,讲求内圣外王之学]

目雍天性高迈,迥出千古,而坦夷温厚,不见圭角③。时新法行,吏牵迫不可为,或投劾去④,雍门生故友居州县者,或贻书访之。雍曰:"此贤者所当尽力之时,新法固严,能宽一分则民受一分之赐矣,投劾何

———————

① 富良江:今越南河内市一带红河。
② 辽大康三年。
③ 圭角:棱角,锋芒。
④ 投劾:上状自劾有过,古代弃官方式。

益邪!"程颢尝与雍议论终日,退而叹曰:"尧夫内圣外王之学也。"雍知虑绝人,遇事能前知,程颐尝曰:"其心虚明,自能知之。"及疾病,司马光、张载、颢、颐晨夕候之,卒年六十七。颢为铭墓,称雍之学纯一不杂,汪洋浩大,就其所至而论之,可谓安且成矣。所著《皇极经世》《观物内外篇》《渔樵问对》传于世。元祐中赐谥康节。

纲 冬十一月,同知太常礼院张载卒。

〔张载为北宋理学五子之一,阐明理一分殊〕

目 载自崇文归,终日危坐一室,左右简编①,俯而读,仰而思,有得则识之。或中夜起坐,取烛以书,其志道精思,未尝须臾息也。敝衣疏食,与诸生讲学,每告以知礼成性,变化气质之道,学必如圣人而后已。以为知人而不知天,求为贤人而不求为圣人,此秦汉以来学者大弊也。故其学以《易》为宗,以《中庸》为体,以孔孟为法,黜怪妄,辨鬼神。其家婚丧葬祭,率用先王之意,而傅以今礼②。又论定井田学校之法,皆欲条理成书,使可举而措诸事业。吕大防荐之,召同知太常礼院。以疾归而卒,世称横渠先生,所著《正蒙》《西铭》行于世。程颐言:"《西铭》明理一而分殊③,扩前圣所未发,与孟子性善养气之论同功。"

纲 戊午,元丰元年(1078)④,春闰正月,曾孝宽罢,以孙固同知枢密

---

① 简编:代指书籍。
② 傅:附会。
③ 理一而分殊:宋明理学核心命题之一。天地间有一个理,这个理又体现在万物中,万物各有其理。
④ 辽大康四年。

院事。

目 初,固与王安石议新法不合,出知真定①,至是,帝思其先见,召用之。

纲 秋九月,以吕公著、薛向同知枢密院事。

目 公著在翰林,帝尝以释老之事语之。公著曰:"尧舜知此道乎?"帝曰:"尧舜岂不知。"公著曰:"尧舜虽知此,而惟以知人安民为难,所以为尧舜也。"帝默然。向干局绝人②,尤善商财计,算无遗策,为陕西转运副使,八年改三司使。洮河用兵,资用浩繁,向未尝乏供给。用心至到,然不能不病民,王安石方尚功利,从中主之,虽御史有言不听也,故益得展奋,由文俗吏得大用。

纲 冬,复置大理狱。

纲 己未,二年(1079)③,春二月,召程颢判武学,既而罢之。

目 颢自知扶沟县召判武学④,命下数日,李定、何正臣劾其"学术迂阔,趋向僻异,且新法之初,首为异论",复罢之。吕公著上疏言:"方朝廷修改法度之初,凡在朝野,孰无论议?陛下兼包⑤,岂悉记录。而小人贼害,指目未已,如颢者,陛下早自知之,其立身行己素有本末。昔在言路⑥,时有论列,皆辞意忠厚,不失臣子之体。兼所除武学,亦未

----

① 真定:府名,治今河北正定县。
② 干局:办事的才干器局。绝人:超越常人。
③ 辽大康五年。
④ 扶沟县:今河南扶沟县。
⑤ 兼包:兼容并包。
⑥ 言路:熙宁二三年间,程颢为监察御史里行,御史有进言之责,故称言路。

为仕宦要津,而小人斷(yín)斷必以为不可者①,直欲深梗正路,其所措意非特一二人而已。"疏奏,不纳,颢竟归故官。

纲 夏五月,元绛罢,以蔡确参知政事。

目 确善观人主意,与时上下。以王安石荐再调监察御史,因为之用,知帝已厌安石,即论安石乘马入宣德门,与卫士竞②,以贾直。

文彦博言浚川杷非浚河之具③。帝遣知制诰熊本行视,以文彦博言为是。确遂论本附彦博,本坐罢,确因代其职,改知谏院,判司农事。觊欲得台端④,因论中丞邓润甫、御史上官均按狱失实,润甫、均皆罢,而确得中丞,犹领司农。会太学生虞蕃讼博士受贿,确深探其狱,连引朝士,自翰林学士许将及元绛子耆宁以下皆逮系,遂劾绛为子有所属,请出知亳州,确遂代其位。

确自谏院为参知政事,皆以起狱夺人位而居之,士大夫交口叱骂,而确自以为得计也。

吴充数为帝言新法不便,欲稍去甚者。确曰:"曹参与萧何有隙,至代为相,一遵何约束。今陛下所自建立,岂容一人挟怨而坏之!"法遂不变。

纲 冬十月,太皇太后曹氏崩。

目 帝事太后极诚孝,后亦慈爱天至。故事,外家男子毋得入谒,帝以后

---

① 斷斷:争辩的样子。
② 竞:争执。
③ 浚川杷:通过搅动泥沙以疏浚黄河的工具。
④ 台端:侍御史知杂事,御史台副长官。

春秋高,数请召弟俣入见,久之乃许。及见,少顷,后谓俣曰:"此非汝所当得留。"趣遣出焉。帝尝有意于燕蓟,已与大臣定议,乃诣太后白其事。后曰:"事体至大。吉凶悔吝生乎动①,得之,不过南面受贺而已;万一不谐,则生灵所系,未易以言。苟可取之,太祖、太宗收复久矣,何待今日!"帝曰:"敢不受教。"

〔乌台诗案,北宋文字狱之始〕

纲 下知湖州苏轼狱,贬为黄州团练副使。

目 轼自徐徙湖,上表以谢,又以事不便民者不敢言,以诗托讽,庶有益于国。中丞李定、御史舒亶摘其语以为侮慢,因论轼:"自熙宁以来,作为文章,怨谤君父,交通戚里。"逮轼赴台狱,诏定与知谏院张璪、御史何正臣、舒亶等杂治之。定等媒糵(niè)以为诽谤时事②,锻炼久之③,且多引名士,欲置之死。太皇太后曹氏违豫中闻之,谓帝曰:"尝忆仁宗以制科得轼兄弟,喜曰:'吾为子孙得两宰相。'今闻轼以作诗系狱,得非仇人中伤之乎?捃(jùn)至于诗④,其过微矣,宜熟察之。"帝曰:"谨受教。"吴充申救甚力,帝亦怜之,会同修起居注王安礼从容白帝曰:"自古大度之君,不以言语罪人。轼以才自奋,谓爵禄可立取,顾碌碌如此,其心不能无觖(jué)望⑤。今一旦致于理⑥,恐后世谓陛下

---

① 悔吝:悔恨。
② 媒糵:诬罔构陷,酿成其罪。
③ 锻炼:拷打折磨。
④ 捃:拾取。
⑤ 觖望:因不满而怨恨。
⑥ 理:狱官。

不能容才。"帝曰:"朕固不深谴也,行为卿贳之①。第去,勿漏言。轼方贾怨于众,恐言者缘以害卿也。"王珪复举轼《咏桧》诗,曰"根到九泉无曲处,世间惟有蛰龙知",以为不臣。帝曰:"彼自咏桧尔,何预朕事。"轼遂得轻比②。舒亶又言:"驸马都尉王诜(shēn)辈,公为朋比,如盛侨、周邠固不足论,若司马光、张方平、范镇、陈襄、刘挚皆略能诵说先王之言,而所怀如此,可置而不诛乎!"帝不从,但贬轼黄州团练副使,本州安置。弟辙及诜皆坐谪贬,张方平、司马光、范镇等二十二人俱罚铜。

初,鲜于侁为京东转运使,以王安石、吕惠卿当国,正人不得立朝,叹曰:"吾有荐举之权,而所列非贤,耻也。"遂举刘挚、李常、苏轼、苏辙、刘攽、范祖禹等。及知扬州,会轼自湖赴狱,亲朋皆绝与交,道出广陵,侁往见之,台吏不许通③,或曰:"公与轼相知久,其所往来文字书问宜焚之,勿留,不然且获罪。"侁曰:"欺君负友,吾不忍为。以忠义分谴,则所愿也。"至是以举吏,累谪主管西京御史台。

纲 庚申,三年(1080)④,春正月,以章惇参知政事。三月,吴充罢。

纲 夏六月,诏中书详定官制。诏秘书监刘几等定雅乐。

纲 秋七月,彗出太微垣,诏群臣直言阙失。

目 王安石弟安礼应诏上疏曰:"人事失于下,变象见于上。陛下有仁民

---

① 行:即将。
② 轻比:从轻按治。
③ 台吏:御史台吏人。
④ 辽大康六年。

爱物之心,而泽不下究①,意者左右大臣,是非好恶,不遵诸道,乘权射利者,用力殚于沟瘠②,取利究于园夫,足以干阴阳而召星变。愿察亲近之行,杜邪枉之门,至于祈禳小数③,贬损旧章④,恐非所以应天者。"帝览疏嘉叹,谕之曰:"王珪欲使卿条具,朕尝谓不应沮格人言,以自壅障。今以一指蔽目,虽泰、华在前弗之见⑤,近习蔽其君何以异此,卿当益自信。"遂进翰林学士,知开封府。

〔元丰改制,改变了北宋前期本官与差遣分离的局面,重建了三省六部,影响深远〕

纲 九月,定百官寄禄格⑥。

目 官制成,下诏行之,凡领空名者一切罢去,而易之以阶,因以寄禄。议者又欲罢枢密院归兵部,帝曰:"祖宗不以兵柄归有司,故专命官以统之,互相维制,何可废也。"遂止。帝尝谓执政曰:"官制将行,欲新旧人两用。"指御史大夫曰:"非司马光不可。"王珪、蔡确相顾失色,珪忧甚,不知所出,确曰:"上久欲收灵武,公能任责,则相位可保也。"珪喜谢之,因荐俞充帅庆⑦,使上《平西夏策》。其意以为既用兵深入,必不召光,虽召,将不至。已而光果不召。

———————————

① 泽:恩泽。究:达。
② 沟瘠:因贫穷而困厄或死于沟壑之人,代指贫民。
③ 祈禳:祈福消灾。小数:小手段。
④ 贬损:皇帝减省自身尊号、饮食等以应对天象变化。旧章:昔日典章制度。
⑤ 泰、华:泰山、华山。
⑥ 寄禄:官员的身份待遇体系。
⑦ 庆:州名,治今甘肃庆阳市。

纲 以冯京为枢密使,薛向、孙固、吕公著为副使,向寻免。

纲 辛酉,四年(1081)①,春正月,冯京罢,以孙固知枢密院事,吕公著、韩
缜同知院事。

目 京再执政,初与王安石不合,后为吕惠卿所倾,中立不倚,人服其操。
宋进士自乡举至廷试皆第一者才三人,王曾、宋庠为名宰相,京为名
执政,不愧科名云。

纲 三月,章惇有罪,免,以张璪参知政事。

目 朱服为御史,惇密使客达意于服,为服所白。惇父俞又强占民田,民
遮诉惇,惇系之开封。事并闻,遂免知蔡州。

纲 夏四月,筑河堤,自大名至于瀛州。

目 河复大决澶州小吴埽(sào)②,诏都水监丞李立之经画以闻。立之言:
"宜自北京至瀛州,分立东西堤五十九埽。"诏从之。

纲 五月,立晋程婴、公孙杵臼庙于绛州③。

目 报其存赵孤也。追赠婴成信侯,杵臼忠智侯。

〔元丰五路攻夏〕

纲 夏人幽其主秉常。秋七月,诏李宪会陕西、河东五路之师讨之。

目 知庆州俞允知帝有用兵意,屡请西伐,又言:"谍报云:'夏将李清本秦

---

① 辽大康七年。
② 埽:堤岸。
③ 程婴、公孙杵臼:春秋晋国人,二人营救赵氏孤儿赵武。

人,说秉常以河南地来归①,秉常母梁氏知之,遂诛清,夺秉常政而幽
之。'宜兴师问罪,此千载一时也。"帝然之,遂诏熙河经制李宪等大举
征夏,而召鄜延副总管种谔入对。谔至,大言曰:"夏国无人,秉常孺
子,往持其臂以来尔!"帝壮之,乃决意西伐。

方议出师,孙固谏曰:"举兵易,解祸难,不可。"帝曰:"夏有衅不取,
则为辽人所有,不可失也。"固曰:"必不得已,请声其罪薄伐之,分裂
其地,使其酋长自守。"帝笑曰:"此真郦生之说尔。"固曰:"然则孰为
陛下任此者?"帝曰:"朕已属李宪。"固曰:"伐国大事,而使宦者为
之,则士大夫孰肯为用!"帝不悦。他日固又曰:"今五路进师而无大
帅,就使成功,兵必为乱。"帝谕以"无其人"。吕公著进曰:"问罪之
师,当先择帅,既无其人,曷(hé)若已之。"固曰:"公著言是也。"帝不
听,竟命李宪出熙河,种谔出鄜延,高遵裕出环庆,刘昌祚出泾原,王
中正出河东,分道并进。

纲 冬十一月,高遵裕等兵溃,李宪不至灵州而还。

纲 壬戌,五年(1082)②,春正月,贬高遵裕等官,以李宪为泾原经略安抚
制置使。

纲 夏四月,御史中丞舒亶有罪,免。

纲 以王珪为尚书左仆射兼门下侍郎,蔡确为尚书右仆射兼中书侍郎③,
章惇为门下侍郎,张璪为中书侍郎,蒲宗孟为尚书左丞,王安礼为尚

①河南地:黄河以南的西夏领土,在今甘肃东北部一带。
②辽大康八年。
③二人分别为首相和次相。

书右丞①。

目 官制成,改同中书门下平章事为左、右仆射,参知政事为门下中书侍

　郎、尚书左右丞。

　确既相,屡兴罗织之狱,缙绅士大夫重足而立。富弼在洛上书:"确,

　小人,不宜大用。"帝不从。

　帝尝语辅臣,有无人才之叹,宗孟率尔对曰②:"人才半为司马光邪说

　所坏。"帝不语,直视久之,曰:"蒲宗孟乃不取司马光邪? 未论别事,

　只辞枢密一节,朕自即位以来,惟见此一人;他人则虽迫之使去,亦不

　肯矣!"宗孟惭惧,无以为容。

　时李宪乞再举伐夏,帝以访辅臣。王珪对曰:"向所患者用不足,朝廷

　今捐钱钞五百万缗③,以供军食,有余矣。"安礼曰:"钞不可啖,必变

　而为钱,钱又变为刍粟。今距出征之期才两月,安能集事?"帝曰:"李

　宪以为已有备,彼宦者能如是,卿等独无意乎? 唐平淮蔡,惟裴度谋

　议与主同,今乃不出公卿,而出于阉寺④,朕甚耻之!"安礼曰:"淮西

　三州尔,有裴度之谋,李光颜、李愬之将,然犹引天下之兵力,历岁而

　后定。今夏氏之强非淮蔡比,宪才非度匹,诸将非有光颜、愬辈,臣惧

　无以副圣志也。"

纲 以曾巩为中书舍人⑤。

─────────────

① 四人所任均为副宰相。

② 率尔:轻率。

③ 钱钞:一种货币凭证,非流通货币。

④ 阉寺:宦官。

⑤ 中书舍人:宰相属官,负责起草人事任免文书等。

目 巩能文章，为欧阳修所重，帝深知其才，命充史馆修撰，专典史事，至是命为中书舍人。时自三省百职事，选授一新，除书日至十数人，人举其职，于训辞典约而尽。未几卒。吕公著尝言于帝曰："巩为人行义不如政事，政事不如文章。"以是不大用。

纲 吕公著罢。

纲 秋八月，诏岁以四孟月朝献景灵宫①。

目 帝以先朝御容多寓寺观②，乃作十一殿于景灵宫，凡神御皆迎入，累朝文臣执政官、武臣节度使以上，并图形于两庑。凡执政官除拜，赴宫恭谢。其后南郊，先诣宫行荐享礼，并如太庙。

纲 给事中徐禧护兵城永乐③。

目 种谔西讨不能如志，知延州沈括，欲尽城横山④，下瞰平夏⑤，使虏不得绝碛为寇⑥。谔遂上其策于朝，且言兴功当自银州始。帝以为然，遣给事中徐禧、内侍李舜举往鄜延议之。禧至鄜延，上言："银州不如永乐之形势险阨，请先城永乐。"永乐依山无水泉，种谔极言其不可。帝从禧议，乃诏禧护诸将往城之，而命括移府并塞，总兵为援，陕西转运判官李稷主馈饷。禧以谔跋扈，奏留谔守延州，自率诸将往筑，十

---

① 四孟月：四季的第一个月，即农历正、四、七、十月。
② 御容：帝后像。
③ 给事中：宰相属官，负责审核诏令、人事任免文书等。永乐：城寨名，今陕西米脂县马湖峪。
④ 横山：今陕西榆林市横山区南部山脉。
⑤ 平夏：代指夏州。
⑥ 绝：横度。

四日而成。距故银州治二十五里,赐名银州寨。禧等退还米脂①,以兵万人属曲珍守之。

〔宋永乐城之败〕

纲 九月,夏人陷永乐,徐禧等败死。

目 禧等既城,去九日,夏人以数千骑来攻。曲珍使报禧,禧遂与李舜举、李稷往援之,留沈括守米脂。比抵永乐,夏人倾国而至。禧兵陈于城下,夏人纵铁骑渡河。珍白禧曰:"此铁鹞子军也,当其半济击之,乃可以逞,得地,则其锋不可当也。"禧不从。铁骑既济,震荡冲突,大众继之,锐卒败,奔还,夏人乘之,珍众大溃。珍收余众入城,夏人围之,且据其水寨。珍城中乏水已数日,渴死者十六七。括与李宪援兵及馈饷,皆为夏人所隔,不得前。种谔怨禧,不遣救师。会夜半大雨,夏人环城急攻,城遂陷,禧、舜举、稷皆为乱兵所害,惟珍走免,将校死者数百人,丧士卒役夫二十余万。夏人耀兵米脂城下而还。

自熙宁以来用兵,得夏葭芦、吴保、义合、米脂、浮图、塞门六堡②,而灵州、永乐之役,官军、熟羌、义保死者六十万人③,钱谷银绢不可胜计。事闻,帝临朝痛悼,为之不食,赠禧等官,而贬括为均州团练副使,随州安置,降珍为皇城使。自是帝始知边臣不可倚信,深自悔咎,无意于西伐,而夏人亦困弊矣。初,帝之遣禧也,王安礼谏曰:"禧志大才疏,必误国事。"帝不听。及败,帝曰:"安礼每劝朕勿用兵,少置狱,盖

① 米脂:城寨名,今陕西米脂县。
② 均在今陕西米脂县、绥德县一带。
③ 义保:义军、保甲。

为是也。"

纲 癸亥,六年(1083)①,春二月,夏人寇兰州,贬李宪为熙河都总管。

纲 夏四月,辽大雪。

目 平地丈余,马死者十六七。

纲 闰六月,司徒、韩公富弼卒。

目 遗表大略云:"陛下即位之初,邪臣纳说,上误聪明,浸成祸患。今上
自辅臣,下自多士,畏祸图利,习成敝风。去年永乐之役,兵民死亡者
数十万,今久戍未解,百姓困穷,岂讳过耻败,不思救祸之时乎! 天地
至仁,宁与羌夷较胜负! 愿休兵息民,使关陕之间稍遂生理。兼陕西
再团保甲,州县奉行,势侔星火,人情惶骇,不若寝罢,以绥怀之。臣
之所陈急于济事,若夫要道,则在圣心所存,与所用之人,君子小人之
辨尔。"弼早有公辅之望,名闻夷狄,辽使每至,必问其出处安否。临
事周悉,不万全不发。当其敢言,奋不顾身,忠义之性,老而弥笃。家
居一纪②,斯须未尝忘朝廷。讣闻,赠太尉,谥文忠。

纲 秋七月,孙固罢,以韩缜知枢密院事,安焘同知院事。八月,蒲宗孟
免,以王安礼、李清臣为尚书左、右丞。

纲 冬十一月,太师文彦博致仕。

目 彦博自河南入朝,帝嘉其辅立英宗而不伐其功,加两镇节度使。将

---

① 辽大康九年。
② 一纪:十二年。

行,赐燕琼林苑,两遣中使遗诗祖道①,当世荣之。至是请老,以太师
致仕。

〔洛阳耆英会〕

彦博之在河南也,与富弼等,用白居易故事②,就弼第置酒相乐,尚齿
不尚官。洛阳多名园古刹,诸老须眉皓白,衣冠甚伟,都人常随观之。
已而图形妙觉僧舍,谓之洛阳耆英会。司马光年未六十,以狄兼謩
(mó)故事与焉③。

〔孟子配享孔子〕

纲 甲子,七年(1084)④,夏五月,诏以孟轲配食孔子。

目 先是,判国子监常秩,请立孟轲、扬雄像于庙庭,仍赐爵号,又请追尊
孔子为帝。下两制礼官详议,以为非是而止。知郓州曾孝宽复请加
封孟子,乃诏封为邹国公⑤,至是复诏孟子与颜子并配孔子。又追封
荀况为兰陵伯⑥,扬雄为成都伯⑦,韩愈为昌黎伯⑧,从祀庙廷。

纲 秋七月,王安礼罢。

---

① 祖道:饯行。
② 白居易故事:白居易等九人在洛阳龙门寺所创九老诗会。
③ 狄兼謩参与九老会时,不及六十岁。
④ 辽大康十年。
⑤ 邹:今山东邹城市,孟子为邹人。
⑥ 兰陵:县名,今山东临沂市,荀子曾任兰陵县令,故封。
⑦ 成都伯:扬雄为成都人,故封。
⑧ 昌黎:韩愈郡望,今河北昌黎县。

〔司马光上《资治通鉴》,这是中国最伟大的编年体史书〕

纲 冬十二月,端明殿学士司马光上《资治通鉴》。

目 初,光约战国至秦二世如左氏体为《通志》以进①,英宗悦之,命续其事,就崇文殿开局,许自选官属,得借龙图、天章、三馆秘阁书籍,给御府笔墨、缯帛,及御前钱以供果饵,以内臣为承受。光遂与刘攽、刘恕、范祖禹及子康编集。帝即位,赐名《资治通鉴》,制序文赐之。会光出知永兴军,以衰病乞闲,乃差判西京留司御史台及提举崇福宫,前后六任,听以书局自随。光于是遍阅旧史,旁采小说,抉摘幽隐,较计毫厘,上起周威烈王二十三年(前 403),下终五代。又略举事目,年经国纬,以备检寻,为《目录》。又参考群书,评其同异,俾归一途,为《考异》。合三百五十四卷,历十九年而成。至是上之,诏以光为资政殿学士,降诏奖谕。

纲 乙丑,八年(1085)②,春正月,帝有疾。三月,诏立延安郡王佣为皇太子,赐名煦。皇太后权同听政。

目 帝疾甚,群臣请立皇太子,及请皇太后高氏权同听政,许之。三月,甲午朔,立佣为皇太子,赐名煦。先是岐王颢、嘉王頵(jūn)日问起居。太后既垂帘,命二王毋辄入。

初,太子之未立也,职方员外郎邢恕与蔡确成谋③,密语太后之侄高公绘、公纪曰:“上疾不可讳,延安幼冲,宜早有定论,岐、嘉皆贤王也。”

---

① 左氏体:《左传》编年之体。
② 辽大安元年。
③ 职方员外郎:掌天下图籍。

公绘惊曰："此何言！君欲祸吾家邪！"恕知计不行,反宣言太后属意岐王,而与王珪表里,导确约珪入问疾,阳钩致珪语,使知开封府蔡京,伏剑士于外,须珪小持异,则执而诛之。既而珪言上自有子,定议立延安,恕益无所施。及太子已立,犹与确自谓有定策功,传播其语于朝。

纲 帝崩,太子即位,赦。

目 帝崩,年三十八。太子即位,生十年矣。

纲 尊皇太后曰太皇太后,皇后曰皇太后,德妃朱氏曰皇太妃。

〔太皇太后高氏垂帘听政〕

目 德妃,帝生母也。太皇太后既听政,散遣修京城役夫,止造军器及禁庭工技,出近侍尤无状者,戒中外无苛敛,宽民间保户马。事由中旨,王珪等弗预知也。蔡确思求媚于太后以自固,太后从父高遵裕坐西征失律抵罪,因上言乞复遵裕官。后曰："遵裕灵武之役,涂炭百万,先帝中夜得报,起环榻而行,彻旦不能寐,自是惊悸,驯致大故。祸由遵裕,得免刑诛幸矣！先帝肉未冷,吾何敢顾私恩而违天下公议乎！"确悚栗而退。

纲 罢免行钱。

纲 司马光自洛入临①。夏五月,诏求直言。

目 光居洛十五年,天下以为真宰相,田夫野老皆号为司马相公,妇人女

———————

① 临:哭。

子亦知其为君实也。神宗崩,光欲入临,避嫌不敢,时程颢在洛,劝光行,乃从之。卫士见光,皆以手加额曰:"此司马相公也。"所至民遮道聚观,马至不得行,曰:"公无归洛,留相天子,活百姓。"光惧,亟还。太后遣内侍梁惟简劳光,问为政所当先。光请开言路,诏榜朝堂,于是上封事者千数。

〔程颢为北宋理学五子之一,与弟程颐是程朱理学的创立者〕

纲 召程颢为宗正寺丞,未至卒。

目 颢尝曰:"新法之行,乃吾党激成之。当时自愧不能以诚感上心,遂致今日之祸,岂可独罪王安石也。"至是召为宗正丞,未行而卒,年五十四。颢自十五六时与弟颐闻汝南周敦颐论道,遂厌科举之业,慨然有求道之志。未知其要,泛滥于诸家,出入于老、释者几十年,返求诸六经,而后得之。资性过人,充养有道,纯粹之气,盎于面背,同人交友,从之岁久,未尝见其忿厉之容。遇事优为,虽当仓卒,不动声色。深有意经济,方召用,遽卒。士大夫识与不识,莫不哀伤焉。文彦博采众论,题其墓曰"明道先生"。弟颐序之曰:"周公没,圣人之道不行;孟轲死,圣人之学不传。道不行,百世无善治;学不传,千载无真儒。无善治,士犹得以明夫善治之道,以淑诸人,以传诸后;无真儒,则天下贸贸焉莫知所之①,人欲肆而天理灭矣。先生生乎千百年之后,得不传之学于遗经,以兴起斯文为己任,辨异端,辟邪说,使圣人之道焕然复明于世,盖自孟子之后,一

----

① 贸贸:不明方向或目的。

人而已。然学者于道不知所向,则孰知斯人之为功;不知所至,则孰知斯名之称情也哉。"

綱 王珪卒。

[三旨相公]

目 珪以文学见推流辈,然自执政至宰相,凡十六年,无所建明,率谄谀将顺①,当时目为"三旨相公",以其上殿进呈云"取圣旨",上可否讫云"领圣旨",退谕禀事者云"已得圣旨"也。

綱 以蔡确、韩缜为尚书左、右仆射兼门下、中书侍郎,章惇知枢密院事。

綱 以司马光为门下侍郎。

目 诏起光知陈州,过阙,留为门下侍郎。既而苏轼自登州召还②,缘道人相聚号呼曰:"寄谢司马相公,毋去朝廷,厚自爱以活我。"是时天下之民引领拭目以观新政,而议者犹谓"三年无改于父之道"。光曰:"先帝之法,其善者虽百世不可变也,若王安石、吕惠卿所建为天下害者,改之当如救焚拯溺③,况太皇太后以母改子,非子改父也。"于是众议少止。

綱 六月,赐楚州孝子徐积粟帛④。

---

① 将顺:遵奉、顺从。

② 登州:治今山东烟台市蓬莱区。

③ 救焚拯溺:形容能解救民众于水深火热之中。

④ 楚州:治今江苏淮安市。

目 积事亲孝,旦夕必冠带定省。从胡瑗学,所居一室,寒一裘,啜粟饮水①,虽瑗遗以食亦不受。以父名石,至终身不用石器,行遇石则避而不践。中年屏居穷里,而四方事无不知。尝借人书,经夕还之,借者绐言书中有金叶,积卖衣偿之,不与辩。后以近臣荐授楚州教授,每升堂,训诸生曰:"诸君欲为君子,而使劳己之力,费己之财,如此而不为君子犹可也;不劳己之力,不费己之财,诸君何不为君子?乡人贱之,父母恶之,如此而不为君子犹可也;乡人荣之,父母欲之,诸君何不为君子?"闻者敬服。及卒,赐谥节孝。

纲 秋七月,以吕公著为尚书左丞。

〔废罢诸新法〕

目 公著知扬州,被召侍读。既至,拜左丞。公著既居政府,与司马光同心辅政,推本先帝之志,凡欲革而未暇、与革而未定者,一一举行之,民欢呼鼓舞称便。

纲 罢保甲法。

纲 冬十一月,复以鲜于侁为京东转运使。

目 熙宁末,侁已尝为京东转运使,至是复用之。司马光语人曰:"今复以子骏为转运使②,诚非所宜,然朝廷欲救东土之弊,非子骏不可。此一路福星也,安得百子骏布在天下乎!"侁既至,奏罢莱芜、利国

① 啜:食。
② 子骏:鲜于侁字。

两铁冶①,又奏海盐依河北通商,民大悦。

纲 葬永裕陵②。

纲 罢方田法。

纲 十二月,罢市易法,贬吕嘉问知淮阳军③。

纲 罢保马法。

纲 起居舍人邢恕有罪④,贬知随州。

目 恕博通经籍,能文章,从程颐学,司马光、吕公著、王安石、吴充皆重之。然天资诡诈冒进,与蔡确谋立岐王颢,事既不成,会王珪卒,恕与确及章惇宣言太皇太后及吴充有异议,赖确拥护而止,自以为功。至是,复为高公绘草奏,乞尊崇朱太妃,为高氏异日计。太后怒,黜知随州。

哲宗皇帝

纲 丙寅,哲宗皇帝元祐元年(1086)⑤,春闰二月,蔡确有罪,免。

目 右司谏王觌(dí)上疏言:“国家安危治乱,系于大臣。今执政八人,而奸邪居半,使一二元老何以行其志哉!”因极论蔡确、章惇、韩缜、张璪朋邪害正,章数十上。会右谏议大夫孙觉⑥、侍御史刘挚、左司谏苏

---

① 莱芜:监名,在今山东济南市莱芜区。利国:监名,在今江苏徐州市西北。
② 永裕陵:宋神宗陵,在今河南巩义市。
③ 淮阳军:治今江苏邳州市。
④ 起居舍人:负责编修起居注。
⑤ 辽大安二年。
⑥ 右谏议大夫:属中书省,职掌进谏。

辙①、御史王岩叟、朱光庭、上官均等连章论确罪,太后不忍斥之,但罢政,出知陈州。

〔司马光拜相〕

纲 以司马光为尚书左仆射兼门下侍郎。

目 时光已得疾,而青苗、免役、将官之法犹在,西伐之议未决,光叹曰:"四害未除,吾死不瞑目矣!"折简与吕公著曰②:"光以身付医,以家事付愚子,惟国事未有所托,今以属公。"既而诏免朝觐,许乘肩舆三日一入省。光不敢当,曰:"不见君,不可以视事。"诏令子康扶入对。辽人闻之,敕其边吏曰:"中国相司马矣,毋轻生事开边隙!"

纲 以吕公著为门下侍郎,李清臣、吕大防为尚书左、右丞,以李常为户部尚书。

纲 章惇有罪,免,以范纯仁同知枢密院事。

目 惇与司马光争辩役法于太后帘前,其语甚悖,太后怒,斥知汝州,以安焘代惇知枢密院事,范纯仁同知院事。命既下,给事中王岩叟、侍御史刘挚等交章论焘附惇,不当躐(liè)迁③,至封还诰命,焘亦力辞,乃诏仍同知院事。

〔罢青苗法〕

纲 罢青苗法。

————————

① 左司谏:属门下省,职掌进谏。
② 折简:写信。
③ 躐迁:越级提升。

〔罢免役法,苏轼、范纯仁等论差役雇役利害〕

纲 三月,罢免役法。

目 司马光请悉罢免役钱,诸色役人皆如旧制,其见在役钱拨充州县常平本钱。于是诏修定役书,凡役钱,惟元定额及额外宽剩二分以下,许著为准;余并除之。光复请直降敕命,委县令佐揭簿定差,其人不愿身自供役,许择可任者顾代①。

苏轼言于光曰:"差役、免役,各有利害。免役之害,聚敛于上,而下有钱荒之患;差役之害,民不得力农,而吏胥缘以为奸。此二害,轻重盖略等矣。"光曰:"于君何如?"轼曰:"法相因,则事易成;事有渐,则民不惊。三代之法,兵农为一,至秦始分为二。及唐中叶,尽变府兵为长征卒②,自是农出谷帛以养兵,兵出性命以卫农,天下便之,虽圣人复起不能易也。今免役之法实大类此。公欲骤罢免役而行差役,正如罢长征而复民兵,盖未易也。"光不以为然。轼又陈于政事堂,光色忿然。轼曰:"昔韩魏公刺陕西义勇③,公为谏官,争之甚力,韩公不乐,公亦不顾。轼昔闻公道其详,岂今日作相,不许轼尽言邪!"光谢之。

范纯仁谓光曰:"差役当熟讲缓行,不然滋为民病。愿虚心以延众论,不必谋自己出。谋自己出,则谄谀得乘间迎合矣。役议或难回,则可先行之一路,以观其究竟。"光不从,持之益坚。纯仁曰:"是使人不得

---

① 顾:同"雇"。
② 长征卒:雇佣兵。
③ 韩魏公:韩琦。

言尔。若欲媚公以为容悦,何如少年合安石以速富贵哉!"光深谢之。

初,差役之复,为期五日,同列病其太迫,知开封府蔡京独如约,悉改畿县顾役,无一违者。诣政事堂白光,光喜曰:"使人人奉法如君,何不可之有!"

纲 范子渊有罪,贬知峡州。

目 子渊在熙丰间,提举修堤开河,糜费巨万,而功用卒不成,护堤压埽之人溺死无算。至是御史吕陶劾其罪,黜知峡州。中书舍人苏轼草制词有曰:"汝以有限之财,兴必不可成之役,驱无辜之民,置之必死之地。"时以为至言。

纲 夏四月,召程颐为崇政殿说书①。

目 颐,颢弟也。年十八上书仁宗,欲黜世俗之论,以王道为心。治平、元丰间,大臣屡荐皆不起,至是司马光、吕公著共疏其行义曰:"伏见河南处士程颐,力学好古,安贫守节,言必忠信,动遵礼法,年逾五十,不求仕进,真儒者之高蹈,圣世之逸民。望擢以不次,使士类有所矜式。"诏以为西京国子监教授,力辞,寻召为秘书郎。及入对,改崇政殿说书。颐即上疏言:"习与智长,化与心成。陛下春秋方富,虽睿圣得于天资,而辅养之道不可不至。大率一日之中,接贤士大夫之时多,亲寺人宫女之时少②,则气质变化,自然而成。愿选名儒入侍劝讲,讲罢留之分直,以备访问,或有小失,随事献规,岁月积久,必能养成圣德。"

———

① 崇政殿说书:负责给帝王讲学的经筵官。
② 寺人:宦官。

綱 韩缜免。

〔王安石去世，其天变不足畏、祖宗不足法、人言不足恤的变法精神，值得后世敬仰〕

綱 王安石卒。

目 安石性强忮(zhì)①，遇事无可否，自信所见，执意不回。然议论奇高，能以辨博济其说，慨然有矫世变俗之志，故神宗排众论，力倚任之。及议变法，在廷交执不可，安石傅经义，出己意辨论，辄数百言，众不能诎，甚者谓天变不足畏，祖宗不足法，人言不足恤，以是怨议纷起，终神宗世不复召，凡八年。安石每闻朝廷变其法，夷然不以为意②，及闻罢助役复差役，愕然失声曰："亦罢至此乎！"良久曰："此法终不可罢。"又尝曰："新法始终以为可行者，曾子宣也③；始终以为不可行者，司马君实也。"

綱 以吕公著为尚书右仆射，兼中书侍郎。

綱 诏起文彦博平章军国重事。

目 彦博致仕居洛，司马光言其宿德元老，宜起以自辅。太后将用为三省长官，言者以为不可，乃命平章军国重事，六日一朝，一月两赴经筵，班宰相上，恩礼甚渥。彦博年八十一矣。

---

① 忮：固执。
② 夷然：坦然。
③ 子宣：曾布字。

纲 诏举经明行修之士①。

目 司马光请立经明行修科，岁委升朝文臣各举所知②，以勉励天下，使敦士行，以示不专取文学之意。若所举人违犯名教，必坐举主，毋赦，则自不敢妄举，而士之居乡居家者，惟惧玷缺外闻③，不待学官日训月察，立赏告讦，而士行自美矣。于是诏："自今凡遇科举，令升朝官各举经明行修之士一人，俟登第日用以升甲④。"

纲 五月，以韩维为门下侍郎。

目 神宗崩，维自提举嵩山崇福宫入临，太后手诏劳问，维对曰："人情贫则思富，苦则思乐，困则思息，郁则思通。诚能常以利民为本，则民富；常以忧民为心，则民乐；赋力非人力所堪者去之，则劳困息；法禁非人情所便者蠲之，则郁塞通：推此而广之，尽诚而行之，则子孙观陛下之德，不待教而成矣。"未几起知陈州，召为资政殿大学士，兼侍读，至是拜门下侍郎。

纲 命程颐等修定学制。

目 太学自蔡确起大狱，连引朝士，有司缘此造为法禁，烦苛凝密，博士诸生禁不相见，教谕无所施。御史中丞刘挚以为言，至是命程颐、孙觉、顾临同太学长贰看详修定条制。颐大概以为：学校，礼义相先之地，

---

① 经明行修：通晓经学，品行端正。
② 升朝文臣：朝官，中高层文官。
③ 玷缺：过失。
④ 升甲：提高科举录取等级。

而月试之争①,殊非教养之道。请改试为课,有所未至,则学官召而教之,更不考定高下。置尊贤堂,以延天下道德之士,镌解额以去利诱②,省繁文以专委任,励行检以厚风教,及置待宾、吏师斋,立观光法,如是者亦数十条。

纲 六月,放邓绾、李定于滁州。

纲 置《春秋》博士。

纲 吕惠卿有罪,建州安置③。

目 惠卿见正人汇进,知不容于时,恳求散地④。右司谏苏辙、王觌历数其奸,请投畀四裔以御魑魅;中丞刘挚复列其五罪。于是贬光禄卿分司南京⑤,再贬建宁军节度副使⑥,建州安置。

时惠卿、章惇、吕嘉问、邓绾、李定、蒲宗孟、范子渊等皆已斥外,言者论之不已,范纯仁言于太后曰:"录人之过,不宜太深。"太后深然之,乃诏:"前朝希合附会之人,一无所问,言者勿复弹劾。"惠卿党稍安。或谓吕公著曰:"今除恶不尽,将贻后患。"公著曰:"治道去太甚耳。文景之世,网漏吞舟。且人才实难,宜使自新,岂宜使自弃邪。"

纲 秋七月,立十科举士法。

----

① 月试之争:每月考试以较高下,使之相争。
② 镌:减少。解额:参加科举省试的名额。
③ 建州:治今福建建瓯市。
④ 散地:闲散的官职。
⑤ 光禄卿:光禄寺长官,负责礼仪、朝会用酒等。
⑥ 建宁军:藩镇军号,治建州。

目司马光奏曰："为政得人则治,然人之才或长于此而短于彼,虽皋、夔、稷、契各守一官,中人安可求备。若指瑕掩善,则朝无可用之人;苟随器授任,则世无可弃之士。臣备位宰相,职当选官,若专引知识①,则嫌于私;若止循资序,未必皆才。乞设行义纯固,可为师表;节操方正,可备献纳;知勇过人,可备将帅;公正聪明,可备监司;经术精通,可备讲读;学问该博,可备顾问;文章典丽,可备著述;善听狱讼,尽公得实;善治财赋,公私俱便;练习法令,能断请谳:凡十科举士。应侍从以上,每岁于十科举三人,中书置籍记之。有事须材,执政按籍视其所举科,随事试之。有劳,又著之籍。内外官阙,取尝试有效者,随科授职。所赐告命②,仍具所举官姓名,其人任官无状,坐以谬举之罪。"诏从之。

纲夏主秉常卒,子乾顺立。

[司马光去世]

纲九月,尚书左仆射兼门下侍郎、河内公司马光卒。

目时两宫虚己以听光为政,光亦自见言行计从,欲以身徇社稷,躬亲庶务,不舍昼夜。宾客见其体羸,举诸葛亮食少事烦以为戒。光曰:"死生,命也。"为之益力。病革,谆谆语如梦中,皆朝廷天下事也。及薨,太后哭之恸,与帝临其丧。赠太师、温国公,谥文正,年六十八。京师人为之罢市,往吊。及如陕葬,送者如哭私亲,四方皆画像以祀。

———————————

① 知识:知道、熟识之人。
② 告命:告身和敕命,即任官文书。

子康居丧,因寝地得腹疾,召医李积于兖,乡民闻之告积曰:"百姓受司马公恩深,今其子病,愿速往也。"积至,则康疾不可为矣。

光孝友忠信,恭俭正直,居处有法,动作有礼,自少至老,语未尝妄,自言:"吾无过人者,但平生所为,未尝有不可对人言者耳。"诚心自然,天下敬信,陕洛间皆化其德;有不善,曰:"君实得无知之乎!"光于物澹然无所好,于学无所不通,惟不喜释、老,曰:"其微言不能出吾书,其诞吾不信也。"及居政府,凡王安石、吕惠卿所建新法为民害者,刬(chǎn)革略尽①。或谓光曰:"熙丰旧臣多憸巧小人,他日有以父子之义间上,则祸作矣。"光正色曰:"天若祚宋,必无此事。"遂改之不疑。

纲 以苏轼为翰林学士。

目 轼自登州召还,十月之间,三迁清要。寻兼侍读,每经筵进读未尝不反覆开导,觊有所启悟。尝锁宿禁中,召见便殿,太后问曰:"卿前为何官?"对曰:"常州团练副使。"曰:"今为何官?"对曰:"待罪翰林学士。"曰:"何以遽至此?"对曰:"遭遇太皇太后、皇帝陛下。"曰:"非也。"对曰:"岂大臣论荐乎?"曰:"亦非也。"轼惊曰:"臣虽无状,不敢自他途进。"曰:"此先帝意也。先帝每诵卿文章,必叹曰:'奇才,奇才!'但未及进用卿耳。"轼不觉哭失声,太后与帝亦泣,左右皆感涕。已而命坐赐茶,彻御前金莲烛送归院。

轼在翰林,颇以言语文章规切时政,卫尉丞毕仲游忧其及祸,贻书戒之曰:"君官非谏官,职非御史,而好是非人,危身触讳,以游其间,殆犹抱石而救溺也。"轼不能从。

_____

① 刬:削。

纲张璪免。

纲冬十月,改封孔子后为奉圣公。

目鸿胪卿孔宗翰言:"孔子后世袭公爵,本为侍祠,今乃兼领他官,不在故郡,于名为不正。乞自今袭封之人,使终身在乡里。"诏改衍圣公为奉圣公,不预他职。添给田百顷,供祭祀外,许均赡族人。赐国子监书,立学官以诲其子弟。宗翰,道辅子也。

纲十一月,以吕大防为中书侍郎,刘挚为尚书右丞。

闫建飞 评注

李华瑞　高纪春 审定

纲鉴易知录卷七三

卷首语：本卷起宋哲宗元祐二年（1087），止绍圣四年（1097），所载为哲宗朝十一年史事。如何处理新旧党派的关系，是当时宋廷面临的主要问题。元祐大臣在逐走新法派后，内部又发生洛、蜀、朔党争。吕大防、范纯仁欲调和新旧关系，未能成功。太皇太后高氏去世后，哲宗亲政，绍述神宗之政，新法大臣纷纷入朝，元祐党人则一再被贬。

宋　纪

哲宗皇帝

〔禁王安石《经义》《字说》〕

纲 丁卯,二年(元祐二年,1087)①,春正月,禁科举用王氏《经义》《字说》②。

目 时科举罢词赋,专用王安石《经义》,且杂以释氏之说,凡士子自一语以上,非安石《新义》不得用。学者至不诵正经,惟窃安石之书以干进,精熟者辄上第,故科举益弊。吕公著当国③,始请禁主司不得以老、庄书命题,举子不得以申、韩、佛书为学,经义参用古今诸儒说,毋得专取王氏,寻又禁毋得引用王氏《字说》。

纲 夏四月,诏文彦博十日一议事都堂④。

纲 以处士陈师道为徐州教授。

目 师道高介有节,安贫乐道,博学善文,家贫或经日不炊,晏如也。熙宁中,王氏经学盛行,师道心非其说,遂绝意进取。至是,以苏轼荐,授是职。

———————

① 辽大安三年。
②《经义》:《三经新义》,即《周官新义》《毛诗义》《尚书义》。
③ 当国:执掌国政,即为宰相。
④ 都堂:宰相办公机构政事堂。

綱 复制科。

綱 李清臣免。

目 时厘正熙丰之政①,清臣固争,以为不可。遂罢知河阳府②。

綱 五月,以刘挚、王存为尚书左、右丞。六月,以安焘知枢密院事。

綱 秋七月,罢门下侍郎韩维。

目 维处东省逾年③,有忌之者密为谮诉,诏分司南京。王存抗声帘前曰:
　　"韩维得罪,莫知其端,臣窃为朝廷惜之!"乃还维资政殿大学士、知
　　邓州。

〔洛蜀朔党争〕

綱 八月,罢崇政殿说书程颐。

目 颐在经筵,以礼法自持,每进讲,色甚庄,继以讽谏。苏轼谓其不近人
　　情,深嫉之,每加玩侮。于是颐门人右司谏贾易、左正言朱光庭等愤
　　不能平,劾轼试馆职,策问谤讪。殿中侍御史吕陶言:"台谏当徇至
　　公,不可假借事权以报私隙。"右司谏王觌言:"轼命辞失轻重,其事
　　小,不足考,若悉考同异,深究嫌疑,则两岐遂分,使士大夫有朋党之
　　名,大患也。"太后然之。范纯仁亦言轼无罪,遂置不问。
　　会帝患疮疹不出,颐诣宰臣问知否,且曰:"上不御殿,太后不当独坐,

————————

① 厘正:改正。
② 河阳府:治今河南孟州市。
③ 东省:门下省。

人主有疾,而大臣可不知乎!"翌日,宰臣以颐言问疾,由是大臣亦多不悦。御史中丞胡宗愈、左谏议大夫孔文仲、给事中顾临,遂连章力诋颐不宜在经筵,乃罢颐出管勾西京国子监。

时吕公著独当国,群贤咸在朝,不能不以类相从,遂有洛党、蜀党、朔党之语。洛党以颐为首,而朱光庭、贾易为辅;蜀党以苏轼为首,而吕尚等为辅①;朔党以刘挚、梁焘、王岩叟、刘安世为首,而辅之者尤众。是时熙丰用事之臣,退休散地,怨入骨髓,阴伺间隙,而诸贤不悟,各为党比以相訾(zǐ)议②。惟吕大防秦人,戆(zhuàng)直无党③。范祖禹师司马光,不立党。既而帝闻之,以问胡宗愈,宗愈对曰:"君子指小人为奸,则小人指君子为党,陛下能择中立之士而用之,则党祸息矣。"因著《君子无党论》以进。

纲 罢右司谏贾易。

目 时程颐、苏轼交恶,其党互相攻讦。易因劾吕陶党轼兄弟,语侵文彦博、范纯仁。太后怒,欲峻责易,吕公著言:"易言颇直,惟诋大臣太甚,不可处谏列耳。"乃止,罢知怀州。公著退,语同列曰:"谏官所言,未论得失。顾主上方富于春秋,异时有导谀惑上心者,正赖左右力谏,不可使人主轻厌言者。"吕大防、刘挚、王存私顾而叹曰:"吕公可谓仁者之勇。"

纲 戊辰,三年(1088)④,春正月,复置广惠仓。

――――――――――

① 吕尚:据《通鉴续编》,应作"吕陶"。
② 党比:结党朋比。訾议:指责、批评。
③ 戆直:憨厚而刚直。
④ 辽大安四年。

纲　夏四月，以吕公著为司空、同平章军国事①。

目　公著以老，恳辞位。乃拜司空、同平章军国事。国初以来，宰相以三
　　公平章军国事者四人，公著与父夷简居其二，世羡其荣。

　　时熙丰用事之臣虽去，其党分布中外，起私说以摇时政。鸿胪丞常安
　　民贻公著书曰："善观天下之势，犹良医之视疾。方安宁无事之时，语
　　人曰'其后必将有大忧'，则众必骇笑。惟识微见几之士，然后能逆知
　　其渐，故不忧于可忧，而忧之于无足忧者，至忧也。今日天下之势，可
　　为大忧。虽登进忠良，而不能搜致海内之英才，使皆萃于朝以胜小
　　人，恐端人正士未得安枕而卧也。故去小人为不难，而胜小人为难。
　　陈蕃、窦武协心同力，选用名贤，天下想望太平，然卒死曹节之手，遂
　　成党锢之祸。张柬之五王，中兴唐室，以谓庆流万世，及武三思一得
　　志，至于窜移沦没。凡此者，皆前世已然之祸也。今怨忿已积，一发
　　其害必大，可不为大忧乎！"公著得书默然。

纲　以吕大防、范纯仁为尚书左、右仆射兼门下、中书侍郎，孙固、刘挚为
　　门下、中书侍郎，王存、胡宗愈为尚书左、右丞，赵瞻签书枢密院事。

目　大防朴厚惷(chǔn)直②，纯仁务以博大开上意，忠厚革士风。二人同
　　心戮力以相王室，太后复尽心委之，故元祐之治，比隆嘉祐。

　　时党论方起，纯仁虑之。会右谏议大夫王觌以胡宗愈进《君子无党
　　论》，恶之，因疏宗愈不可执政。太后大怒，纯仁与文彦博、吕公著辨
　　于帘前，太后意未解，纯仁曰："朝臣本无党，但善恶邪正各以类分，彦

————————————

① 同平章军国事：宰相头衔之一，地位、事权在普通宰相之上，平章军国事之下。
② 惷：宽厚。

博、公著皆累朝旧人,岂容雷同罔上。昔先臣与韩琦①、富弼同庆历柄任,各举所知,当时飞语指为朋党。三人相继补外,造谤者共相庆曰:'一网打尽矣!'此事未远,愿陛下戒之。"因极言前世朋党之祸,并录欧阳修《朋党论》上之。然竟出觇知润州②,而宗愈居位如故。

纲 冬闰十二月,蜀公范镇卒。

纲 己巳,四年(1089)③,春二月,东平公吕公著卒。

目 公著薨,年七十二,太皇太后见辅臣泣曰:"邦国不幸,司马相公既亡,吕司空复逝。"帝亦悲感,即诣其家临奠,赠太师,封申国公,谥正献。公著自少讲学,即以治心养性为本,平居无疾言遽色,于声利纷华泊然无所好。简重清净,盖天禀然。其识虑深敏,量宏而学粹,遇事善决,苟便于国,不以利害动其心。与人交,出于至诚,好德乐善,见士大夫以人物为意者,必问其所知与其所闻,参互考实,以达于上。每议政事,博采众善以为善,至所当守,则毅然不可回夺。神宗尝言:"其于人材不欺,如权衡之称物。"尤能避远声迹,不以知人自处。王安石博辨骋辞,人莫敢与亢④,公著独以精识约言服之。安石尝曰:"疵(cī)吝每不自胜⑤,一诣长者即废。"其敬服如此。

纲 三月,胡宗愈免。

------

① 先臣:范纯仁父亲范仲淹。
② 润州:治今江苏镇江市。
③ 辽大安五年。
④ 亢:通"抗"。
⑤ 疵吝:缺点、过失。

纲 夏四月，分经义、诗赋为两科试士，罢明法科。

目 尚书省请复诗赋与经义兼行，解经通用先儒传注及己说。又言旧明法最为下科，今中者即除司法，叙名反在及第进士上，非是。乃诏立经义、诗赋两科，罢试律义。

初，司马光言：“取士之道，当先德行，后文学。就文学言之，经术又当先于词章。神宗专用经义、论策取士，此乃复先王令典，百王不易之法。但王安石不当以一家私学，欲盖先儒，令天下师生讲解。至于律令，皆当官所须，使为士者果能知道义，自与法律冥合，何必置明法一科，习为刻薄，非所以长育人才、敦厚风俗也。”至是遂罢之。未几，诏御试举人，仍试赋、诗、论三题。

纲 五月，以范祖禹为右谏议大夫兼侍读①。

目 祖禹初从司马光修《资治通鉴》，在洛十五年，不事进取②。王安石尤爱重之，祖禹终不往谒。帝即位，擢右正言，以妇翁吕公著当国③，引嫌辞职。再改著作郎兼侍讲。会夏暑，权罢讲筵，祖禹上言：“陛下今日之学与不学，系他日治乱。如好学，则天下君子欣慕愿立于朝，以直道事陛下，辅佐德业而致太平；不学，则小人皆动其心，务为邪谄以窃富贵。且凡人之进学，莫不于少时。今圣质日长，数年之后，恐不得如今日之专，窃为陛下惜也。”公著薨，始除右谏议大夫，寻加礼部侍郎。

---

① 侍读：据《长编》卷四二六，应作“侍讲”。
② 进取：升官。
③ 妇翁：岳父。

闻禁中觅乳媪（ǎo）①，以帝年十四，非近女色之时，与左谏议大夫刘安世上疏劝进德爱身，又乞太皇太后保护圣躬，言甚切至。太后谓曰："乳媪之说，外间虚传也。"祖禹对曰："外议虽虚，亦足为先事之戒。凡事言于未然，则诚为过，及其已然则又无所及，言之何益！陛下宁受未然之言，勿使臣等有无及之悔。"太后深嘉之。

〔蔡确车盖亭诗案，旧党清洗新党成员〕

纲 安置蔡确于新州②。

目 确失势日久，遂怀怨望。在安州尝游车盖亭，赋诗十章。知汉阳军吴处厚与确有隙③，上之，以为皆涉讥讪，其用郝处俊上元间谏高宗欲传位武后事以斥东朝，语尤切害。于是台谏言确怨谤，乞正其罪。执政议置确于法，范纯仁、王存独以为不可，力争之。文彦博欲贬确岭峤④，纯仁闻之，谓吕大防曰："此路自乾兴以来⑤，荆棘近七十年，吾辈开之，恐自不免。"大防遂不敢言。越六日，贬确英州别驾⑥，新州安置。确至新州，未几卒。

纲 六月，范纯仁、王存罢。

目 吕大防言："蔡确党盛，不可不治。"纯仁面谏："朋党难辨，恐误及善

---

① 乳媪：乳母。
② 新州：治今广东新兴县。
③ 汉阳军：治今湖北武汉市。
④ 岭峤：五岭别称，今广东、广西、海南一带。
⑤ 指乾兴元年寇准、丁谓被贬雷州、海南岛之事。
⑥ 别驾：州郡上佐，多用于贬降官。

人。"司谏吴安诗、正言刘安世因论纯仁党确,纯仁亦力求罢政,乃出知颍昌府①。存,确所举也,故亦出知蔡州。

纲以赵瞻同知枢密院事,韩忠彦、许将为尚书左、右丞。

纲秋七月,安焘罢。

纲冬十一月,以孙固知枢密院事,刘挚、傅尧俞为门下、中书侍郎。

纲庚午,五年(1090)②,春二月,夏人来归永乐之俘,诏以米脂等四寨界之。

目夏人来归永乐所获吏士百四十九人,遂诏以米脂、葭芦、浮图、安疆四寨还之③。夏得地益骄。

纲文彦博致仕。

目彦博复居政府,无岁不求去。会殿中侍御史贾易言:"彦博至和建储之议不可信。"太后命付史官,彦博益求罢,乃以太师、充护国军、山南西道节度等使致仕,命有司备礼册命,宴饯于玉津园。

先是,辽使耶律永昌来聘,苏轼馆之。与永昌入觐,见彦博于殿门外,却立改容曰:"此潞公也邪④?"问其年,曰:"何壮也?"轼曰:"使者见其容,未闻其语。其总理庶务,虽精练少年有不如;其贯穿古今,虽专门名家有不逮。"永昌拱手曰:"天下异人也。"

_____

① 颍昌府:治今河南许昌市。
② 辽大安六年。
③ 葭芦寨:在今陕西佳县。浮图寨:在今陕西子洲县东北。安疆寨:在今甘肃华池县东北。
④ 潞公:文彦博,爵潞国公。

纲 三月，赵瞻卒，以韩忠彦同知枢密院事，苏颂为尚书左丞。

纲 夏四月，孙固卒。

目 固宅心诚粹，不喜骄亢，与人居久而益信，故更历夷险而不为人所疾
　害。傅尧俞言："司马公之清节，孙公之淳德，盖所谓不言而信者也。"
　世以为确论。

纲 秋八月，召邓润甫为翰林学士承旨，罢御史中丞梁焘、谏议大夫刘安
　世、朱光庭。

目 初，润甫以母丧终制，除吏部尚书，梁焘权给事中，驳之，改知亳州。
　至是，复以承旨召。焘为中丞，与左谏议大夫刘安世、右谏议大夫朱
　光庭交章论："润甫出入王、吕党中①，始终反覆，今之进用，实系君子
　小人消长之机。"又言："润甫尝为蔡确制，称确有定策之功，以欺惑天
　下，乞行罢黜。"累疏不报。焘等因力请外，乃出焘知郑州，光庭知亳
　州，安世提举崇福宫。时刘挚上疏请暂出润甫、留焘等，苏辙亦三疏
　论之，皆不报。

〔元祐调停，吕大防、范纯仁欲弥合新旧党争〕

　自司马光卒后，王安石之徒，多为飞语，以摇在位。大臣为自全计，吕
　大防、范纯仁二相尤畏之，欲用其党以平旧怨，谓之"调停"，太后疑不
　决。辙复上疏曰："先帝疾颓靡之俗，将以纲纪四方，而臣下不能将
　顺。造作诸法，上逆天意，下失民心。今二圣因民所愿，取而更之，上

───────────

① 王、吕：王安石、吕惠卿。

下忻慰。前者用事之臣，不加斥逐，宥之于外，盖已厚矣。而议者惑于众说，乃欲招而纳之，与之共事。此辈若返，岂肯但已哉！必将戕害众人，以快私忿。人臣被祸，盖不足言，臣所惜者，祖宗、朝廷也。"疏入，太后曰："辙疑吾君臣兼用邪正，其言极中理。"诸臣从而和之，调停之说遂已。

纲 辛未，六年（1091）①，春二月，以刘挚为尚书右仆射兼中书侍郎，苏辙为尚书右丞，王岩叟签书枢密院事。

目 辙除命既下，右司谏杨康国奏曰："辙之兄弟，谓其无文学则非也，蹈道则未也。其学，乃学为仪、秦者也②；其文，率务驰骋，好作为纵横捭阖，无安静理。陛下若悦苏辙文学而用之不疑，是又用一安石也。辙以文学自负，而刚很好胜，则与安石无异。"不报。

岩叟居言职五年，正谏无隐。及拜签枢入谢，因进曰："太后听政以来，纳谏从善，务合人心，所以朝廷清明，天下安静。愿信之勿疑，守之勿失！"复进言于帝曰："陛下今日圣学，当深辨邪正。正人在朝，则朝廷安；邪人一进，便有不安之象。非谓一夫能然，盖其类应之者众，上下蔽蒙，不觉养成祸胎尔！"又曰："或闻有以君子小人参用之说告陛下者，不知果有之否？此乃深误陛下也。自古君子小人无参用之理，圣人但云：'君子在内，小人在外，则泰；君子在外，小人在内，则否。'小人既进，君子必引类而去；若君子与小人竞进，则危亡之基也。"两宫深然之。

---

① 辽大安七年。
② 仪、秦：张仪、苏秦，战国纵横家。

纲 夏五月朔，日食。

纲 六月，浙西水。

纲 翰林学士承旨苏轼罢。

目 初，轼以论事为众所忌，赵挺之、王觌攻之，遂出知杭州。未几，召还，侍御史贾易复劾轼元丰末在扬州，闻先帝厌代作诗①，及草吕惠卿制，皆诽怨先帝，无人臣礼。御史中丞赵君锡亦继言之。太后怒，罢易知宣州，君锡知郑州。吕大防请并轼两罢，乃出轼知颍州，寻改知扬州。

纲 冬十一月，罢刘挚知郓州。

目 挚性峭直，有气节，不为利诱威怵（chù）②。与吕大防同位，国家大事多决于大防，惟进退士大夫实执其柄。然持心少恕，勇于去恶，竟为朋谗奇中，遂与大防有隙。中丞郑雍、殿中侍御史杨畏皆附大防。章惇诸子故与挚子游，挚亦间与之接，雍、畏谓延见接纳，为牢笼之计，以觊后福，遂罢挚知郓州。给事中朱光庭驳之曰："挚忠义自奋，朝廷擢之大位，一旦以疑而罢，天下不见其过。"言者以光庭为党，亦罢知亳州。

纲 中书侍郎傅尧俞卒。

目 尧俞重厚寡言，遇人不设城府，人不忍欺。论事君前，略无回隐，退与人言，不复有惊异色。素与王安石善。熙宁初，自知庐州入京，时方

---

① 厌代：帝王去世。
② 怵：引诱、恐吓。

行新法,安石谓之曰:"举朝纷纷,俟君来久矣! 将以待制、谏院处君。"尧俞曰:"新法,世以为不便,诚如是,当极论之。"安石怒,遂不用。司马光尝谓邵雍曰:"清、直、勇三德,人所难兼,吾于钦之见焉①。"雍曰:"钦之清而不耀,直而不激,勇而能温,是为难耳。"及卒,太后谓辅臣曰:"傅侍郎清直一节,始终不变,金玉君子也。方倚以为相,遽至是乎!"谥献肃②。

纲 壬申,七年(1092)③,春三月,以程颐直秘阁、判西京国子监,既而罢之。

目 颐服阕,三省拟除馆职、判检院④。苏辙进曰:"颐入朝,恐不肯静。"太后纳之,遂差管句崇福宫。颐亦恳辞,讫不就职。范祖禹言:"颐经术行义,天下共知,司马光、吕公著岂欺罔者邪! 但草茅之人,未习朝廷事体则有之,宁有他故如言者所指哉! 乞召劝讲,必有补圣明。"不听。

〔立孟皇后〕

纲 夏四月,始备六礼⑤,立皇后孟氏。

目 后,洺州人,马军都虞候元之孙。帝年益壮,太皇太后历选世家女百余入宫。后年十六,太皇太后及太后皆爱之,教以女仪。至是,太皇

————————

① 钦之:傅尧俞字。
② 献肃:据《宋史·傅尧俞传》,当作"献简"。
③ 辽大安八年。
④ 三省:中书省、门下省、尚书省,此指宰相机构。
⑤ 六礼:古代婚礼的六个步骤,即纳采、问名、纳吉、纳征、请期、亲迎。

太后谕执政曰:"孟氏女能执妇礼,宜正位中宫。"命学士草制。又以近世礼仪简略,诏翰林、台谏、给舍与礼官①,议册后六礼以进。遂命吕大防兼六礼使,帝御文德殿册为皇后。太皇太后语帝曰:"得贤内助,非细事也。"既而叹曰:"斯人贤淑,惜福薄耳! 异日国有事变,必此人当之。"

纲五月,王岩叟罢。

纲六月,以苏颂为尚书右仆射兼中书侍郎,苏辙为门下侍郎,范百禄为中书侍郎,梁焘、郑雍为尚书左、右丞,韩忠彦知枢密院事,刘奉世签书院事。

纲秋八月,陕西地震。

纲九月,召苏轼为兵部尚书兼侍读。

纲癸酉,八年(1093)②,春三月,苏颂、范百禄罢。

纲夏六月,梁焘罢。

目焘以疾罢。焘自立朝,一以引拔人物为意,尝作《荐士录》,具载姓名。或曰:"公所植桃李,乘时而发,但不向人开耳。"焘笑曰:"焘出入侍从,致位执政,八年之间,所荐用之不尽,负愧多矣。"帝以焘求去,遣近臣密访人材。焘具奏:"访人才可大任者,陛下当自知之。但须识别邪正,公天下之善恶,图任旧人中坚正纯厚有人望者,不牵左右好

---

① 台谏:御史台官和谏官,职责进谏等。给舍:给事中、中书舍人。
② 辽大安九年。

恶之言,以移圣意,天下幸甚!"帝然之。

纲秋七月,以范纯仁为尚书右仆射兼中书侍郎。

目纯仁入谢,太后谓曰:"或谓卿必先引用王巩、彭汝砺,卿宜与吕大防
一心。"对曰:"此二人实有士望,臣终不敢保位蔽贤,望陛下加察。"
纯仁之将召也,殿中侍御史杨畏附苏辙,欲相之,因与来之邵上疏,论
纯仁不可复相,乞进用章惇、安焘、吕惠卿,不报。及纯仁视事①,吕
大防欲引畏为谏议大夫以自助,纯仁以畏不端,不可用。大防曰:"岂
以畏尝言相公邪?"苏辙即从旁诵其弹文,纯仁初不知也,已而竟迁畏
礼部侍郎。

纲八月,京东、西、河南、北、淮南水。

纲九月,太皇太后高氏崩。

目太皇太后不豫,吕大防、范纯仁等问疾。太皇太后曰:"老身没后,必
多有调戏官家者②,宜勿听。公等亦宜早退,令官家别用一番人。"乃
呼左右赐社饭③,曰:"明年社饭时,思量老身也。"寻崩。太后临朝九
年,朝廷清明,华夏绥定,力行故事,抑绝外家私恩,人以为女中尧舜。

纲冬十月,帝始亲政,诏内侍刘瑗等复入内给事。

目太后既崩,中外汹汹,人怀顾望,在位者畏惧,莫敢发言。翰林学士范
祖禹虑小人乘间害政,上疏曰:"陛下方揽庶政,延见群臣,此国家隆

---

① 视事:官吏到职办公。
② 调戏:指搬弄是非。官家:对皇帝的称呼。
③ 社饭:祭祀土地神的饭菜。

替之本,社稷安危之机,生民休戚之端,君子小人进退消长之际,天命人心去就离合之时也,可不畏哉!先后有大功于宗社,有大德于生灵,九年之间始终如一。然群小怨恨,亦不为少,必将以改先帝之政、逐先帝之臣为言以事离间,不可不察也。惟剖析是非,深拒邪说,有以奸言惑听者,付之典刑,痛惩一人以警群慝①,则恬然无事。此等既误先帝,又欲误陛下,天下之事,岂堪小人再破坏邪!"时苏轼方具疏将谏,及见祖禹奏,曰:"经世之文也。"遂附名同进而毁己草。疏入,不报。会有旨召内侍刘瑗等十人复职,祖禹又谏曰:"陛下亲政以来,未闻访一贤臣,而所召乃先内侍,四海必谓陛下私于近习,不可。"弗听。

纲 十二月,范纯仁乞罢政,不许。

目 初,太皇太后寝疾,召纯仁曰:"卿父仲淹,可谓忠臣,在明肃垂帘时②,惟劝明肃尽母道;明肃上宾,惟劝仁宗尽子道,卿当似之。"纯仁泣曰:"敢不尽忠!"及帝亲政,纯仁乞避位。帝语吕大防曰:"纯仁有时望,不宜去,可为朕留之。"时群小力排太后时事,纯仁奏曰:"太皇保祐圣躬,功烈诚心,幽明共鉴,议者不恤国是,一何薄哉!"因以仁宗禁言明肃垂帘时事诏书上之,曰:"望陛下稽放(fǎng)而行③,以戒薄俗。"帝不纳。

〔哲宗绍述〕

纲 复章惇、吕惠卿官,贬枢密都承旨刘安世知成德军④。

———————————

① 慝:奸邪。
② 明肃:宋真宗刘皇后。
③ 放:仿效。
④ 成德军:藩镇军号,治真定府。

目 吕大防为山陵使,甫出国门,杨畏首叛大防,上疏言:"神宗更法立制,以垂万世,乞赐讲求,以成继述之道。"帝即召对,询以先朝故臣孰可召用者。畏遂列上章惇、安焘、吕惠卿、邓润甫、李清臣等行义,各加题品。且言神宗所以建立法度之意,与王安石学术之美,乞召章惇为相。帝深纳之,遂复惇、惠卿官。安世谏以为不可,出知成德军。

纲 甲戌,绍圣元年(1094)①,春二月,以李清臣为中书侍郎,邓润甫为尚书左丞。

目 润甫首陈武王能广文王之声,成王能嗣文、武之道,以开绍述②,故有是命。范纯仁以时用大臣,皆从中出,言于帝曰:"陛下亲政之初,四方拭目以观,天下治乱,实本于此,舜举皋陶,汤举伊尹,不仁者远。纵未能如古人,亦须极天下之选。"帝不纳。

纲 葬宣仁圣烈皇后③。

纲 三月朔,日食。不尽如钩。

纲 吕大防罢。

纲 策进士。罢门下侍郎苏辙。

目 廷试进士,李清臣发策曰:"今复词赋之选,而士不知劝;罢常平之官,

————————

① 辽大安十年。
② 绍述:继承,特指宋哲宗对神宗新法的继承。
③ 即太皇太后高氏。

而农不加富;可差可募之说杂①,而役法病;或东或北之论异②,而河患滋;赐土以柔远也③,而羌夷之患未弭;弛利以便民也,而商贾之路不通。夫可则因,否则革,惟当之为贵,圣人亦何有必焉!"其意盖绌元祐之政也。

苏辙谏曰:"伏见策题,历诋近岁行事,有绍复熙宁、元丰之意。臣谓先帝设施,盖有百世不可改者。元祐以来,上下奉行,未尝失坠。至于事或失当,何世无之!父作于前,子救于后,前后相济,此则圣人之孝也。汉武帝外事四征,内兴宫室,财用匮竭,于是修盐铁、榷酤、均输之政,民不堪命,几至大乱。昭帝委任霍光,罢去烦苛,汉室乃定。陛下若轻变九年已行之事,擢任累岁不用之人,怀私忿而以先帝为辞,大事去矣。"帝览奏,大怒曰:"安得以汉武比先帝!"

辙下殿待罪,众莫敢救。范纯仁从容言曰:"武帝雄才大略,史无贬辞,辙以比先帝,非谤也。"邓润甫越次进曰:"先帝法度,为司马光、苏辙坏尽。"纯仁曰:"不然,法本无弊,弊则当改。"帝曰:"人谓秦皇、汉武。"纯仁曰:"辙所论,事与时也,非人也。"帝为之少霁。竟落辙职,出知汝州。

及进士对策,考官第主元祐者居上,礼部侍郎杨畏覆考,乃悉下之,而以主熙丰者置前列,遂拔毕渐为第一。自是绍述之论大兴,国是遂变矣。

纲 以曾布为翰林学士承旨。

纲 夏四月,以张商英为右正言。

———————

① 可差可募:差役法和募役法。
② 或东或北:黄河河道东流还是北流。
③ 赐土:归还西夏米脂等四寨。

纲 贬苏轼知英州。

纲 诏改元。

目 曾布上疏,请复先帝政事,且乞改元,以顺天意。帝从之,改元祐九年
为绍圣元年。于是天下晓然知帝意所向矣。

纲 罢翰林学士范祖禹。

目 时帝欲相章惇,祖禹言惇不可用,帝不悦。祖禹遂乞郡,乃知陕州。
祖禹在迩英①,守经据正,献纳尤多。每当讲前夕,必正衣冠如在上
侧,命子弟侍,先按讲其说,开列古义,参之时事,言简而当,义理明
白,苏轼称为讲官第一。

〔章惇拜相〕

纲 以章惇为尚书左仆射兼门下侍郎,范纯仁罢。

目 惇之被召也,通判陈瓘(guàn)从众道谒之。惇闻瓘名,邀与同载,询当
世之务。瓘因问惇曰:"天子待公为政,敢问何先?"惇曰:"司马光奸邪,
所当先辨,势无急于此。"瓘曰:"公误矣,果尔,将失天下望。"惇厉声曰:
"光不务缵(zuǎn)述先烈②,而大改成绪,误国如此,非奸邪而何?"瓘
曰:"不察其心而疑其迹,则不为无罪。若指为奸邪,又复改作,则误
国益甚矣。为今之计,惟消朋党,持中道,庶可以救弊。"惇不悦。
帝既相惇,纯仁请去益力,乃以观文殿大学士出知颍昌府。

────────────

① 迩英:阁名,经筵官给皇帝讲读经史之所。
② 缵述:继承前人所为。

纲 召蔡京为户部尚书,以林希为中书舍人。

目 章惇尝言:"元祐初,司马光作相,用苏轼掌制,所以能鼓动四方。安得斯人而用之!"或曰:"林希可。"会希赴成都过阙,惇欲使典书诰,逞毒于元祐诸臣,且许以为执政,希久不得志,请甘心焉。凡元祐名臣贬黜之制,皆希为之,极其丑诋,至以"老奸擅国"之语阴斥宣仁,读者无不愤叹。一日草制罢,掷笔于地曰:"坏名节矣!"

纲 复免役法。

纲 以蔡卞为国史修撰。

纲 闰月,罢十科举士法。

纲 以安焘为门下侍郎。

纲 贬吏部尚书彭汝砺知江州。

目 言者谓其附会刘挚也。汝砺将行,帝问所欲言,对曰:"陛下今所复者,其政不能无是非,其人不能无贤不肖。政惟其是则无不善,人惟其贤则无不得矣。"至郡数月而卒。

纲 五月,诏进士专习经义。

纲 罢制举,置宏词科。

纲 刘奉世罢。

目 奉世,敞之子也。为人简重有法度①,常云:"家世惟知事君,内省不

---

① 简重:庄严持重。

愧,恃士大夫公论而已。得丧,常理也。譬如寒暑加人,虽善摄生者不能无病,正须安以处之。"以章惇用事,力乞外,乃出知成德军。

纲 邓润甫卒。

纲 以黄履为御史中丞。

目 元丰末,履为中丞,与蔡确、章惇、邢恕相交结,每确、惇有所嫌恶,则使恕道风旨于履,履即排击之,时谓之"四凶",为刘安世所论而出。至是,惇复引用,俾报复仇怨,元祐正臣,无一得免者矣。

纲 六月,除《字说》之禁。

纲 以曾布同知枢密院事。

〔贬斥元祐大臣〕

纲 秋七月,夺司马光、吕公著等赠谥,贬吕大防、刘挚、苏辙、梁焘等官,诏谕天下。

目 黄履、张商英、上官均、来之邵等交章论司马光等变更先朝之法,畔道逆理。章惇、蔡卞请发光、公著冢,斲(zhuó)棺暴尸①。帝问许将,将对曰:"此非盛德事也。"帝乃止。于是追夺光、公著赠谥,仆所立碑,夺王岩叟赠官,贬大防为秘书监,挚为光禄卿,辙为少府监,并分司南京。

初,李清臣冀为相,首倡绍述之说,以计去苏辙、范纯仁,亟复青苗、免役法。及章惇至,心甚不悦,复与为异。惇既贬司马光等,又籍文彦

———————

① 斲:砍,削。

博以下三十人,将悉窜岭表。清臣进曰:"更先帝法度,不能无过,然皆累朝元老,若从惇言,必大骇物听。"帝乃下诏曰:"大臣朋党,司马光以下各以轻重议罚。其布告天下,余悉不问,议者亦勿复言。"

初,朋党论起,帝曰:"梁焘每起中正之论,其开陈排击,尽出公议,朕皆记之。"又曰:"苏颂知君臣之义,无轻议也。"由是颂获免,而焘止谪提举舒州灵仙观。

纲 八月,罢广惠仓。

纲 复免行钱。

纲 冬十月,以吕惠卿知大名府。

目 监察御史常安民言:"北都重镇而除惠卿①。惠卿赋性深险,背王安石者,其事君可知。今将过阙,必言先帝而泣以感动陛下,希望留京矣。"帝纳之。及惠卿至京,请对,见帝果言先朝事而泣,帝正色不答。计卒不施而去,时论快之。

纲 十二月,重修《神宗实录》成,安置范祖禹等于远州。

目 蔡卞进《神宗实录》,于是祖禹及赵彦若、黄庭坚等并坐诋诬,降官,安置永、澧、黔州②;迁卞为翰林学士。初,礼部侍郎陆佃预修实录,数与祖禹等争辨,大要是安石,为之晦隐。庭坚曰:"如公言,盖佞史也!"佃曰:"尽用君意,岂非谤书乎?"至是佃亦落职。言者又以吕大防监修《神宗实录》,徙安州居住。

① 北都:北京大名府,治今河北大名县。
② 澧州:治今湖南澧县。黔州:治今重庆市彭水县。

綱 乙亥,二年(1095)①,春二月,复保甲法。

綱 夏四月,置律学博士。

綱 冬十月,郑雍罢,以许将、蔡卞为尚书左、右丞。

綱 赠蔡确太师,谥忠怀。

綱 贬监察御史常安民监滁州酒税。

目 时蔡京深结中官裴彦臣,安民因论之,谓:"京奸足以惑众,辩足以饰非,巧足以移夺人主之视听,力足以颠倒天下之是否。内结中官,外连朝士,一不附己,则诬以党于元祐、非先帝法,必挤之而后已。今在朝之臣,京党过半,陛下不可不早觉悟而逐之,他日羽翼成就,悔无及矣。"是时京之奸始萌芽,人多未测,独安民首发之。至是复论章惇颛国植党,乞收主柄而抑其权,反覆曲折,言之不置,惇怒。御史董敦逸论安民党于苏轼兄弟。会安民言事忤旨,惇遂出安民监滁州酒税,安焘救之,不克。

綱 左司谏张商英有罪免。

綱 十一月,安焘罢。

綱 贬范纯仁知随州。

目 时吕大防等窜居远州。会明堂赦,章惇豫言此数十人当终身勿徙。纯仁闻之忧愤,欲申理,所亲劝其勿触怒,万一远斥,非高年所宜。纯

---

① 辽寿昌元年。

仁曰："事至于此,无一人敢言,若上心遂回,所系大矣,如其不然,死亦何憾!"因上言:"大防等所罪,亦因持心失恕,好恶任情,违老氏好还之戒①,忽孟轲反尔之言②。然牛、李之祸③,数十年沦胥不解④,岂可尚遵前轨! 愿断自渊衷,原放大防等。"疏奏,章惇大怒,遂落观文殿大学士,徙知随州。

纲 丙子,三年(1096)⑤,春正月,韩忠彦罢。

纲 二月,女真伐纥石烈部阿疏,阿疏奔辽。

纲 秋七月,窜范祖禹于贺州,刘安世于英州。

目 时刘婕妤专宠内庭,章惇、蔡京摭祖禹、安世元祐中谏乳媪事,以为斥婕妤也。于是坐二人构造诬谤之罪,谪授昭、新州别驾,贺、英州安置。

〔废孟皇后〕

纲 九月,废皇后孟氏。

目 刘婕妤同后朝太后于隆祐宫,或撤婕妤座,恚,不复朝,泣诉于帝。会后女福庆公主疾,后姊持道家治病符水入治,宫中相传,厌魅之端作矣⑥。未几,后养母听宣夫人燕氏、尼法端为后祷祠事闻,诏入内押

---

① 《老子》:"以道佐人主者,不以兵强天下,其事好还。"
② 《孟子·梁惠王下》:"曾子曰:'戒之戒之! 出乎尔者,反乎尔者也。'"
③ 牛李之祸:唐后期牛李党争。
④ 沦胥:相率牵连。
⑤ 辽寿昌二年。
⑥ 厌魅:用迷信方法祈祷鬼神以迷惑或伤害别人。

班梁从政等即皇城司鞫之,捕逮宦者、宫妾三十人,搒(péng)掠备至①。狱成,命侍御史董敦逸覆录罪人。敦逸秉笔疑未下,内侍郝随等以言胁之。敦逸畏祸,乃以奏牍上。诏废后为华阳教主、玉清妙静仙师,法名冲真,出居瑶华宫。时章惇欲诬宣仁后有废立计,以后逮事宣仁,又阴附刘婕妤,欲请建为后,遂与郝随构成是狱,天下冤之。

纲 冬十月,雷,大雨雹。

纲 以龚原为国子司业。

目 原少师王安石,安石之改学校法,常引原自助,原亦为尽力。及为司业,遂请以安石所撰《字说》《洪范传》及王雱《论语》《孟子义》刊板传学者②。故学校举子之文,靡然从之,其弊自原始。

纲 丁丑,四年(1097)③,春正月,李清臣免。

纲 二月,追贬司马光、吕公著等官。

纲 复罢《春秋》科。

纲 流吕大防、刘挚、苏辙、梁焘、范纯仁等于岭南,贬韩维等三十人官。大防道卒。

目 三省言:“吕大防等为臣不忠,罪与司马光等不异,顷朝廷虽尝惩责,

———————

① 搒掠:拷打。
②《论语》:指《论语解》。
③ 辽寿昌三年。

而罚不称愆。生死异罪，无以垂示万世。"遂贬大防、刘挚、苏辙、梁
焘、范纯仁，安置于循、新、雷、化、永五州①；刘奉世安置柳州；韩维落
职致仕，再谪均州安置；王觌、韩川、孙升、吕陶、范纯礼、赵君锡、马
默、顾临、范纯粹、孔文仲、王钦臣、吕希哲、吕希纯、吕希绩、姚缅、吴
安诗、秦观十七人远州居住；王岩落职，致仕；张耒、晁补之、贾易并监
当官；朱光庭、孙觉、赵卨、李之纯、杜纯、李周并追夺官秩。叶涛当
制，文极丑诋，闻者切齿。时焘已卒，大防行至虔州信丰而卒，天下惜
之。既而苏轼自惠州徙昌化军②，范祖禹自贺州徙宾州，刘安世自英
州徙高州。纯仁时因疾失明，闻命怡然就道。或谓近名③，纯仁曰：
"七十之年，两目俱丧，万里之行，岂其欲哉！但区区之爱君，有怀不
尽，若避好名之嫌，则无为善之路矣。"诸子欲以与司马光议役法不同
为请，冀得免行，纯仁曰："吾用君实荐，以致宰相，昔同朝论事不合则
可，汝辈以为今日之言则不可也。有愧心而生，不若无愧心而死。"其
子乃止。每戒子弟不可小有不平，闻诸子怨章惇，必怒止之。及在
道，舟覆于江，纯仁衣尽湿，顾诸子曰："此岂章惇为之哉！"

纲 降太师致仕文彦博为太子少保。

纲 闰月，以曾布知枢密院事，林希同知院事，许将为中书侍郎，蔡卞、黄
　　履为尚书左、右丞。

目 布初附章惇，觊惇引居同省，故草惇制，极其称美，复赞绍述甚力。惇

---

① 循州：治今广东龙川县。
② 昌化军：治今海南儋州市。
③ 近名：好名，追求名誉。

忌之，处于枢府，由是稍不相能。时章惇、蔡卞同肆罗织，贬谪元祐诸臣，欲举汉唐故事，诛戮党人。帝以问将，将对曰："二代固有之，但祖宗以来未之有。本朝治道所以远过汉唐者，以未尝辄戮大臣也。"帝深然之。

纲 三月，诏中书舍人蹇序辰等编类司马光等章疏。

目 章惇议遣吕升卿、董必察访岭南，将尽杀流人。帝曰："朕遵祖宗遗志，未尝杀戮大臣，其释勿治。"惇志不快。于是中书舍人蹇（jiǎn）序辰上疏言："司马光等变乱典刑①，改废法度，其章疏案牍散在有司，若不汇缉而藏之，岁久必致沦弃。愿选官编类，人为一帙，置之二府②，以示天下后世之大戒。"章惇、蔡卞请即命序辰及直学士院徐铎编类。由是缙绅之士，无得脱祸者矣。卞党薛昂、林自，又乞毁司马光《资治通鉴》板，太学博士陈瓘因策士引神宗所制序文以问，昂、自议沮，得免。

纲 夏五月，潞公文彦博卒。

目 彦博逮事四朝，任将相五十年，名闻四夷。平居接物谦下，尊德乐善，如恐不及。其在洛也，洛人邵雍、程颢兄弟，皆以道自重，宾接之如布衣交；立朝端重，公忠直谅，临事果断，有大臣之风。功成退居，朝野倚重，卒年九十二。追复太师，谥忠烈。

纲 秋八月，彗星见西方。

---

① 典刑：旧法、常规。
② 二府：三省、枢密院。

纲 冬十月,以邢恕为御史中丞,追贬王珪为万安军司户参军①。

纲 十一月,梁焘卒于化州。

纲 编管程颐于涪州②。

目 颐时放归田里。帝一日与辅臣语及元祐政事,曰:"程颐妄自尊大,在经筵多不逊。"于是言者论颐与司马光同恶相济,削籍窜涪州,河南尹李清臣即日迫遣。

纲 复立市易务。

目 十二月,刘挚卒于新州。

闫建飞 评注

李华瑞　高纪春 审定

---

① 万安军:治今海南万宁市。
② 涪州:治今重庆市涪陵区。

纲鉴易知录卷七四

　　卷首语:本卷起宋哲宗元符元年(1098),止宋徽宗大观二年(1108),所载为哲宗、徽宗朝十一年的史事。哲宗朝晚期,新党继续迫害元祐党人。徽宗即位后,向太后听政,欲调和新旧。但向太后去世后,徽宗转向绍述,重新启用新党成员,以蔡京为相,并多次贬斥元祐党人。与此同时,徽宗制礼作乐,粉饰太平。

宋　纪

哲宗皇帝

纲 戊寅,元符元年(1098)①,春正月,得秦玺于咸阳②。

目 咸阳县民段义,于刘银村修舍,得古玉印,其文曰"受命于天,既寿永昌",上之。诏蔡京等辨验,京以为秦玺。遂命曰"天授传国受命宝"。帝御大庆殿受宝,行朝会礼,诏赐义绢二百匹,授右班殿直③。

纲 三月,下文彦博子及甫于同文馆狱④,遂锢刘挚、梁焘子孙于岭南。以蔡京为翰林学士承旨,安惇为御史中丞。

纲 章惇、蔡卞请追废宣仁圣烈皇后,不果行。

目 惇、卞恐元祐旧臣一旦复起,日夜与邢恕等谋,且结内侍郝随为助,媒蘖宣仁尝欲危帝之事。至是,惇、卞自作诏书,请废宣仁为庶人。皇太后方寝,闻之,遽起谓帝曰:"吾日侍崇庆⑤,天日在上,此语曷从出?且帝必如此,亦何有于我!"帝感悟,取惇、卞奏,就烛焚之。郝随知之,密语惇、卞。明日,惇、卞再具状,坚请施行。帝怒曰:"卿等不

---

① 辽寿昌四年。
② 秦玺:和氏璧所造印玺,早已亡失,此为伪造。
③ 右班殿直:低级武官阶。
④ 同文馆:外交馆驿,接待青唐、高丽使节。
⑤ 崇庆:太皇太后高氏曾居宫殿,代指其人。

欲朕入英宗庙乎!"抵其奏于地①,事得寝。

綱 夏四月,林希免。

綱 秋七月,再窜范祖禹、刘安世于化、梅州,祖禹寻卒。

目 初,章惇怨范祖禹、刘安世尤深,必欲置诸死地。至是,讽蔡京并陷二
人以罪,诏徙祖禹于化州,安世于梅州。安世至贬所,章惇将必置之
死,擢土豪为转运判官,使杀之。判官承意疾驰,未至梅三十里,呕血
而死,安世获免。祖禹平居恂(xún)恂②,口不言人过,遇事则别白是
非,不少借隐,长于劝讲,论谏不啻(chì)数十万言③,开陈治道,辨释
事宜,平易明白,洞见底蕴,虽贾谊、陆贽不是过也。

綱 京师地震。

綱 己卯,二年(1099)④,秋八月,子茂生。九月,立贤妃刘氏为皇后。窜
右正言邹浩于新州。

目 妃多材艺,有盛宠。既构废孟后,章惇与内侍郝随、刘友端相结,请
妃正位中宫。时帝未有储嗣,会妃生子茂,帝大喜,遂立焉。浩以
数论事,帝亲擢为右正言,露章劾章惇不忠慢上之罪。未报而刘后
立,浩上疏言:"贤妃与孟后争宠,而孟后废,今乃立之,殊累圣德,
乞追停册礼。"帝曰:"此祖宗故事,岂独朕邪!"盖指真宗立刘德妃
也。浩对曰:"祖宗大德,可法者多矣,陛下不之取,而效其小疵

---

① 抵:扔。
② 恂恂:温和恭敬的样子。
③ 不啻:不止。
④ 辽寿昌五年。

邪!"帝变色,持其章踌躇,若有所思,因付于外。明日,章惇诋其狂妄,除名勒停①,羁管新州。尚书右丞黄履进曰:"浩以亲被拔擢之故,敢犯颜纳忠,陛下遽出之死地,人臣将视以为戒,谁复为陛下论得失乎?幸与善地。"不听。

初,阳翟田画议论慷慨②,与浩以气节相激厉。刘后立,画谓人曰:"志完不言③,可以绝交矣!"浩既得罪,画迎诸途。浩出涕,画正色责之曰:"使志完隐默官京师,遇寒疾不汗,五日死矣,岂独岭海之外能死人哉!愿君毋以此举自满,士所当为者,未止此也。"浩茫然自失,谢曰:"君赠我厚矣!"浩之将论事也,以告其友宗正寺簿王回,回曰:"事有大于此者乎?子虽有亲,然移孝为忠,亦太夫人素志也。"及浩南迁,人莫敢顾,回敛交游钱与浩治装,往来经理,且慰安其母。逻者以闻,逮诣诏狱,众为之惧,回居之晏如。御史诘之,回曰:"实尝预谋,不敢欺也。"因诵浩所上章,几二千言。狱上,除名停废,回即徒步出都门。行数十里,其子追及,问以家事,不答。又有曾诞者,尝三以书劝浩论孟后事,浩不报。及浩废,诞作《玉山主人对客问》,以讥浩不能力谏孟后之废,而俟朝廷过举乃言,为"不知几"云。

纲 御史中丞邢恕免。

纲 闰月,黄履罢。

纲 置看详诉理局。

---

① 除名:除去官员名籍。勒停:停职。
② 阳翟:县名,今河南禹州市。
③ 志完:邹浩之字。

目安惇言："陛下未亲政时,奸臣置诉理所,凡得罪熙丰之间者咸为除雪①,归怨先朝②,收恩私室。乞取公案,看详从初加罪之意,复依断施行。"蔡卞劝章惇置局,命中书舍人蹇序辰及安惇看详。由是重得罪者八百三十家,士大夫或千里会逮,天下怨疾,有二蔡、二惇之谣③。

纲子茂卒。

〔端王轻佻,不可以君天下〕

纲庚辰,三年(1100)④,春正月,帝崩,端王佶即位,太后权同听政,赦。

目帝崩,无子,皇太后向氏哭谓宰臣曰："国家不幸,大行皇帝无嗣,事须早定。"章惇抗声曰："在礼律,当立母弟简王似。"太后曰："老身无子,诸王皆神宗庶子,莫难如此分别。"惇复曰："以长则申王必当立。"太后曰："申王有目疾,不可;于次则端王佶当立。"惇曰："端王轻佻,不可以君天下。"言未毕,曾布叱之曰："章惇未尝与臣商议,如皇太后圣谕极当。"蔡卞、许将相继曰："合依圣旨。"太后又曰："先帝尝言端王有福寿,且仁孝。"于是惇默然。乃召端王入,即位于枢前。群臣请太后权同处分军国事,后以长君辞。帝泣拜移时,乃许之。端王,神宗第十一子也。

纲尊皇后刘氏为元符皇后。

———————

① 熙丰:宋神宗年号熙宁、元丰。
② 先朝:指宋神宗。
③ 二蔡:蔡京、蔡卞。二惇:章惇、安惇。
④ 辽寿昌六年。

纲二月，立皇后王氏。

纲以韩忠彦为门下侍郎，黄履为尚书右丞。

目忠彦入对，陈四事，曰："广仁恩、开言路、去疑似、戒用兵。"太后纳之。
自是忠直敢言、知名之士稍见收用。

纲三月，诏求直言。

目以四月朔日当食，诏求直言。筠州推官崔鶠（yǎn）上书曰："毁誉者，
朝廷之公议，故责授朱崖军司户司马光①，左右以为奸，而天下皆曰
忠。今宰相章惇，左右以为忠，而天下皆曰奸。此何理也？赏缪罚
滥，佞人倘佯，如此而国不乱，未之有也。小人譬之蝮蝎，其凶忍害人
根乎天性，随遇必发。天下无事，不过贼陷忠良，破碎善类；至缓急危
疑之际，必有反覆卖国，跋扈不臣之心。比年以来，谏官不论得失，御
史不劾奸邪，门下不驳诏令，共持暗默，以为得计。夫以股肱耳目，治
乱安危所系，而一切若此，陛下虽有尧舜之聪明，将谁使言之，谁使行
之？夫四月，阳极盛、阴极衰之时，而阴干阳，故其变为大。惟陛下畏
天威，听明命，大运乾刚②，大明邪正，则天意解矣。"帝览而善之，以
为相州教授。

纲召龚夬（guài）为殿中侍御史，陈瓘、邹浩为左、右正言。

目韩忠彦等荐之也。御史中丞安惇言："邹浩复用，虑彰先帝之失。"帝
曰："立后，大事也。中丞不言，而浩独敢言，何为不可复用！"惇惧而

---

① 朱崖军：治今海南三亚市崖州区。司户：司户参军，负责户籍等的州军佐官。
② 乾刚：天道刚健，喻指帝王的刚健明决。

退。陈瓘言:"陛下欲开正路,取浩既往之善。惇乃诳惑主听,规骋其私,若明示好恶,当自惇始。"遂出惇知潭州。

纲 诏许刘挚、梁焘归葬,录其子孙。

纲 夏四月朔,日食。

纲 以韩忠彦为尚书右仆射兼中书侍郎,李清臣为门下侍郎,蒋之奇同知枢密院事。

纲 复范纯仁等官,徙苏轼等于内郡。

目 纯仁时在永州,遣中使赐以茶药,谕之曰:"皇帝在藩邸,太皇太后在宫中,知公先朝言事忠直,今虚相位以待,不知目疾如何? 用何人医之?"纯仁顿首谢。徙居邓州,在道,拜观文殿大学士、中太乙宫使。制词有曰:"岂惟尊德尚齿,昭示宠优;庶几鲠论嘉谋,日闻忠告。"纯仁闻制,泣曰:"上果用我矣,死有余责。"既又遣中使趣入觐。纯仁乞归养疾,帝不得已许之。每见辅臣,问:"安否?"且曰:"范纯仁得一识面足矣!"

轼自昌化移廉,徙永,更三赦,复提举玉局观,未几,卒于常州。轼与弟辙师父洵,为文如行云流水,初无定质,虽嬉笑怒骂之辞,皆可书而诵之。自为举子,至出入侍从,必以爱君为本,忠规谠论,挺挺大节,但为小人忌恶,不得久居朝耳。

纲 五月,诏复哲宗废后孟氏为元祐皇后。

目 初,哲宗尝悔废后事,叹曰:"章惇坏我名节。"至是,太后将复后位,会布衣何文正上书言之,遂降是诏。自瑶华宫还居禁中。

纲 蔡卞有罪免。

目 卞专托绍述之说，上欺天子，下胁同列。凡中伤善类，皆密疏建白①，然后请帝亲札付外行之。章惇虽巨奸，然犹在其术中。至是，龚夬论惇、卞之恶，未报，而台谏陈师锡、陈次升、陈瓘、任伯雨、张庭坚等极论卞罪浮于惇，乞正典刑以谢天下。乃出知江宁，台谏论之不已，遂以秘书少监分司池州②。

纲 追复文彦博、王珪、司马光、吕公著、吕大防、刘挚等三十三人官。

纲 六月，邢恕有罪，安置均州。

目 陈瓘论其矫诬定策之罪也。

纲 秋七月，太后罢听政。

纲 八月，葬永泰陵③。

纲 九月，章惇有罪免。

目 惇为相，专图复怨，引蔡卞、林希、黄履、来之邵、张商英等居要地，任言责，由是正人无一得免死者。屡兴大狱，以陷忠良，天下嫉之。及兼山陵使，灵舆陷淖（nào）中④，逾宿而行。台谏丰稷、陈次升、龚夬、陈瓘等劾其不恭，免知越州。

纲 冬十月，复以程颐判西京国子监。

---

① 建白：提出主意。
② 分司池州：当作"分司南京，池州居住"。
③ 永泰陵：宋哲宗陵，在今河南巩义市。
④ 淖：烂泥。

目 颐既受命,即谒告①,欲迁延为寻医计。既而供职,门人尹焞(tūn)深疑之。颐曰:"上初即位,首被大恩,不如是则何以仰承德意! 然吾之不能仕,盖已决矣,受一月之俸焉,然后惟吾所欲尔。"未几,致仕。

纲 安惇、蹇序辰有罪除名,放章惇于潭州。

目 惇既罢知越州,陈瓘等以为责轻,复论:"惇在绍圣中置看详元祐诉理局,凡于先朝言语不顺者,加以钉足、剥皮、斩颈、拔舌之刑,其惨刻如此。看详之官如安惇、蹇序辰等,受大臣讽谕,迎合绍述之意,傅致语言②,指为谤讪,遂使朝廷纷纷不已。考之公论,宜正典刑。"于是二人并除名,放归田里,而贬惇武昌节度副使③,居潭州。

纲 蔡京有罪免。削林希官,徙知扬州。

目 中丞丰稷论京奸状,帝未纳,台谏陈瓘、江公望等相继言之,帝亦不听。稷曰:"京在朝,吾属何面目居此!"复力论之,始出知永兴军,言者不已,乃夺职居杭州。右司谏陈祐复论林希绍圣初党附权要,词命丑诋之罪。乃削端明殿学士,徙知扬州。

纲 以韩忠彦、曾布为尚书左、右仆射兼门下、中书侍郎。

目 布初附章惇,凡惇所为,多布所建白,及不得同省,始与乖异。及帝即位,锐意图治,延进忠鲠,布因力排绍圣之人而去之。既拜相,其弟翰林学士肇引嫌出知陈州,言于布曰:"兄方得君,当引用善人,翊正道

---

① 谒告:请假。
② 傅致:罗织。
③ 武昌:藩镇军号,治鄂州,今湖北武汉市。

以杜惇、卞复起之萌。而数月以来,所谓端人吉士,继迹去朝,所进以为辅佐、侍从、台谏,往往皆前日事惇、卞者,一旦势异今日,必首引之以为固位计,思之可为恸哭。异时惇、卞纵未至,一蔡京足以兼二人,可不深虑乎!"布不能从。

〔改元建中靖国,欲消弭新旧党争〕

綱十一月,诏改元。

目时议以元祐、绍圣均有所失,欲以大公至正消释朋党,遂诏改明年元为建中靖国,由是邪正杂进矣。

綱以安焘知枢密院事,黄履免。

綱置《春秋》博士。

綱以范纯礼为尚书右丞。

徽宗皇帝

綱辛巳,徽宗皇帝建中靖国元年(1101)①,春正月朔,有赤气亘天。

目是夕,有赤气起东北,亘西南,中函白气。将散,复有黑祲(jìn)在旁②。右正言任伯雨言:"正岁之始,而赤气起于暮夜之幽。日为阳,夜为阴;东南为阳,西北为阴;朝廷为阳,宫禁为阴;中国为阳,夷狄为阴;君子为阳,小人为阴。此宫禁阴谋,下干上,夷狄窃发之证也。天心

---

① 辽乾统元年。
② 黑祲:黑色之气,古人以为不祥之兆。

仁爱,以灾异为警戒。愿陛下进忠良,绌邪佞,正名分,击奸恶,使小人无得生犯上之心,则灾异可变为休祥矣。”

纲 高平公范纯仁卒。

目 纯仁疾革,口占遗表,劝帝清心寡欲,约己便民,绝朋党之论,察邪正之归,毋轻议边事,易逐言官,辨明宣仁诬谤。且云:“盖尝先天下而忧,期不负圣人之学,此先臣所以教子,而微臣资以事君者也。”卒,赠开府仪同三司,谥忠宣。纯仁性夷易宽简,不以声色加人,谊之所在,则挺然不少屈。尝曰:“吾平生所学,得之‘忠恕’二字,一生用不尽,以至立朝事君,接待僚友,亲睦宗族,未尝须臾离此也。”每戒子弟曰:“人虽至愚,责人则明;虽有聪明,恕己则昏。苟能以责人之心责己,恕己之心恕人,不患不至圣贤地位也。”

纲 皇太后向氏崩。

纲 追尊太妃陈氏为钦慈皇后,陪葬永裕陵。

目 陈氏,帝生母也。

纲 辽耶律洪基死,孙延禧立①。

纲 二月,贬章惇为雷州司户参军。

目 任伯雨论:“惇久窃朝柄,迷国罔上,毒流缙绅,承先帝变故仓卒,辄逞异志。向使其计得行,将置陛下与皇太后于何地！若贷而不诛,则天下大义不明、大法不立矣。臣闻北使言:‘去年辽主方食,闻中国黜

① 延禧:辽末代皇帝天祚帝。

惇,放箸而起,称善者再,谓南朝错用此人。'北使又问:'何为只若是行遣?'以此观之,不独孟子所谓'国人皆曰可杀',虽蛮貊(mò)之邦莫不以为可杀也①。"章八上,未报。会台谏陈瓘、陈次升等复极论之,乃贬惇为雷州司户参军。

初,苏辙谪雷州,不许占官舍,遂僦民屋。又以为强夺民居,下州追民究治,以僦券甚明,乃止。至是惇问舍于民,民曰:"前苏公来,为章丞相几破我家,今不可也。"后徙睦州,卒。

纲 三月,罢权给事中任伯雨。

目 伯雨初为右正言,半岁之间,凡上百八疏。大臣畏其多言,俾权给事中,密谕以少默即为真②。伯雨不听,抗论愈力。时曾布欲和调元祐、绍圣之人,伯雨言:"人才固不当分党与,然自古未有君子小人杂然并进,可以致治者。盖君子易退,小人难退,二者并用,终于君子尽去,小人独留。唐德宗坐此,致播迁之祸③,建中乃其纪号,不可以不戒。"既而欲劾布,布觉之,徙为度支员外郎。

纲 夏六月,罢尚书右丞范纯礼。

目 时韩忠彦虽首相,而曾布专政,渐进绍述之说,讽中丞赵挺之排击元祐诸臣。纯礼从容言于帝曰:"迩者朝廷命令,莫不是元丰而非元祐,以臣观之,神宗立法之意固善,吏推行之或有失当,以致病民。宣仁听断,一时小有润色,盖大臣识见异同,非必尽怀邪为私也。今议论

————————
① 貊:古代中原王朝对东北民族的蔑称。
② 为真:转为正官。
③ 播迁:迁徙,流离。

之臣,有不得志,故挟此以借口,其心岂恤国事,直欲快私忿以售其奸,不可不深察也。"纯礼沉毅刚正,曾布惮之,谓驸马都尉王诜曰:"上欲除君承旨,范右丞不可。"诜怒。会诜馆辽使,纯礼主宴,诜诬其辄斥御名,遂罢知颍昌府。

纲 罢左司谏江公望。

目 先是,公望上疏言:"自先帝有绍述之意,辅政非其人,借威柄以快私隙,使天下骚然。神考与元祐之臣,其先非有射钩、斩袪(qū)之隙也①,先帝信仇人而黜之。陛下若立元祐为名,必有元丰、绍圣为之对,有对则争兴,争兴则党复立矣。陛下改元诏旨,亦称思建皇极,端好恶以示人,本中和而立政,皇天后土,实闻斯言。今若渝之②,奈皇天后土何!"帝尝以示范纯礼,纯礼赞之,乞褒迁公望以劝来者。会蔡王府相告,有不逊语及于王,公望乞勿以无根之言加诸至亲,遂坐罢。

纲 秋七月,安焘罢,以蒋之奇知枢密院事,章楶(jié)同知院事,陆佃为尚书右丞。

纲 冬十月,李清臣免。

纲 罢权给事中陈瓘。

目 瓘议论持平,务存大体,不以细故借口,未尝及人晻(ǎn)昧之过③。及权给事中,曾布使客告以将即真。瓘语子正汇曰:"吾与丞相议事多

①射钩、斩袪:管仲曾射中齐桓公衣带钩,晋文公逃跑时曾被人斩断袖子,均指旧怨。
②渝:改变。
③晻昧:昏暗不明。

不合，今若此，是欲以官爵相饵也。若受其荐进，复有异同，则公义、私恩两有愧矣。吾有一书论其过，将投之以决去就，汝其书之，且持入省。"布使数人邀相见，甫就席，遽出书，布大怒，争辩移时，至箕踞(jī jù)谇(suì)语①。瓘色不变，徐起言曰："适所论者国事，是非有公议，公未可遽失待士礼。"布矍然改容。信宿出瓘知泰州②。

綱 十一月，以陆佃、温益为尚书左、右丞。

綱 复召蔡京为翰林学士承旨。

目 供奉官童贯，性巧媚，善择人主微指先事顺承，以故得幸。及诣三吴，访书画奇巧，留杭累月，蔡京与之游，不舍昼夜。凡所画屏障扇带之属，贯日以达禁中，且附语言论奏于帝所，由是帝属意用京。左阶道录徐知常③，以符水出入元符皇后所，太学博士范致虚与之厚，因荐京才可相。知常入宫言之，由是宫妾、宦官众口一辞誉京。遂起京知定州，改大名。会韩忠彦与曾布交恶，布谋引京自助，乃召为翰林学士承旨。

綱 再诏改元。

目 曾布主于绍述，请改明年元为崇宁④。帝从之。

綱 以邓洵武为给事中兼侍讲。

---

① 箕踞：两脚张开，两膝微曲地坐着，形状像箕，一种轻慢无礼的姿态。谇语：斥责，责骂。

② 信宿：两三日。

③ 左阶道录：据《宋史·蔡京传》，"阶"字应作"街"。道录司是宋代道教管理机构，分左右街。

④ 崇宁：尊崇熙宁，即回归神宗新法。

〔邓洵武《爱莫助之图》〕

目 洵武为起居郎,尝因对言:"陛下乃神宗子。今相忠彦,乃琦之子。神宗行新法以利民,琦尝论其非。今忠彦更神宗之法,是忠彦为能继父志,陛下为不能也。必欲继志述事,非用蔡京不可。"又曰:"陛下方绍述先志,群臣无助者。"乃作《爱莫助之图》以献。其图如《史记》年表,列旁行七重,别为左右,左曰元丰,右曰元祐。自宰相、执政、侍从、台谏、郎官、馆阁、学校各为一重,左序绍述者,执政中惟温益一人,余不过三四,若赵挺之、范致虚、王能甫、钱遹之属而已。右序举朝辅相、公卿、百执事咸在,以百数。帝出示曾布,而揭去左方一姓名。布请之,帝曰:"蔡京也。洵武谓非相此人不可,以与卿不同,故去之。"布曰:"洵武既与臣见异,臣安敢与议!"明日改付温益,益欣然奉行,请相蔡京而籍异论者。于是善人皆不见容,而帝决意相京矣。乃进洵武中书舍人、给事中兼侍读①。

纲 罢礼部尚书丰稷,复蔡卞、邢恕、吕嘉问、安惇、蹇序辰等官。

纲 壬午,崇宁元年(1102)②,春正月,河东地震。

纲 三月,命宦者童贯制御器于苏、杭州。

目 童贯置局于苏、杭造作器用,曲尽其巧。牙角、犀玉、金银、竹藤、装画、糊抹、雕刻、织绣诸色匠,日役数千。而材物所须,悉科于民,民力重困。

---

① 侍读:据上文、《宋史·邓洵武传》应作"侍讲"。
② 辽乾统二年。

纲 夏五月,罢韩忠彦知大名府。

目 忠彦为相,召还流人,进用忠谠之士,张庭坚、陈瓘、邹浩、龚夬、江公望、常安民、任伯雨、陈次升、陈君锡、张舜民等皆居台谏,翕然称为得人。然与曾布不协,至是,左司谏吴材、右正言王能甫附布,论忠彦变神考之法度,逐神考之人材,遂罢知大名府。

纲 复追贬司马光等四十四人官。

〔籍元祐元符党人〕

纲 诏籍元祐、元符党人,陆佃罢。

目 诏元祐并元符末今来责降人,除韩忠彦曾任宰相,安焘曾任执政,王觌、丰稷见任侍从官外,苏辙、范纯礼、刘奉世等凡五十余人,并令三省籍记,不得与在京差遣。又诏司马光等二十一人子弟毋得官京师。佃与曾布比①,而持论近恕,每欲参用元祐人才,尝曰:"今天下之势,如人大病向愈,当以药饵辅养之,须其安平。苟为轻事改作,是使之骑射也。"会御史请更惩元祐余党,佃言于帝曰:"不宜穷治。"乃下诏云:"元祐诸臣,各已削秩,自今无所复问,言者亦勿辄言。"揭之朝堂。言者用是论佃名在党籍,不欲穷治,正恐自及耳,遂罢知亳州,卒。

纲 以许将、温益为门下、中书侍郎,蔡京、赵挺之为尚书左、右丞。

纲 闰六月,曾布免。

目 布与蔡京素有隙,议事多不合。会布拟婿父陈祐甫为户部侍郎,京言

———————————

① 比:亲近、亲密。

布私其所亲,布忿然争辨,久之,声色俱厉。温益叱之曰:"曾布,上前安得失礼!"帝不悦。殿中侍御史钱通言布援元祐之奸党,挤绍圣之忠贤。于是布请罢,出知润州。

纲秋七月,以蔡京为尚书右仆射兼中书侍郎。

目制下之日,赐坐延和殿,命之曰:"神宗创法立制,先帝继之,两遭变更,国是未定,朕欲上述父兄之志,卿何以教之?"京顿首谢曰:"敢不尽死!"

纲焚元祐法,置讲议司于都省。

纲章惇罢。

纲复罢《春秋》博士。

纲八月,诏天下兴学贡士,作辟(bì)雍于都城南①。

纲以赵挺之、张商英为尚书左、右丞。

纲复令进士兼试律。

纲复绍圣役法。

[元祐党籍碑]

纲九月,立党人碑于端礼门。籍元符末上书人,分邪正等黜陟之。

目时元祐、元符末群贤,贬窜死徙者略尽,蔡京犹未惬意,乃与其客强浚明、叶梦得籍宰执司马光、文彦博、吕公著、吕大防、刘挚、范纯仁、韩

————————

① 辟雍:太学的预备学校,专以处太学外舍生,亦称外学。辟,通"璧"。

忠彦、王珪、梁焘、王岩叟、王存、郑雍、傅尧俞、赵瞻、韩维、孙固、范百禄、胡宗愈、李清臣、苏辙、刘奉世、范纯礼、安焘、陆佃,曾任待制以上官苏轼①、范祖禹、孔文仲、孔武仲、朱光庭、孙觉、鲜于侁、贾易、邹浩等,余官程颐、秦观、张耒(lěi)、晁补之、黄庭坚、孔平仲等,内臣张士良等,武臣王献可等,凡百二十人,等其罪状,谓之奸党,请御书刻石于端礼门。京等复请下诏籍元符末日食求言章疏及熙宁、绍圣之政者,付中书定为正上、正中、正下三等;邪上、邪中、邪下三等。于是钟世美以下四十一人为正等,悉加旌擢;邓考甫以下五百余人为邪等,降责有差。又诏降责人不得同州居住。

评"新旧党争":

北宋后期的新旧党争是指围绕熙丰新政引发的不同政治派别纷争。党争自熙宁变法时期开始。王安石新法措施尤其是青苗法、募役法出台后,引起众多官员反对。为减少新法推行阻力,宋神宗和王安石将这些反对派或外放或置于闲散,当时未进行严重人身迫害。元祐更化时期,以蔡确车盖亭诗案为标志,一些新法官员受到贬谪或不公正对待。哲宗绍圣以后,新党重新执政,大规模报复元祐派官员;徽宗更立"元祐党籍碑",成为党同伐异的严酷政治迫害。党争及大规模的政治整肃严重摧残了北宋原本相对宽容的政治风气,导致金军南下时宋廷无才可用,是北宋灭亡的重要原因之一。

纲 冬十月,蒋之奇罢。

纲 复废元祐皇后孟氏,贬韩忠彦等官,窜丰稷、陈瓘等于远州。

---

① 待制:诸阁待制的总称,用以授初级侍从官。

目时元符皇后閤宦者郝随讽蔡京再废元祐皇后，京未得间。既而昌州判官冯澥(xiè)上书论复后为非①。于是御史中丞钱遹、殿中侍御史石豫、左膺连章论②："韩忠彦等乘一布衣诳言，复瑶华之废后，掠流俗之虚美。当时物议固已汹汹，乃至疏逖小臣诣阙上书，忠义激切，则天下公议从可知矣。望询考大臣，断以大义，无牵于流俗非正之论以累圣朝。"京与许将、温益、赵挺之、张商英皆主台臣之说，帝不得已，从之。诏罢元祐皇后之号，复居瑶华宫，且治元符末议复后号者，降宰臣韩忠彦、曾布官，追贬李清臣雷州司户参军，黄履祁州团练副使，安置翰林学士曾肇、御史中丞丰稷、谏臣陈瓘、龚夬等十七人于远州。擢冯澥鸿胪寺主簿。

纲以蔡卞知枢密院事。

纲十二月，追谥哲宗子茂为献愍太子，窜邹浩于昭州。

目初，邹浩召自新州入对，帝首及谏立后事，奖叹再三，询谏草安在。对曰："已焚之矣。"退告陈瓘，瓘曰："祸其在此乎！异时奸人妄出一缄③，则不可辨矣。"蔡京用事，乃使其党伪为浩疏，有"刘后杀卓氏而夺其子以为己出，欺人可也，讵可以欺天乎"之语。帝诏暴其事，遂追册茂为太子，而窜浩于昭州。

纲癸未，二年(1103)④，春正月，安置任伯雨等十二人于远州。蔡京、蔡卞怨元符末台谏之论己，悉陷以党事，同日贬窜。

---

① 昌州：治今重庆市荣昌区。
② 左膺：据《宋史·徽宗纪一》及《左肤传》应作"左肤"。
③ 缄：书信，信函。
④ 辽乾统三年。

纲温益卒。以蔡京为尚书左仆射兼门下侍郎。二月,尊元符皇后刘氏
　　为皇太后。

纲三月,诏党人子弟毋得至阙下。

纲夏四月,诏毁司马光等景灵宫绘像。

目司马光及吕公著、吕大防、范纯仁、刘挚、范百禄、梁焘、郑雍、赵瞻、王
　　岩叟凡十人。时又诏毁范祖禹《唐鉴》及三苏、黄庭坚、秦观文集①。

纲以赵挺之为中书侍郎,张商英、吴居厚为尚书左、右丞,安惇同知枢密
　　院事。

纲除故直秘阁程颐名。

目言者希蔡京意,论颐学术颇僻,素行谲怪,专以诡异聋瞽愚俗②。乃追
　　毁颐出身文字③,其所著书,令监司严加觉察。范致虚又言:"颐以邪
　　说诐(bì)行④,惑乱众听,而尹焞、张绎为之羽翼,乞下河南,尽逐学
　　徒。"颐于是迁居龙门之南⑤,止四方学者曰:"尊所闻,行所知,可矣,
　　不必及吾门也。"

纲诏童贯监洮西军⑥。六月,贯及安抚王厚复湟州⑦。贬韩忠彦等官有差。

————————

① 三苏:苏洵、苏轼、苏辙。
② 聋瞽:欺骗,蒙蔽。
③ 出身文字:任官文书凭证等。
④ 诐:偏颇,邪僻。
⑤ 龙门:即龙门山,在今河南洛阳市。
⑥ 洮西军:治今甘肃临潭县。
⑦ 湟州:治今青海乐都县。

【纲】秋八月，张商英罢。

【纲】九月，令州县立党人碑。

【目】蔡京又自书奸党为大碑，颁于郡县，令监司长吏厅皆刻石。有长安石工安民当镌字，辞曰："民，愚人，固不知立碑之意。但如司马相公者，海内称其正直，今谓之奸邪，民不忍刻也！"府官怒，欲加之罪，民泣曰："被役不敢辞，乞免镌安民二字于石末，恐得罪后世。"闻者愧之。

【纲】甲申，三年（1104）①，春正月，铸当十大钱。

【纲】命方士魏汉津定乐，铸九鼎。

【纲】二月，令天下坑冶金银悉输内藏。

【纲】夏六月，图熙宁、元丰功臣于显谟阁②。

【纲】以王安石配享孔子。

【目】辟雍初成，诏："荆国公王安石，孟轲以来一人而已，其以配享孔子，位次孟轲。"吏部尚书何执中请开学殿，使都人纵观。

【纲】置书、画、算学。

【纲】重定党人，刻石朝堂。

【纲】秋七月，复行方田法。

【纲】八月，许将罢。九月，以赵挺之、吴居厚为门下、中书侍郎，张康国、邓

———

① 辽乾统四年。
② 显谟阁：收藏宋神宗御制的殿阁。

洵武为尚书左、右丞。

纲 以胡师文为户部侍郎。

纲 冬十二月,复封孔子后为衍圣公。

纲 是岁,大蝗。

纲 安惇卒。

纲 乙酉,四年(1105)①,春正月,蔡卞罢。

目 卞居心倾邪,一意妇翁王安石所行为至当。以兄京晚达,而位在上,致己不得相,故二府政事时有不合。至是,京请以童贯为制置使,卞言不宜用宦者,必误边计。京于帝前诋卞,卞求去,遂出知河南府。

纲 以童贯为熙河兰湟、秦凤路经略安抚制置使②。

纲 二月,以张康国知枢密院事,刘逵同知院事,何执中为尚书左丞。

纲 闰月,铸夹锡铁钱。

纲 三月,以赵挺之为尚书右仆射兼中书侍郎。

纲 夏五月,除党人父兄子弟之禁。

纲 六月,赵挺之罢。

纲 秋七月,置四辅郡。

---

① 辽乾统五年。
② 熙河兰湟、秦凤路:均为安抚使路,今甘肃东南部、青海东北部一带。

目 右司谏姚祐请置辅郡,以拱大畿①。诏以颖昌府为南辅;升襄邑县为拱州②,为东辅;郑州为西辅;澶州为北辅。各屯兵二万,重其资给。盖蔡京欲兵权归己故也。

纲 还上书流人。

〔宋铸九鼎成〕

纲 八月,新乐及九鼎成。九月,帝受贺于大庆殿。

目 九鼎成,奉安于九成宫,以蔡京为定鼎礼仪使,帝幸宫行酌献礼。鼎各一殿,中央曰帝鼎,北曰宝鼎,东曰牡鼎,东北曰苍鼎,东南曰冈鼎,南曰彤鼎,西南曰阜鼎,西曰晶(xiǎo)鼎,西北曰魁鼎。时制新乐亦成,赐名大晟(shèng),置大晟府③,建官属。九月,帝受贺于大庆殿,加号魏汉津虚和冲显宝应先生。帝之幸九成宫也,酌献至北方宝鼎,鼎忽破,水流溢于外,或者以为北方致乱之兆。

纲 诏徙元祐党人于近地。

〔应奉局、花石纲〕

纲 冬十一月,以朱勔(miǎn)领苏杭应奉局及花石纲。

目 先是苏州人有朱冲者及其子勔,俱给事蔡京所,京审其父子名姓于童贯军籍中,皆得官。帝颇垂意花石,京讽冲密取浙中珍异以进。初致

① 大畿:都城开封府。
② 拱州:治今河南睢县。
③ 大晟府:宋徽宗时掌管音乐的官署。

黄杨三本,帝嘉之。后岁岁增加,舳舻相衔于淮汴,号"花石纲"。乃命勔领应奉局及纲事,勔指取内帑如囊中物,每取以数十百万计。于是搜岩剔薮(sǒu)①,幽隐不置②。凡士庶之家,一石一木稍堪玩者,即领健卒直入其家,用黄封表识,使护视之。微不谨,即被以大不恭罪。及发行,必撤屋抉墙以出。人不幸有一物小异,共指为不祥,惟恐芟(shān)夷之不速③。民预是役者,中家破产,或粥卖子女以供其须。斸(zhú)山辇石④,程督惨刻⑤,虽在江湖不测之渊⑥,百计取之,必得乃止。篙工柁(duò)师⑦,倚势贪横,陵轹(lì)州县⑧,道路以目。

纲 丙戌,五年(1106)⑨,春正月,彗出西方,长竟天⑩。

纲 以吴居厚为门下侍郎,刘逵为中书侍郎。

纲 诏求直言,毁党人碑,复谪者仕籍。

目 帝以星变,避殿损膳,刘逵请碎元祐党人碑,宽上书邪籍之禁,帝从之,夜半遣黄门至朝堂毁石刻⑪。翌日,蔡京见之,厉声曰:"石可毁,

---

① 搜岩剔薮:多方搜求。
② 不置:不放过。
③ 芟夷:除去。
④ 斸:挖。辇:运输。
⑤ 程督:依照所定期限或标准,督促工役。
⑥ 不测之渊:比喻极深的水下。
⑦ 篙工:撑船的船工。柁师:掌舵的船工。
⑧ 陵轹:欺压。
⑨ 辽乾统六年。
⑩ 竟天:直至天边。
⑪ 黄门:宦官。

名不可灭也。"寻以太白昼见①，赦除党人一切之禁，诏崇宁以来左降者，无问存没，稍复其官，尽还诸徙者。

〔"惟王不会""丰亨豫大"〕

纲二月，蔡京有罪免。

目京怀奸植党，托绍述之名，纷更法制，贬斥群贤，增修财利之政，务以侈靡惑人主，动以《周官》"惟王不会(kuài)"为说②，每及前朝惜财省费者必以为陋。至于土木营造，率欲度前规而侈后观。时天下久平，京因睹帑庾盈溢，遂倡为"丰亨豫大"之说③，视官爵财物如粪土，累朝所储扫地矣。及彗星见，帝悟其奸，凡所建置，一切罢之，而免京为中太乙宫使，留京师。

纲以赵挺之为尚书右仆射兼中书侍郎。

目挺之与刘逵同心辅政，然挺之多知，虑后患，每建白务开其端，而使逵毕其说。初，蔡京兴边事，用兵累年。至是，帝临朝语大臣曰："朝廷不可与四夷生隙，衅端一开，兵连祸结，生民肝脑涂地，岂人主爱民之意哉！"挺之退谓同列曰："上志在息兵，吾曹所宜将顺。"时执政皆京党，但唯笑而已。

纲三月，罢求直言。

纲许夏人平④。

───────────

① 太白：金星，古人认为太白昼见是不祥之兆。
② 惟王不会：帝王消费不需计算成本。
③ 丰亨豫大：形容富足兴盛的太平景象。
④ 平：议和。

纲 秋七月朔,日当食,不亏。

纲 冬十二月朔,日当食,不亏。群臣称贺。

纲 刘逵罢。

目 蔡京令其党进言于帝曰:"京之改法度,皆禀上旨,非私为之。今一切皆罢,恐非绍述之意。"帝惑其说,复有用京之心。于是京党御史余深、石公弼论逵专恣反覆,引用邪党,出知亳州。

纲 丁亥,大观元年(1107)①,春正月,以蔡京为尚书左仆射兼门下侍郎。吴居厚罢,以何执中为中书侍郎,邓洵武、梁子美为尚书左、右丞。三月,赵挺之罢,以何执中、邓洵武为门下、中书侍郎,梁子美、朱谔为尚书左、右丞。

纲 以蔡攸为龙图阁学士兼侍读②。

纲 立八行取士科。

目 八行者:孝、友③、睦④、姻⑤、任⑥、恤⑦、忠、和也⑧。凡有此八行者,即免试,补太学上舍。知台州李谔文以徐中行应,中行闻之,尽毁其所

---

① 辽乾统七年。
② 蔡攸:蔡京之子。
③ 友:据《宋史·选举志》,当作"悌"。
④ 睦:善待家内亲属。
⑤ 姻:善待亲戚。
⑥ 任:对朋友诚信。
⑦ 恤:赈济乡里。
⑧ 和:明义利之分。

为文,入委羽山以避之①。或问之,中行曰:"人而无行,与禽兽等。使吾得以八行应科目,则彼之不被举者非人类欤?"

纲 夏五月,以蔡嶷(nǐ)为给事中。

目 嶷以诸生试策,揣蔡京且复用,即对曰:"熙丰之德业足以配天,不幸继之以元祐;绍圣之缵述足以永赖,不幸继之以靖国。"于是擢为第一,以所对颁天下。甫解褐②,即除秘书正字,未逾年至侍从③,前此未有也。

纲 邓洵武免。六月,以梁子美为中书侍郎。

纲 朱谔卒。

纲 秋八月,以徐处仁为尚书右丞,林摅同知枢密院事。处仁寻罢。

纲 九月,故直秘阁程颐卒。

目 颐于书无所不读,其学本于诚,以《大学》《论语》《孟子》《中庸》为标指,而达于六经。动止语默,一以圣人为师,卒得孔孟不传之学为诸儒倡,著《易》《春秋传》④。平生诲人不倦,故学者出其门最多,渊源所渐,皆为名士,而刘绚、李籲(yù)、谢良佐、游酢(zuò)、张绎、苏昞(bǐng)、吕大临、吕大钧、尹焞、杨时成德尤著。世称颐为"伊川先生",卒年七十五。

---

① 委羽山:在今浙江台州市。
② 解褐:入仕为官。
③ 侍从:中高级文官。
④《易》:指《程氏易传》。

绚力学不倦,颐每言:"他人之学,敏则有矣,未易保也。若绚者,吾无疑焉。"仕终太常博士。

籲,颐称其才器可大任。又言:"自予兄弟倡明道学,能使学者视仿而信从者,籲与刘绚有力焉。"仕终校书郎。

〔程门四先生〕

良佐,学问该赡,事有未澈,则颡(sǎng)有泚(cǐ)①。尝与颐别,一年复来见,颐问所进,对曰:"但去得一'矜'字尔。"颐喜曰:"是子可谓博学切问而近思者。"与游酢、杨时、吕大临在程门,号"四先生"。仕终监西京竹木场。

酢,初与兄醇俱以文行知名,所交皆天下士。颐见之京师,谓其资可以进道。及程颢兴扶沟学②,酢尽弃故所习而学焉,仕终知濠州。

绎,家世甚微,年长未知学,佣力于市。闻邑官传呼声,心慕之,即发愤为学,遂以文名。会颐自涪还河南,绎往受业,颐称其颖悟,尝曰:"吾晚得二士。"谓绎与尹焞也。

昞,始学于张载而事二程卒业,仕为太常博士,坐元符上书邪等人,编管饶州,卒。

大钧,大防之弟,能守其师说而践履之,尤喜讲明井田兵制,谓治道必自此始。张载每叹其勇为不可及,仕终陕西转运从事。

大临,大钧之弟,通六经,尤邃于礼③,每欲掇习三代遗文旧制,令可

① 颡:额头。泚:出汗。
② 扶沟:今河南扶沟县。
③ 邃:精深。

行,不为空言以拂世矫俗。仕终秘书省正字。

纲 冬闰十月,以林摅为尚书左丞,郑居中同知枢密院事。

纲 流太庙斋郎方轸于岭南。

目 轸上书言:"蔡京睥睨社稷①,内怀不道,专以绍述熙丰之说为自媒之计。内而执政侍从,外而帅臣监司,无非其门人亲戚。自元符末陛下嗣服,忠义之士投匦者无日无之。京分为邪等,黥(qíng)配编置②,不齿仕籍③,则谁肯为陛下言哉!京又使子攸日以花、石、禽、鸟为献,欲愚陛下,使不知天下治乱。臣以为京必反也,请诛京。"诏宣示京,京请下轸狱,竟流岭南。

纲 十二月,黄河清。

目 乾宁军言④:"河清逾八百里,凡七昼夜。"诏以乾宁军为清州。

纲 戊子,二年(1108)⑤,春正月朔,受八宝于大庆殿,赦。

目 先是,有以玉印六寸龟纽献者,文曰"承天福,延万亿,永无极",诏名"镇国宝"。至是,又得良玉工,帝命作六宝以合秦制天子六玺之数,与"受命"、"镇国",通曰八宝。

纲 二月,以叶梦得为翰林学士。

目 梦得初用,蔡京荐为礼部员外郎。京罢相,赵挺之更其所行,及京再

① 睥睨:窥视。
② 黥配:在犯人脸上刺字,并发配到边远的地方。
③ 不齿:不愿提及,此为被动义。
④ 乾宁军:治今河北青县。
⑤ 辽乾统八年。

相,复反前政。梦得入对,因言:"事不过可、不可二者而已。以为可而出于陛下,则前日不应废;以为不可而不出于陛下,则今日不可复。今徒以大臣进退为可否,无乃陛下未有了然于胸中乎!"帝悦,以为起居郎,遂进学士。

綱夏五月,童贯复洮州,诏加贯检校司空。

綱秋八月,梁子美罢。九月,以林摅为中书侍郎,余深为尚书左丞。

綱皇后王氏崩。

綱冬十二月,诏以孔伋从祀孔子庙①。

闫建飞 评注

李华瑞　高纪春 审定

---

① 孔伋:字子思,孔子之孙。

纲鉴易知录卷七五

　　卷首语:本卷起宋徽宗大观三年(1109),止
宣和五年(1123),所记为徽宗朝十五年史事。
除了宰执任免、徽宗崇道之举、方腊起义、宋江起
义等,本卷重点记载了宋与女真的关系。女真首
领阿骨打起兵后,建立金朝,并多次击败辽军。
经过多年联系,宋金达成海上之盟。但宋得到幽
州后,又接纳金朝叛将张毂,成为金人南下的导
火索。

宋　纪

徽宗皇帝

纲 己丑,三年(大观三年,1109)①,春三月,谪右正言陈禾监信州酒税。

〔引衣裾落〕

目 时童贯权益张,与黄经臣胥用事②,中丞卢航表里为奸,缙绅侧目。陈
禾曰:"此国家安危之本也。"遂上书劾贯、经臣怙(hù)宠弄权之罪③,愿
亟窜之远方。论奏未终,帝拂衣起,禾引帝衣,请毕其说,衣裾落④。帝
曰:"正言碎朕衣矣!"禾言:"陛下不惜碎衣,臣岂惜碎首以报陛下! 此曹
今日受富贵之利,陛下他日受危亡之祸。"言愈切,帝变色曰:"卿能如此,
朕复何忧。"内侍请帝易衣,帝却之曰:"留以旌直臣。"翌日,贯等相率前
诉,谓:"国家极治,安得如此不详语邪!"遂奏禾狂妄,谪监信州酒税。

纲 夏四月,林摅有罪,免。

〔徽宗始有北伐之意〕

目 集英胪唱贡士⑤,摅当传姓名,不识"甄盎"字,帝笑曰:"卿误邪?"摅

---

① 辽乾统九年。
② 胥:相互。
③ 怙宠:倚仗恩宠。
④ 衣裾:衣服的前后襟。
⑤ 胪唱:科举殿试后,皇帝召见,按甲第唱名传呼。

不谢,而语诋同列。御史论其寡学,倨傲不恭,失人臣礼,黜知滁州。

久之,自扬州徙大名,道过阙①,为帝言:"顷使辽,见其国中携贰②,若

兼而有之,势无不可。"盖欲报其辱也。帝由是始有北伐之意。

纲以郑居中知枢密院事,管师仁同知院事,余深为中书侍郎,薛昂、刘正

夫为尚书左、右丞。

纲五月,流孟翊于远州。

目孟翊献所画卦象,谓宋将中微,有再受命之象,宜更年号,改官名,变

庶事以厌之③。帝不乐,诏窜之远方。

纲六月,管师仁罢。

纲蔡京有罪,免。

目中丞石公弼、殿中侍御史张克公劾京罪恶,章数十上,京遂罢为太乙

宫使。时有郭天信者,以方伎得亲幸④,深以京为非,每奏天文,必指

陈以撼京。密白日中有黑子,帝为之恐,故罢京。

纲以何执中为尚书左仆射兼门下侍郎。

目执中一意谨事蔡京,遂代为首相。太学生陈朝老诣阙上书曰:"陛下

知蔡京之奸,解其相印,天下之人,鼓舞有若更生。及相执中,中外黯

然失望。执中虽不敢若京之蠹国害民,然碌碌常质,初无过人。天下

---

① 过阙:朝见皇帝。

② 携贰:离心。

③ 厌:镇服、消除。

④ 方伎:亦作"方技",天文、历法、医药、养生之类技术。

败坏至此,如人一身脏腑受渗已深,岂庸庸之医所能起乎？执中贪(yín)缘攀附①,致位二府,亦已大幸,遽俾之经体赞元②,是犹以蚊负山③,多见其不胜任也。"疏奏,不省。

纲 冬十一月,诏蔡京以太师致仕,留京师。

纲 庚寅,四年(1110)④,春正月,以余深为门下侍郎,张商英为中书侍郎,侯蒙同知枢密院事。

目 蔡京既免,商英自峡州起知杭州,过阙,赐对,因奏曰:"神宗修建法度,务以去大害,兴大利。今诚一一举行,则尽绍述之美。"遂留居政府。帝尝从容问蒙曰:"蔡京何如人也?"蒙对曰:"使京正其心术,虽古贤相何以加。"帝使密伺京所为,京闻而衔之⑤。

纲 夏五月,立词学兼茂科。

纲 彗出奎、娄⑥,诏直言阙失。贬蔡京为太子少保,出居杭州。

纲 余深罢。

纲 六月,以张商英为尚书右仆射兼中书侍郎。

〔商霖〕

目 蔡京久盗国柄,中外怨疾,见商英能立异同,更称为贤,帝因人望而相

---

① 贪缘:攀附权贵。
② 经体赞元:辅助国君,治理国家。
③ 以蚊负山:比喻力弱者担重任,难以信任。
④ 辽乾统十年。
⑤ 衔:怀恨。
⑥ 奎、娄:星宿名。

之。时久旱,彗星中天。商英受命,是夕彗不见,明日雨。帝喜,因大书"商霖"二字赐之。

纲薛昂免。秋八月,以吴居厚、刘正夫为门下、中书侍郎,侯蒙、邓洵仁为尚书左、右丞。

纲冬十月,立贵妃郑氏为皇后。

纲郑居中罢,以吴居厚知枢密院事。

纲辛卯,政和元年(1111)①,春三月,以王襄同知枢密院事。

纲秋八月,张商英罢。

目商英为政持平,谓蔡京虽名绍述,但借以劫制人主,禁锢士大夫耳②。于是大革弊事,劝帝节华侈,息土木,抑侥幸。帝颇严惮之,时称商英忠直。初,何执中与蔡京同相,凡营立皆预议,至是恶商英出己上,与郑居中日夜酝织其短③。会商英与郭天信往来,事觉,居中因讽中丞张克公论之,遂罢政出知河南府,寻贬为崇信军节度副使④。

纲九月,王襄免。

纲遣端明殿学士郑允中及童贯使辽。

〔童贯使辽〕

目童贯既得志于西羌,遂谓辽亦可图,因请使辽以觇之。乃以郑允中充

① 辽天庆元年。
② 禁锢:禁止出仕任官。
③ 酝织:酝酿、罗织。
④ 崇信军:藩镇军号,治随州。

贺辽主生辰使,而以贯副之。或言:"以宦官为上介①,国无人乎?"帝曰:"契丹闻贯破羌,故欲见之,因使觇其国,策之善者也。"遂行。

纲 冬十月,羁管陈瓘于台州。

目 瓘以忤蔡京窜郴州,瓘子正汇在杭,讼京有动摇东宫迹,杭守蔡薿执送京师,阴告京,俾为计。事下开封府,并逮治瓘。尹李孝寿逼使证其妄,瓘曰:"正汇闻京将不利社稷,传于道路,瓘岂得预知。以所不知,忘父子之恩,而指其为妄,则情有所不忍。挟私情以符合其说,又义所不为。京之奸邪,必为国祸,瓘固尝论之于谏省,亦不待今日语言间也。"内侍黄经臣莅鞫②,闻其词,失声太息,谓曰:"主上正欲得实,但如言以对可也。"狱具,正汇犹以所告失实流海上,瓘安置通州。

〔陈瓘《尊尧集》〕

瓘尝撰《尊尧集》,谓绍圣史官专据《王安石日录》改修神宗史,变乱是非,不可传信,深明诬妄,以正君臣之义。张商英为相,取其书,既上,而商英罢,瓘又徙台州。何执中起迁人石悈(jiè)知台州,欲置瓘以必死。悈至,执瓘至庭,大陈狱具,将胁以死。瓘揣知其意,大呼曰:"今日之事,岂被制旨邪!"悈失措,始告之曰:"朝廷令取《尊尧集》尔。"瓘曰:"然则何用许③?使君知尊尧所以立名乎?盖以神考为尧,主上为舜,尊尧何得为罪!时相学术短浅,为人所愚,君所得几何,乃亦不畏公议干犯名分乎!"悈惭,揖瓘使退。执中怒,罢悈。瓘

---

① 上介:副使。

② 莅鞫:监审。

③ 许:如此,这样。

平生论京兄弟,皆披擿其处心①,发露其情慝,最所忌恨,故得祸最酷。

〔马植入宋,宋开始谋取幽蓟地区〕

纲童贯以辽李良嗣来,命为秘书丞,赐姓赵。

目燕人马植本辽大族,仕至光禄卿,行污而内乱,不齿于人。童贯使辽,道卢沟,植夜见其侍史,自言有灭燕之策,因得见贯。贯与语,大奇之,载与俱归,易姓名曰李良嗣,荐诸朝。植即献策曰:"女真恨辽人切骨,而天祚荒淫失道,本朝若自登、莱涉海,结好女真,与之相约攻辽,其国可图也。"议者谓:"祖宗以来,虽有此道,以其地接诸蕃,禁商贾舟船不得行,百有余年矣。一旦启之,惧非中国之利。"不听。帝召问之,植对曰:"辽国必亡。陛下念旧民遭涂炭之苦,复中国往昔之疆,代天谴责,以治伐乱,王师一出,必壶浆来迎。万一女真得志,事不侔矣。"帝嘉纳之,赐姓赵氏,以为秘书丞。图燕之议自此始。

纲壬辰,二年(1112)②,春二月,复蔡京太师,赐第京师。

纲夏五月,诏蔡京三日一至都堂议事。

〔御笔手诏〕

目京患言者议己,乃作御笔密进,而丐帝亲书以降,谓之"御笔手诏",违者以违制坐之。事无巨细,皆托以行,至有不类帝书者,群下亦莫敢言。由是贵戚近臣争相请求,至使中人杨球代书,号曰"书杨"。京复

---

① 披擿:揭露。
② 辽天庆二年。

病之,而亦不能止矣。

纲六月,以余深为门下侍郎。

纲秋九月,更定官名。

纲冬十一月,受元圭于大庆殿,赦。

纲以何执中为少傅。

纲十二月,加童贯太尉。

纲癸巳,三年(1113)①,春正月,追封王安石为舒王,安石子雱为临川伯,从祀孔子庙。

纲以何执中为太宰②。

纲吴居厚罢,以郑居中知枢密院事。

纲二月,太后刘氏自杀③。

纲夏四月,邓洵仁罢。

纲以薛昂为尚书右丞。

纲闰月,改公主为帝姬。

纲秋八月,以何执中为少师。

---

① 辽天庆三年。
② 太宰:宰相头衔,首相,由左仆射兼门下侍郎改。
③ 刘氏:宋哲宗元符皇后。

纲 九月，赐方士王老志号洞微先生，王仔昔号通妙先生。

目 濮人王老志，初为小吏，遇异人授以丹，遂弃妻子，结草庐田间，为人言休咎，多验。太仆卿王甫以名闻，时帝方向道术，乃召至京师，馆于蔡京第。尝缄书一封至帝所，启视，乃昔岁秋中与乔、刘二妃燕好之语也。由是益信之，号为洞微先生。朝士多从求书，初若不可解者，卒应者什八九，其门如市，逾年而死。

洪州人王仔昔，初隐于嵩山，自言遇许逊①，得《大洞》《隐书》豁落、七元之法②，能道人未来事。京荐之，帝召见，赐号冲隐处士，进封通妙先生。由是道家之事日兴，而仔昔恩宠寝加，朝臣戚里，夤缘关通。

纲 冬十一月，祀天于圜丘，以天神降，诏百官。

纲 十二月，诏求道教仙经于天下。

纲 女真阿骨打自称都勃极烈③。

目 初，辽主如春州④，幸混同江钓鱼⑤，生女真酋长在千里内者，以故事皆来朝。适遇鱼头宴，辽主命诸酋次第起舞，至阿骨打，辞不能，但端立直视。辽主谕之再三，终不从。他日，辽主密谕北院枢密使萧奉先曰："阿骨打雄豪不常，可托以边事诛之，否则必贻后患。"奉先曰："彼粗人，不知礼义，且无大过而杀之，恐伤向化心。设有异志，蕞

① 许逊：晋代道士。
② 豁落：道教的符箓。七元：日、月及金、木、水、火、土五星。
③ 都勃极烈：女真首领的名号。
④ 春州：即长春州，治今吉林前郭尔罗斯蒙古族自治县。
⑤ 混同江：今松花江。

(zuì)尔小国,亦何能为!"辽主乃止。阿骨打归,疑辽主知其异志,且以辽主淫酗,不恤国政,遂称兵先并旁近族①。至是,节度使乌雅东死,阿骨打袭位为都勃极烈。都勃极烈者,官长也。辽使阿息保往谓之曰:"何故不告丧?"阿骨打曰:"有丧不能吊,而乃以为罪乎!"

〔阿骨打起兵叛辽〕

纲 甲午,四年(1114)②,冬十月,女真阿骨打叛辽,取宁江州③。

纲 十一月,辽遣都统萧嗣先伐女真,阿骨打迎战于混同江,辽军大败。

目 辽主闻宁江州陷,乃以司空萧嗣先为东北路都统,萧挞不也副之,帅兵屯出河店④。阿骨打帅众来御,未至混同江,会夜,阿骨打方就枕,若有扶其首者三,寤而起曰:"神明警我也。"即鸣鼓举燧而行,黎明至混同江,与辽兵遇。会大风起,尘埃蔽天,阿骨打乘风奋击,辽兵溃,将士多死,其获免者十有七人。辽人尝言女真兵满万则不可敌,至是始满万云。

〔阿骨打称帝,建立金朝〕

纲 乙未,五年(1115)⑤,春正月,女真完颜阿骨打称帝,国号金。

目 阿骨打既屡胜辽,其弟吴乞买率将佐劝其称帝⑥,阿骨打遂于正月朔

① 称兵:起兵。
② 辽天庆四年。
③ 宁江州:治今吉林扶余市。
④ 出河店:在今黑龙江肇源县。
⑤ 辽天庆五年,金收国元年。是岁,女真建国号金。
⑥ 吴乞买:金太宗完颜晟。

即皇帝位。且曰:"辽以宾铁为号,取其坚也。宾铁虽坚,终亦变坏,惟金不变不坏。"金之色白,完颜色尚白,况所居按出虎水之上①。于是国号大金,改元收国,更名旻。以吴乞买为谙班勃极烈,撒改斜也为国论勃极烈。其国语谓金为按出虎,谓尊大为谙班,谓国相为国论。斜也亦阿骨打弟,撒改乌古乃之孙也②。

纲二月,立定王桓为皇太子,赦。

纲以童贯领六路边事③。

纲秋八月,有星流出于柳④。

目其光照地,色赤黄,有尾。占者以为天子宗庙有喜,国家建造宫室之祥,蔡京率百官表贺。

纲安置太子詹事陈邦光于池州。

目蔡京献太子以大食国琉璃酒器⑤,罗列宫庭,太子怒曰:"天子大臣不闻以道义相训,乃持玩好之具,荡吾志邪!"命左右碎之。京闻邦光实激太子,讽言者击逐之。

纲九月,金取辽黄龙府⑥。

━━━━━━━━━

① 按出虎水:今黑龙江阿城市东阿什河。
② 撒改乌古乃:女真首领,阿骨打祖父。
③ 六路:陕西的永兴、鄜延、环庆、秦凤、泾原、熙河六路,今陕西、甘肃东南部、青海东北部一带。
④ 柳:二十八星宿之一。
⑤ 大食国:阿拉伯帝国。
⑥ 黄龙府:治今吉林农安县。

目金主攻黄龙府,次混同江,无舟以渡,金主使一人导前,乘赭白马径
　涉。曰:"视吾鞭所指而行。"诸军随之以济,遂克黄龙府。遣萧辞刺
　还辽,曰:"若归我叛人阿疏,即当班师。"

纲丙申,六年(1116)①,春正月,赐方士林灵素号通真达灵先生。

目灵素,温州人,少从浮屠②,苦其师答骂,去为道士。善妖幻,往来淮泗
　间。及王老志死,王仔昔宠衰,帝访方士于左街道箓徐知常,知常以
　灵素对,即召见,赐号通真达灵先生,为改温州为应道军。灵素本无
　所能,惟稍习五雷法,召呼风霆,间祷雨有小验而已。

纲闰月,立道学。

纲二月,作上清宝箓宫成。

纲夏四月,何执中罢。诏蔡京三日一朝,总治三省事。

纲五月,以郑居中为少保、太宰,刘正夫为少宰③,邓洵武知枢密院事。
　秋八月,以侯蒙为中书侍郎,薛昂为尚书左丞。

纲九月,帝诣玉清和阳宫,上玉帝徽号,赦。

目帝奉玉册、玉宝如玉清和阳宫,上玉帝尊号曰太上开天执符御历含真
　体道昊天玉皇上帝。诏天下洞天福地修建宫观,塑造圣像。

纲冬十月,以白时中为尚书右丞。十二月,刘正夫罢。

_____

① 辽天庆六年,金收国二年。
② 浮屠:僧人。
③ 少宰:宰相头衔,次相,由尚书右仆射兼中书侍郎改。

纲 丁酉,七年(1117)①,春二月,帝幸上清宝箓宫,命林灵素讲《道经》。

〔千道会〕

目 时道士皆有俸,每一观给田亦不下数百千顷。凡设大斋,辄费缗钱数
万,贫下之人多买青布幅巾以赴,日得一饫(yù)餐②,而衬施钱三百,
谓之"千道会"。且令士庶入听灵素讲经,帝为设幄其侧。灵素据高
座,使人于下再拜请问,然所言无殊绝者,时时杂以滑稽媟(xiè)语③,
上下为大哄笑,莫有君臣之礼。

〔教主道君皇帝〕

纲 夏四月,道箓院上章册帝为教主道君皇帝。

纲 冬十二月,有星如月,南行。

纲 帝言天神降于坤宁殿④。

纲 作万岁山。

目 初,帝以未得嗣子为念。道士刘混康以法箓符水出入禁中,言:"京师
西北隅地协堪舆,倘形势加以少高,当有多男之祥。"始命为数仞冈
阜,已而后宫生子渐多,帝甚喜,始信道教。至是,又命户部侍郎孟揆

———————

① 辽天庆七年,金天辅元年。
② 饫餐:饱食。
③ 媟语:轻薄或淫秽的言词。
④ 坤宁殿:宫殿名,皇后居所。

于上清宝箓宫东筑山,以像余杭之凤凰山①,号曰万岁。

纲 戊戌,重和元年(1118)②,春正月,作定命宝成。

目 于阗(tián)上美玉③,逾二尺,帝命制宝,号曰"定命宝",合前八宝为九宝,以定命宝为首。

纲 以王黼(fǔ)为尚书左丞。

纲 二月,遣武义大夫马政浮海使金,约夹攻辽。

目 建隆中,女真尝自其国之苏州④,泛海至登州卖马,故道犹存。至是,有汉人高药师者,泛海来言女真建国,屡破辽师。登州守臣王师中以闻,诏蔡京、童贯共议。命师中募人同药师等赍市马诏以往,不能达而还。帝乃复委童贯选人使之,遂使武义大夫马政同药师由海道如金。政言于金主曰:"主上闻贵朝攻破契丹五十余城,欲与通好,共行吊伐。若允许,后当遣使来议。"通金好自此始。

纲 秋七月,以郑居中为少傅,余深为少保。八月,以童贯为太保。

纲 九月,掖庭大火。

纲 薛昂罢,以白时中、王黼为门下、中书侍郎,冯熙载、范致虚为尚书左、右丞。郑居中罢。

---

① 余杭:县名,今浙江杭州市余杭区。
② 辽天庆八年,金天辅二年。
③ 于阗:政权名,今新疆和田市。
④ 苏州:治今辽宁大连市。

纲 闰月,立周恭帝后。

纲 冬十二月,辽大饥,人相食。

纲 己亥,宣和元年(1119)①,春正月,金人来聘。遣马政报之,不至而复。

目 金主遣渤海人李善庆等持国书同马政来修好。诏蔡京等谕以夹攻辽之意。遣政同赵有开赍诏与善庆等渡海报聘。行至登州,有开死,会谍者言辽已封金主为帝,乃诏政勿行,止遣平海军校呼庆送善庆等归金。金主遣庆归,且语之曰:“归见皇帝,果欲结好,早示国书。若仍用诏,决难从也。”

纲 以余深为太宰,王黼为少宰。二月,以邓洵武为少保。三月,以冯熙载为中书侍郎,范致虚、张邦昌为尚书左、右丞。

纲 夏五月,京师大水。

目 京师茶肆佣,晨兴见大犬蹲榻旁,近视之,则龙也,军器作坊兵士取而食之。逾五日,大雨如注,历七日而止,京城外水高十余丈。起居郎李纲言:“国家都汴百五十余年矣,未尝有此异。夫变不虚生,必有感召之,灾非易御,必有消复之,望求直言,采而用之,以答天戒。”诏贬纲一官,与县去。

纲 六月,夏人来,诏童贯罢兵。秋七月,以贯为太傅。

纲 八月,范致虚罢。

① 辽天庆九年,金天辅三年。

目时朝廷欲用师契丹,致虚言:"边隙一开,必有意外之患。"宰相谓其怀异,会母丧,去位。

纲九月,幸蔡京第。

纲加蔡攸开府仪同三司。

目攸有宠于帝,进见无时,与王黼得预宫中秘戏。或侍曲宴,则攸、黼着短衫窄裤,涂抹青红,杂倡优侏儒中,多道市井淫媟谑浪语,以献笑取悦。攸妻宋氏出入禁掖,攸子行领殿中监,宠信倾其父①。攸尝言于帝曰:"所谓人主当以四海为家,太平为娱。岁月能几何,岂徒自劳苦!"帝深纳之,因令苑囿皆仿江浙为白屋,不施五采,多为村居野店,及聚珍禽异兽,动数千百,以实其中。都下每秋风夜静,禽兽之声四彻,宛若山林陂泽之间,识者以为不祥之兆。

纲冬十一月,以张邦昌、王安中为尚书左、右丞。

纲十二月,帝数微行。窜秘书省正字曹辅于郴州。

目帝自政和以来,多微行。始民间犹未知,及蔡京谢表:"轻车小辇,七赐临幸。"自是邸报传之四方,而臣僚阿顺莫敢言。曹辅上疏谏曰:"陛下厌居法宫②,时乘小辇出入廛(chán)陌郊坰(jiōng)③,极游乐而后返。臣不意陛下当宗社付托之重,玩安忽危,一至于此。夫君之与

① 父:指蔡京。
② 法宫:皇帝处理政事的正殿。
③ 廛陌:市井民间。郊坰:郊外。

民,本以人合,合则为腹心,离则为楚越①,畔服之际②,在于斯须,甚可畏也。万一当乘舆不戒之初,一夫不逞,包藏祸心,虽神灵垂护,然亦损威伤重矣,又况有臣子不忍言者,可不戒哉!”帝得疏,出示宰臣,令赴都堂审问。余深曰:“辅小官,何敢论大事!”辅曰:“大官不言,故小官言之。”王黼阳顾张邦昌、王安中曰:“有是事乎?”皆应以不知。辅曰:“兹事,虽里巷小民无不知,相公当国,独不知邪!曾此不知,焉用彼相!”黼怒,令吏从辅受词。辅操笔曰:“区区之心,一无所求,爱君而已。”退,待罪于家,遂编管郴州。初,辅将有言,知必获罪,召子绅来付以家事,乃闭户草疏。及贬,怡然就道。

纲召杨时为秘书郎。

〔程门立雪〕

目时,南剑将乐人③。初举进士第,闻程颢兄弟讲孔孟绝学于河洛,调官不赴,以师礼见颢于颍昌,相得甚欢。其归也,颢目送之,曰:“吾道南矣!”及颢卒,又师事程颐于洛,盖年四十矣。一日颐偶瞑坐④,时与游酢侍立不去,颐既觉,则门外雪深一尺矣。后历知浏阳、余杭、萧山三县⑤,皆有惠政,民思之不忘。时安于州县,未尝求闻达,而德望日重,四方之士不远千里从之游,号曰“龟山先生”。会蔡京客张觷(xué)言于京曰:“今天下多故,事至此必败,宜亟引旧德老成置诸左

————————

① 楚越:楚国和越国,比喻相距遥远。
② 畔:同“叛”。
③ 南剑:州名,治今福建南平市。将乐:县名,今福建将乐县。
④ 瞑:闭眼。
⑤ 浏阳:今湖南浏阳市。萧山:今浙江杭州市萧山区。

右,庶几犹可及。"京问其人,羉以时对,京因荐之。会路允迪自高丽
还,言高丽国王问龟山先生安在,乃召为秘书郎。

纲 庚子,二年(1120)①,春正月,罢道学②。

纲 林灵素有罪,放归田里。

目 灵素初与道士王允诚共为神怪之事,后忌其相轧,毒杀允诚,遂专用
事。及都城水,帝遣灵素厌胜③,方步虚城上④,役夫争举梃将击之,
走而免,帝始厌之。然横恣愈不悛(quān)⑤,道遇皇太子弗敛避,太子
入诉于帝。帝怒,以灵素为太虚大夫,斥还故里,命江端本通判温州
察之。端本廉得其居处过制罪,诏徙置楚州,命下而灵素已死。

纲 二月,遣赵良嗣使金。

纲 夏六月,诏蔡京致仕。

目 京专政日久,公论益不与,帝亦厌薄之。子攸权势既与父相轧,浮薄
者复间焉,由是父子各立门户,遂为仇敌。攸别居赐第,一日,诣京,
京正与客语,使避之。攸甫入,遽起握父手为诊视状,曰:"大人脉势
舒缓,体中得无有不适乎?"京曰:"无之。"攸曰:"禁中方有公事。"即
辞去。客窃窥见,以问京,京曰:"君固不解此邪?此儿欲以为吾疾而
罢我耳。"阅数日,果以太师、鲁国公致仕,仍朝朔望。

---

① 辽天庆十年,金天辅四年。
② 道学:道教。
③ 厌胜:以诅咒制胜,压服人或物的巫术。
④ 步虚:道士唱经礼赞。
⑤ 悛:悔改。

〔宋金海上之盟〕

纲秋八月，金人来议攻辽及岁币，遣马政报之。

目赵良嗣谓金主曰："燕本汉地，欲夹攻辽，使金取中京大定府①，宋取燕京析津府②。"金主许之，遂议岁币。金主因以手札付良嗣，约金兵自平地松林趋古北口③，宋兵自白沟夹攻，不然不能从。因遣勃堇偕良嗣还，以致其言。帝使马政报聘，书云："大宋皇帝致书于大金皇帝：远承示书，致罚契丹，当如来约，已差童贯勒兵相应，彼此兵不得过关。岁币之数，同于辽。"

纲以余深为少傅。

纲冬十月，加内侍梁师成太尉。

目时帝留意礼文符瑞之事，师成善逢迎，希恩宠，帝命处殿中，凡御书号令皆出其手，多择善书吏习仿帝书，杂诏旨以出，外庭莫能辨。师成实不能文，而高自标榜，自言苏轼出子④。时天下禁诵苏文，其尺牍在人间者皆毁去。师成诉于帝曰："先臣何罪！"自是轼之文乃稍出。以翰墨为己任，四方俊秀名士必招致门下，往往遭点污。多置书画卷轴于外舍，邀宾客纵观，得其题识合意者辄密加汲引，执政、侍从可阶而升。王黼以父事之，称为"恩府先生"，蔡京父子亦谄附焉，都人目为"隐相"，所领职局至数十百，阶至开府仪同三司。布衣朱梦说上书

① 大定府：治今内蒙古宁城县。
② 析津府：治今北京市。
③ 古北口：在今北京市密云区。
④ 出子：有孕之妾被休弃后所生之子。

论宦寺权太重,诏编管于池州。

〔方腊起义〕

纲 睦州人方腊作乱。

目 睦州清溪民方腊①,世居县揭村,托左道以惑众②。腊有漆园,造作局屡酷取之,腊怨而未敢发。时吴中困于朱勔花石之扰,比屋致怨,太学生邓肃进诗讽谏,帝不听,放肃归田里,勔益横。腊因民不忍,阴聚贫乏游手之徒,以诛勔为名,起作乱,自号圣公,建元永乐。置官吏将帅,以巾饰为别,自红巾而上凡六等。无弓矢介胄,惟以鬼神诡秘事相扇诱。焚室庐,掠金帛子女,诱胁良民为兵。人安于太平,不识金革,闻金鼓声即敛手听命,不旬日聚众至数万。

纲 十一月,余深罢,以王黼为少保太宰。

纲 十二月,方腊陷睦、歙(shè)、杭州③,诏以童贯为江淮荆浙宣抚使,发兵讨之。

纲 真腊入贡④。

纲 辛丑,三年(1121)⑤,春正月,邓洵武卒。

纲 童贯承诏罢苏杭应奉局、花石纲。

---

① 清溪:县名,今浙江淳安县。
② 左道:邪道,指摩尼教,亦称明教。
③ 歙州:治今安徽黄山市。
④ 真腊:政权名,在今柬埔寨。
⑤ 辽保大元年,金天辅五年。

綱 方腊陷婺州①,又陷衢州。

目 衢守彭汝方被执,骂贼而死,贼屠其城。

綱 二月,方腊陷处州②。

綱 淮南盗宋江掠京东诸郡,知海州张叔夜击降之。

〔宋江以三十六人横行河朔〕

目 宋江起为盗,以三十六人横行河朔,转掠十郡,官军莫敢婴其锋③。知亳州侯蒙上书,言:"江才必有过人者,不若赦之,使讨方腊以自赎。"帝命蒙知东平府④,未赴而卒。又命张叔夜知海州⑤。江将至海州,叔夜使间者觇所向,江径趋海滨,劫巨舟十余,载卤获⑥。叔夜募死士得千人,设伏近城,而出轻兵距海诱之战,先匿壮卒海旁,伺兵合,举火焚其舟。贼闻之皆无斗志,伏兵乘之,擒其副贼,江乃降。

綱 方腊寇秀州,官军败之。

綱 辽都统耶律余睹叛降金。

〔方腊起义失败〕

綱 夏四月,童贯合兵击方腊,破之,执腊以归。

---

① 婺州:治今浙江金华市。
② 处州:治今浙江丽水市。
③ 婴:同"撄",触犯。
④ 东平府:治今山东东平县。
⑤ 海州:治今江苏连云港市。
⑥ 卤获:掳掠所得。卤,通"掳"。

目 二月，童贯、谭稹前锋水陆并进，腊乃宵遁，还清溪帮源洞。诸将刘延庆、辛兴宗、王渊等相继至，尽复所陷城。四月，贯等合兵击腊于帮源洞。腊众尚二十万，与官军力战而败，深据岩屋为三窟，诸将莫知所入。王渊裨将韩世忠潜行溪谷，问野妇得径，即挺身仗戈直前捣其穴，格杀数十人，擒腊以出。辛兴宗领兵截洞口，掠为己功，并取腊妻子及伪相方肥等五十二人，杀贼七万余人，其党皆溃。腊凡破六州五十二县，戕平民二百万，所掠妇女，自贼洞逃出，裸而缢于林中者相望百余里。

纲 五月，以郑居中领枢密院事。

纲 大蝗。

纲 安置御史中丞陈过庭于黄州。

目 过庭以睦寇窃发①，尝上言："致寇者蔡京，养寇者王黼，窜二人则寇自平。"又言："朱勔父子本刑余小人，交结权近，窃取名器，罪恶盈积，宜正典刑以谢天下。"三人憾之，至是陷以罪，责黄州安置。

纲 秋七月，黑眚(shěng)见于禁中②。

目 元丰末，尝有物大如席，夜见寝殿上，而神宗崩。元符末，又见，哲宗崩。至大观间，渐昼见。政和以来大作，每出若列屋摧倒之声，其形仅丈余③，仿佛如龟，黑气蒙之，不大了了，气之所及，腥血四洒。又

---

① 睦寇：指方腊。
② 黑眚：古代谓五行水气而生的灾祸。五行中水为黑色，故称"黑眚"。
③ 仅：将近、几乎。

或变人形,或为驴,昼夜出无时,多在掖庭及内殿,习以为常,人亦不大怖。又洛阳府畿内忽有物如人,或如犬,其色正黑,不辨眉目。始夜则掠小儿食之,后虽白昼入人家为患,所至喧然不安,谓之"黑汉"。有力者夜执枪自卫,亦有托以作过者,二年乃息。

纲 八月,加童贯太师,封楚国公。

纲 方腊伏诛。

纲 九月,以王黼为少傅,郑居中为少师。

纲 诏宦者李彦括民田于京东、西路。

纲 冬十月,诏童贯复领陕西、两河宣抚使①。

纲 十一月,冯熙载罢。以张邦昌为中书侍郎,王安中、李邦彦为尚书左、右丞。

纲 金侵辽中京。

纲 壬寅,四年(1122)②,春正月,以蔡攸为少保。

纲 金克辽中京,辽耶律延禧杀其子晋王敖卢斡,走云中③。

纲 二月,管勾太平观陈瓘卒④。

目 或问游酢以当今可以济世之人,酢曰:"四海人才,不能周知,以所识

---

① 两河:河北、河东路。
② 辽保大二年,金天辅六年。
③ 云中:辽西京大同府,治今山西大同市。
④ 管勾:主管。

知,陈了翁其人也。"①刘安世尝因瓘病,使人勉以医药自辅,曰:"天下将有赖于公,当力加保养,以待时用。"至是,卒于楚州。

纲 三月,金袭辽军,延禧走夹山②。

纲 辽燕京留守李处温等以耶律淳称帝③,遥废其主延禧为湘阴王。

纲 金克辽西京。

纲 诏童贯、蔡攸等勒兵巡边,以应金。

目 朝廷既与金约夹攻辽,以复燕云,蔡京、童贯主之。郑居中力陈不可,谓京曰:"公为大臣,不能守两国盟约,辄造事端,诚非庙算。"京曰:"上厌岁币五十万故尔。"居中曰:"公独不思汉世和戎、用兵之费乎?使百万生灵肝脑涂地,公实为之。"由是议寝。及金数败辽兵,童贯乃复乞举兵,居中又言:"不宜幸灾而动,待其自毙可也。"时睦寇初平,帝亦悔于用兵,王黼独言曰:"中国与辽虽为兄弟之邦,然百余年间,彼之所以开边慢我者多矣。今而不取燕云,女真即强,中原故地将不复为我有。"帝遂决意治兵。会闻耶律淳自立,乃以蔡攸副贯,勒兵十五万巡北边以应金。

纲 夏五月,童贯进兵击辽,败绩,退保雄州,诏班师。贬都统制种师道为右卫将军,致仕。

---

① 了翁:陈瓘字。
② 夹山:在今内蒙古武川县西南大青山。
③ 耶律淳:辽天祚帝耶律延禧之叔。

[宋白沟之败]

目 贯至高阳关①,命都统制种师道护诸将进兵。师道谏曰:"今日之举,譬如盗入邻家,不能救,又乘之而分其室焉,无乃不可乎!"贯不听。耶律淳闻之,遣耶律大石、萧幹御之。师道次白沟,辽人噪而前,师道前军统制杨可世败绩,师道退师雄州。帝闻兵败而惧,诏班师。辽使来言曰:"女真之叛本朝,亦南朝之所甚恶也。今射一时之利②,弃百年之好,结豺狼之邻,基他日之祸,谓为得计,可乎!救灾恤邻,古今通义,惟大国图之。"贯不能对。种师道复请许之和,贯不纳,而密劾师道助贼。王黼怒,责授师道右卫将军,致仕。

纲 六月,以王黼为少师。

纲 辽耶律淳死,其妻萧氏称太后,主国事。李处温伏诛。

纲 秋七月,诏童贯、蔡攸再举伐辽,以刘延庆为都统制。

纲 九月,除朝散郎宋昭名。

目 昭上书极言辽不可攻,金不可邻,异时金必败盟为中国患,乞诛王黼、童贯、赵良嗣等。且曰:"两国之誓,败盟者祸及九族。陛下以孝理天下,其忍忘列圣之灵乎!陛下以仁覆天下,其忍置河北之民于涂炭之中,而使肝脑涂地乎!"王黼大恶之,除昭名,编管海州。

纲 金遣使来,命赵良嗣报之。

————————————

① 高阳关:在今河北高阳县。
② 射:追求。

纲 辽将郭药师以涿、易二州来降。

纲 冬十月,刘延庆及郭药师进兵攻辽。药师袭燕,败绩,延庆兵溃。

纲 以蔡攸为少傅,判燕山府①。

纲 十一月,金人来议燕地。十二月,遣赵良嗣复如金,求营、平、滦三州②。

纲 金克辽燕京,耶律淳妻萧氏奔天德③。

纲 万岁山成,更名曰艮岳。

纲 癸卯,五年(1123)④,春正月,金遣使来,赵良嗣复如金。

目 良嗣至燕,与金主议燕京、西京之地,金主曰:"若宋必欲平、滦等州,则并燕京不与。"因以答书先示良嗣。良嗣读至"燕京用本朝兵力攻下,其租税当输本朝",良嗣因曰:"租税随地,岂有与其地而不与其租税者。"粘没喝曰⑤:"燕京自我得之,则当归我。大国熟计,若不早见与,请速退涿易之师,无留我疆。"于是遣李靖与良嗣偕来。靖既入对,遂见王黼。黼谓靖曰:"租税,非约也。"上意以交好之故,欲以银绢充之。靖复请去年岁币,帝亦特许之,仍命良嗣与靖偕使。

纲 以王安中知燕山府,郭药师同知府事。

---

① 燕山府:原辽燕京,宋改此名,治今北京市。
② 营州:治今河北昌黎县。平州:治今河北卢龙县。
③ 天德:藩镇军号,治今内蒙古呼和浩特市附近。
④ 辽保大三年,金天会元年。
⑤ 粘没喝:又作粘罕,汉名完颜宗翰。

目朝廷以金人将归燕,谋帅臣守之。左丞王安中请行,王黼赞于帝,遂
以安中知燕山府,郭药师同知府事。诏药师入朝,礼遇甚厚,赐以甲
第、姬妾,命贵戚大臣更互设宴。又召对于后苑延春殿,药师拜庭下,
泣言:“臣在虏中,闻赵皇如在天上,不谓今日得望龙颜。”帝深褒称
之,委以守燕。对曰:“愿效死!”又令取天祚以绝燕人之望。药师变
色,言曰:“天祚,故主也,国破出走,臣是以降陛下。使臣毕命他所,
不敢辞,若使反故主,非所以事陛下,愿以付他人。”因涕泣如雨。帝
以为忠,解所御珠袍及二金盆以赐。药师出,谕其下曰:“此非吾功,
汝辈力也。”即剪盆分给之。

纲金以辽平州为南京,命张瑴(jué)留守。

纲二月,以李邦彦、赵野为尚书左、右丞。

纲三月,遣使如金。

目赵良嗣至燕,谓金主曰:“本朝徇大国多矣①,岂平、滦一事不能相从
邪?”金主曰:“平、滦欲作边镇,不可得也。”遂议租税,金主曰:“燕租
六百万,止取一百万。不然,还我涿易旧疆,我且提兵按边。”良嗣曰:
“本朝自以兵下涿、易,今乃云尔,岂无曲直邪!”且言御笔许十万至二
十万,不敢擅增,乃令良嗣归报。金主谓之曰:“过半月不至,吾提兵
往矣。”时左企弓尝以诗献金主曰:“君王莫听捐燕议,一寸山河一寸
金。”故金人欲背初约,要求不已。良嗣行至雄州,以金书递奏。王黼
欲功之速成,乃请复遣良嗣自雄州再往,使许辽人旧岁币四十万之

① 徇:曲从。

外,每岁更加燕京代税钱一百万缗。金主大喜,遂遣银术可持誓书草
来,许以燕京及六州来归,而山后诸州,及西北一带接连山川,不在许
与之限。帝曲意从之,遣卢益、赵良嗣等持誓书往。金人又求粮,良
嗣许以二十万石。

[金归燕及六州之地于宋]

纲 夏四月,金人来归燕及涿、易、檀、顺、景、蓟(jì)之地①,诏童贯、蔡攸
　　班师。

纲 金袭辽延禧于青冢②,获其子女、族属、从臣以归。延禧邀战,败绩,走
　　云内③。

纲 五月,以杨时为迩英殿说书。

目 时入对,言于帝曰:"熙宁之初,大臣文六艺之言以行其私④,祖宗之
　　法纷更殆尽。元祐继之,尽复祖宗之旧,熙宁之法一切废革。至绍
　　圣、崇宁,抑又甚焉,凡元祐之政事著在令甲,皆焚之以灭其迹。自是
　　分为二党,缙绅之祸,至今未殄。臣愿明诏有司,条具祖宗之法,著为
　　纲目,有宜于今者举而行之,当损益者损益之,元祐、熙丰,姑置勿问,
　　一趋于中而已。"又言:"燕云之师宜退守内地,以省转输之劳,募边民
　　为弓弩手,以杀常胜军之势。"又言:"都城无高山巨浸以为阻卫,士人

---

① 檀:州名,治今北京市密云区。顺:州名,治今北京市顺义区。景:州名,治今河北遵
　　化市。
② 青冢:今内蒙古呼和浩特市南郊王昭君墓。
③ 云内:州名,治今内蒙古托克托县。
④ 大臣:指王安石。文:文饰。

各异心,缓急不可倚仗,君臣警戒,正在无虞之时。"帝首肯之,除迩英
说书。

纲 以王黼为太傅,总治三省事,郑居中为太保,蔡攸为少师。进封童贯
为徐、豫国公。居中辞不拜。

纲 辽延禧奔夏,都统萧特烈等以梁王雅里称帝①。

纲 金遣使如夏。

〔张觳以平州降宋〕

纲 六月,金张觳以平州来归。

目 金驱辽宰相左企弓等同燕京大家富民俱东徙,燕民流离道路,不胜其
苦。过平州,遂入城言于张觳曰:"左企弓不能守燕,致吾民如是。公
今临巨镇,握强兵,尽忠于辽,使我复归乡土,人心亦惟公是望。"觳遂
召诸将领议,皆曰:"闻天祚兵势复振,出没漠南,公若仗义勤王,奉迎
天祚以图兴复,先责左企弓等叛降之罪而诛之,尽归燕民,使复其业,
而以平州归宋,则宋无不接纳,平州遂为藩镇矣。即后日金人加兵,
内用营、平之军,外藉宋人之援,又何惧焉?"觳又访于翰林学士李石,
亦以为然。觳乃遣张谦帅五百余骑传留守令,召左企弓等,数以十
罪,皆缢杀之。觳乃称保大三年,榜谕燕人复业,恒产为常胜军所占
者悉还之。燕民既得归,大悦。
李石更名安弼,偕故三司使高党至燕京,说王安中曰:"平州形势之

---

① 雅里:辽末帝耶律延禧之子。

地,张毅总练之才,足以御金人,安燕境,幸招致之。"安中令安弼党与至汴以闻①。帝以手札付同知燕山府事詹度,第令羁縻之,而度促毅内附,毅乃遣张钧、张敦固持书来请降,王黼劝帝纳之。赵良嗣谏曰:"国家新与金盟,如此,必失其欢,后不可悔。"不听。

纲 郑居中卒,以蔡攸领枢密院事。

纲 秋七月,童贯致仕,以内侍谭稹为两河、燕山路宣抚使。

纲 禁元祐学术。

目 中书言:"福建印造司马光等文集。"诏令毁板,凡举人传习元祐学术者以违制论。寻又诏:"苏轼、黄庭坚等获罪宗庙,义不戴天,片文只语,并令焚毁勿存,违者以大不恭论。"

纲 八月,金阿骨打死,弟吴乞买立。

纲 冬十月,诏建平州为泰宁军,以张毅为节度使。

目 金人闻毅叛,遣阇(dū)母将三千骑来讨。毅率兵拒之于营州,阇母以兵少,不交锋而退,毅遂妄以大捷闻。朝廷拜毅节度使,犒赏银绢数万。

纲 十一月,幸王黼第观芝。

纲 金人袭平州,张毅奔燕山,平州人杀金使以拒守。

目 阇母无功而退,金主复使斡离不督阇母攻平州②。会张毅闻朝廷犒赐

---

① 党与:据《辽史·天祚皇帝纪》,应作"与党"。
② 斡离不:完颜宗望,阿骨打次子,金朝名将。

将至,喜而远迎,斡离不乘其无备袭之,与毅战于城东。毅败,宵奔燕山,王安中纳而匿之。平州都统张忠嗣及张敦固出降金,金遣使与敦固入谕城中,城中人杀其使者,立敦固为都统,闭门固守。

〔宋杀张毂畀金,辽降将卒皆寒心,金之后以此为借口起兵南下〕

綱诏杀张毂,函首以畀金。

目金人以纳叛来责,朝廷初不欲发遣,金人索之益急,王安中取貌类毂者斩其首与之。金曰:"非毂也。"遂欲以兵攻燕。朝廷不得已,令安中缢杀之,函其首,并毂二子送于金,于是燕降将及常胜军士皆泣下。郭药师曰:"金人欲毂即与,若求药师亦将与之乎!"安中惧,因力求罢,以蔡靖知燕山府事。自是,降将卒皆解体,而金人遂用此兴师矣。

闫建飞　评注
李华瑞　高纪春　审定

纲鉴易知录卷七六

卷首语:本卷起宋徽宗宣和六年(1124),止宋钦宗靖康元年(1126),所载为徽宗、钦宗朝三年史事。辽朝灭亡后,宣和七年十月,金军分两路南下,西路军被阻于太原,东路军直抵开封。宋徽宗传位钦宗,出逃镇江。在李纲主持下,宋取得第一次东京保卫战胜利。靖康元年,金军再次分两路南下,会师开封,开封陷落。此时康王赵构在河北开大元帅府,成为南宋建立的基础。

宋　纪

徽宗皇帝

纲 甲辰,六年(宣和六年,1124)①,春正月,夏称藩于金,金以边地畀之。

纲 三月,金人来索粮,不与。

纲 闰月,京师、河东、陕西地震。

纲 夏四月,起复李邦彦为尚书左丞。

纲 六月,金人陷平州。

纲 秋八月,谭稹罢,复以童贯领枢密院事,两河、燕山路宣抚使②。

纲 九月,以白时中为太宰,李邦彦为少宰,赵野、宇文粹中为尚书左、右
　　丞,蔡懋(mào)同知枢密院事。

纲 冬十一月,王黼有罪,免。

纲 十二月,诏蔡京复领三省事。

纲 河北、山东盗起。

纲 都城有女子生髭,诏度为道士。

——————————

① 辽保大四年,金天会二年。
② 燕山路:今北京市、天津市、河北北部一带。

目都城中酒保朱氏女忽生髭,长六七寸,疏秀甚美,宛然一男子。特诏
　为道士。又有卖青果男子,孕而诞子。

〔辽朝灭亡,从宋辽对峙变为宋金对峙〕

纲乙巳,七年(1125)①,春正月,辽延禧如党项。二月,至应州,金将娄
　室获之以归。

评辽朝:

　　辽朝是 10 世纪初契丹民族建立的王朝。4 世纪以来,契丹人就在
辽河上游过着游牧、渔猎生活,曾接受唐朝册封。长期在濒临中原的农
牧交错带活动,与汉族社会频繁往来,导致作为游牧民族的契丹人对汉
文化比较熟悉。辽朝疆域广袤,占有幽云十六州和东北平原南部的农业
区,经济形态和社会面貌具有明显的农牧二元特征;在管理上采取"因
俗而治"的南、北面官制度,分别治理契丹等游牧、渔猎民族以及汉地州
县、租赋等事,在中国多民族国家的发展史上作出了有益的探索。辽朝
的统治重心一直处于疆域东南部的农牧交错带,对西北草原腹地的游牧
部落和东北松辽平原的森林渔猎部落控制并不十分稳定,这成为它衰亡
的重要原因。

〔耶律大石建立西辽〕

纲辽耶律大石称帝于起儿漫②。

---

① 辽保大五年,金天会三年。是岁金灭辽。
② 起儿漫:今乌兹别克斯坦布哈拉东北。

纲 夏四月,勒蔡京致仕①。

纲 复元丰官制②。

纲 六月,封宦者童贯为广阳郡王。

纲 前宝文阁待制刘安世卒。

目 安世为章惇、蔡卞、蔡京所忌,连贬窜,极远恶地无不历之,至是卒。安世少从学于司马光,平居坐不倾倚,书不草率,不好声色货利,忠孝正直,皆取则于光。除谏官,在职累年,正色立朝,其面折廷诤,或逢盛怒,则执简却立,俟威少霁,复前抗辞,旁列者见之,蓄缩耸汗。年既老,群贤凋丧略尽,岿然独存,以是名望益重。梁师成用事,能生死人,心服其贤,求得小吏吴默常趋走前后者,使持书唻以即大用。默劝为子孙计,安世笑谢曰:"吾若为子孙计,不至是矣。"还其书,不答。苏轼尝评元祐人物曰:"器之真铁汉③。"

纲 秋八月,金吴乞买废辽延禧为海滨王。

纲 九月,有狐升御榻而坐④。

目 时又有都城东门外鬻菜夫,至宣德门下,忽若迷罔,释荷担向门戟手⑤,且晋云:"太祖皇帝、神宗皇帝使我来道,尚宜速改也。"逻卒捕

① 勒:勒令,强制。
② 指恢复宋神宗元丰改制后的宰执名称。
③ 器之:刘安世字。
④ 寓意北宋灭亡,京师荒芜。
⑤ 戟手:伸出食指和中指指人,其状似戟,表示愤怒或勇武的情状。

之,下开封狱。一夕方省,则不知向者所为,乃于狱中尽之。

〔金朝两路南下攻宋〕

纲冬十月,金将粘没喝、斡离不分道入寇。

纲十一月,太常少卿傅察使金,不屈,死之。

目察为金贺正使①,至境上,遇斡离不兵,胁之使拜且降。不拜,左右捽(zuó)之伏地②,愈植立,反覆论辨不屈,遂遇害。察,尧俞从孙也,十八登进士,蔡京尝欲妻以女,拒弗答。平居恂恂然,若无所可否,及仓猝徇义,闻者莫不壮之,后谥忠肃。

纲召种师道为两河制置使。

纲十二月,童贯自太原逃归。金粘没喝陷朔、代州,遂围太原。

目先是,金人遣使来,许割蔚、应州及飞狐、灵丘县③,帝信之,遣童贯往受地。至太原,闻粘没喝自云中南下,贯乃使马扩、辛兴宗往使,谕以交割地事。扩至,粘没喝曰:"尔尚欲此两州两县邪? 汝家别削数城来,可赎罪也! 汝辈可即去。"扩还报,请贯速作备御,贯不从。既而粘没喝遣王介儒、撒离拇持书至太原,责以渝盟、纳叛等事④,词语甚倨。贯问之曰:"如此大事,何不素告我?"撒离拇曰:"兵已兴,何告

───────────────

① 贺正使:祝贺农历新年的使节。
② 捽:揪、抓。
③ 飞狐县:今河北涞源县。
④ 渝盟:背叛盟约。纳叛:招纳叛臣,指招纳张毂等事。

为！宜速割河东、河北,以大河为界,用存宋朝宗社①,乃报国也。"贯闻之气褫(chǐ)②,不知所为,即欲假赴阙禀议为名③,遁还京师。知太原府张孝纯止之曰："金人渝盟,大王当会诸路将士极力枝梧④。今大王去,人心必摇,是以河东与金也。河东既失,河北岂可保邪！愿少留,共图报国。兼太原地险城坚,人亦习战,未必金便能克也。"贯怒,叱之曰："贯受命宣抚,非守土也。必欲留贯,置帅臣何为?"遂行。孝纯叹曰："平生童太师作几许威望,及临事,乃蓄缩畏慑,奉头鼠窜,何面目复见天子乎！"粘没喝引兵降朔州,克代州,都巡检使李翼力战,被执,骂贼死。粘没喝遂进围太原,孝纯悉力固守。

纲 金斡离不入檀、蓟州,郭药师以燕山叛降金,金尽陷燕山州县。

纲 诏内侍梁方平帅卫士守黎阳⑤。

纲 以皇太子为开封牧。

目 帝以金师日迫为忧。蔡攸探知帝意欲内禅,引给事中吴敏入对,宰执皆在,敏前奏事,且曰："金人渝盟,举兵犯顺,陛下何以待之?"帝蹙然曰："奈何⑥！"时东幸计已定,命李梲(zhuō)先出守金陵,敏退诣都堂言曰："朝廷便为弃京师计,何理也? 此命果行,须死不奉诏！"宰执以为言,梲遂罢行,而以太子为开封牧。

---

① 宗社:宗庙与社稷,代指国家。
② 褫:剥夺。
③ 赴阙:入朝,指陛见皇帝。
④ 枝梧:抵抗、抵挡。
⑤ 黎阳:县名,今河南浚县,黄河渡口所在。
⑥ 蹙然:忧愁不悦貌。

纲 诏天下勤王,许臣庶直言极谏,罢道官及行幸诸局。

目 初,宇文虚中为童贯参议官,虚中以庙谟失策,主帅非人,将有纳侮自焚之祸,上书极言之,王黼大怒;又累建防边策议,皆不报。及金人南下,贯与虚中还朝,帝谓虚中曰:"王黼不用卿言,今事势若此,奈何!"虚中对曰:"今日宜先降诏罪己,更革弊端,俾人心天意回,则备御之事,将帅可以任之。"帝即命虚中草诏,帝览之曰:"今日不吝改过,可便施行。"虚中又请出宫人、罢道官及大晟府行幸局暨诸局务。

纲 召熙河经略使姚古、秦凤经略使种师中将兵入援。

纲 以吴敏为门下侍郎。

〔宋徽宗传位钦宗〕

目 帝东幸之意益决,太常少卿李纲谓敏曰:"建牧之议,岂非欲委太子以留守之任乎?今敌势猖獗,非传太子以位号,不足以招徕天下豪杰。"敏曰:"监国可乎①?"纲曰:"肃宗灵武之事②,不建号不足以复邦,而建号之议不出于明皇,后世惜之。上聪明仁恕,公盍不为上言之。"翌日,敏入对,具以纲言白帝。帝即召纲入议,纲刺血上疏曰:"皇太子监国,礼之常也。今大敌入攻,安危存亡,在呼吸间,犹守常礼可乎!名分不正而当大权,何以号召天下?若假皇太子以位号,使为陛下守宗社,收将士心,以死捍敌,天下可保。"帝意遂决。明日,宰臣奏事,帝留李邦彦,语敏、纲所言,遂拜敏门下侍郎,草诏传位。

---

① 监国:监管国事,太子代君主管理国事称"监国"。
② 安史之乱爆发后,唐玄宗出奔蜀,太子即位灵武,是为肃宗。

纲 帝传位于太子,太子即位,尊帝为教主道君太上皇帝,皇后为太上
皇后。

纲 以李纲为兵部侍郎。

目 纲上书言:"方今中国势弱,君子道消,法度纪纲,荡然无统。陛下履
位之初,当上应天心,下顺人欲,攘除外患,使中国之势尊,诛锄内奸,
使君子之道长,以副道君皇帝付托之意。"召对延和殿,时金议割地,
纲言:"祖宗疆土,当以死守,不可以尺寸与人。"帝嘉纳之,拜兵部
侍郎。

纲 立皇后朱氏。

纲 以耿南仲签书枢密院事。

纲 遣给事中李邺使金。

目 告内禅,且请修好。邺至庆源府①。斡离不欲还,郭药师曰:"南朝未
必有备,不如姑行。"从之。

纲 太学生陈东上书,请诛蔡京等六人。

目 时天下皆知蔡京等误国,而用事者多受其荐引,莫肯为帝明言之。东
率诸生上书曰:"今日之事,蔡京坏乱于前,梁师成阴贼于内,李彦结
怨于西北,朱勔聚怨于东南,王黼、童贯又从而结怨于二虏②,创开边
隙,使天下势危如丝发。此六贼者,异名同罪,伏愿陛下擒此六贼,肆

---

① 庆源府:赵州改,治今河北赵县。
② 二虏:西夏、辽。

诸市朝①,传首四方,以谢天下。"

钦宗皇帝

纲 丙午,钦宗皇帝靖康元年(1126)②,春正月,诏中外臣庶直言得失。

目 自金人犯边,屡下求言之诏,事稍缓,则阴沮抑之,当时有"城门闭,言
路开;城门开,言路闭"之语。

纲 梁方平之师溃于黎阳,金人遂渡河。

目 金斡离不陷相、浚二州③。时方平帅禁旅屯于黎阳河北岸,金将迪古
补奄至④,方平奔溃。河南守桥者望见金兵旗帜⑤,烧桥而遁,河北、
河东路制置副使何灌帅兵二万退保滑州,亦望风迎溃,官军在河南者
无一人御敌。金人遂取小舟以济,凡五日,骑兵方绝,步兵犹未渡也。
旋渡旋行,无复队伍,金人笑曰:"南朝可谓无人,若以一二千人守河,
我岂得渡哉!"遂陷滑州。

纲 以吴敏知枢密院事,李梲同知院事。

纲 窜王黼于永州;赐李彦死,并籍其家⑥;放朱勔归田里。黼至雍丘⑦,
盗杀之。

---

① 肆:人处死刑后暴尸示众。
② 金天会四年。
③ 浚州:治今河南浚县。
④ 奄:忽然,突然。
⑤ 河南:黄河以南。
⑥ 籍:没收入官。
⑦ 雍丘:县名,今河南杞县。

〔徽宗出奔镇江〕

纲 太上皇出奔亳州①,遂如镇江。

目 帝闻斡离不济河,即下诏亲征,以蔡攸为太上皇帝行宫使,宇文粹中
为副使,奉上皇东行以避敌。庚午(初四日),上皇如亳州,于是百官
多潜遁。初,童贯在陕西募长大少年②,号胜捷军,几万人,以为亲
军,及自太原还京,适上皇南幸,贯即以是军自随。上皇过浮桥,卫士
攀望号恸,贯惟恐行不速,使亲军射之,中矢而踣者百余人,道路流
涕。蔡京亦尽室南行,为自全之计。辛巳(十五日),上皇至镇江。

纲 以李纲为尚书右丞、东京留守,兼亲征行营使。京师戒严。

目 宰执议请帝出幸襄邓以避敌锋③。行营参谋官李纲曰:"道君皇帝挈
(qiè)宗社以授陛下④,委而去之,可乎?"帝默然。白时中谓都城不可
守,纲曰:"天下城池岂有如都城者,且宗庙、社稷、百官、万民所在,舍
此欲何之? 今日之计,当整饬军马,固结人心,相与坚守,以待勤王之
师。"帝问:"谁可将者?"纲曰:"白时中、李邦彦等虽未必知兵,然籍
其位号,抚将士以抗敌锋,乃其职也。"时中勃然曰:"李纲莫能将兵出
战否?"纲曰:"陛下不以臣庸懦,傥使治兵,愿以死报。"乃以纲为尚
书右丞、东京留守。纲为帝力陈不可去之意,且言:"明皇闻潼关失

---

① 太上皇:指宋徽宗。
② 长大:身材高大。
③ 襄:襄阳府,治今湖北襄阳市。
④ 挈:提着。

守①,即时幸蜀,宗庙、朝廷毁于贼手。今四方之兵不日云集,奈何轻举以蹈明皇之覆辙乎!"会内侍奏中宫已行,帝色变,仓卒降御榻曰:"朕不能留矣。"纲泣拜,以死邀之,帝顾纲曰:"朕今为卿留。治兵御敌之事,专责之卿,勿致疏虞②。"纲皇恐受命。宰臣犹请出幸不已,帝从之。纲趋朝,则禁卫擐(huàn)甲③,乘舆已驾矣。纲急呼禁卫曰:"尔等愿守宗社乎? 愿从幸乎?"皆曰:"愿死守。"纲入见曰:"陛下已许臣留,复戒行,何也? 今六军父子妻孥皆在都城,愿以死守,万一中道散归,陛下孰与为卫? 敌兵已逼,知乘舆未远,以健马疾追,何以御之?"帝感悟而止,禁卫六军闻之无不悦者,皆拜伏呼万岁。乃命纲兼行营使,以便宜从事。纲治守战之具,不数日而毕。

纲白时中免,以李邦彦为太宰,张邦昌为少宰,赵野为门下侍郎,王孝迪为中书侍郎,蔡懋为尚书左丞。

纲遣使督诸道兵入援。

〔第一次东京保卫战〕

纲金斡离不围京师,李纲力战御之。金人来议和,诏出内帑及括借士民金帛与之④,遣康王构及少宰张邦昌往为质。

目癸酉(初七日),斡离不军抵汴城,据牟驼冈⑤。帝召群臣议之,李邦

────────

① 潼关:长安东门户,在今陕西潼关县。
② 疏虞:疏忽,失误。
③ 擐:穿着。
④ 内帑:即内藏库。
⑤ 牟驼冈:今河南开封市西北。

彦力请割地求和,李纲以为击之便。帝竟从邦彦计,命虞部员外郎郑望之及高世则使其军,未至,遇金使吴孝民来,因与偕还。是夜,金人攻宣泽门,李纲御之,斩获百余人,金人知有备,又闻道君已内禅,乃退。

甲戌(初八日),孝民入见,问纳张觳事,令执送童贯、谭稹、詹度,且言曰:"上皇朝事已往,不必计。今少帝与金别立誓书结好,仍遣亲王、宰相诣军前可也。"帝因求大臣可使者,李纲请行,帝不许,而命李棁。纲曰:"安危在此一举,臣恐李棁怯懦,误国事也。"不听,遂命棁使金军。棁至,斡离不谓之曰:"汝家京城,破在顷刻,所以敛兵不攻者,徒以少帝之故,欲存赵氏宗社,我恩大矣。今若欲议和,当输金五百万两,银五千万两,牛、马万头,表段百万匹;尊金帝为伯父;归燕、云之人在汉者;割中山、太原、河间三镇之地①,而以宰相、亲王为质,送大军过河,乃退尔。"因出事目一纸付棁,遣还。棁等唯唯,不敢措一言,遂与金使萧三宝奴、耶律忠、王汭(ruì)等偕来。凡金人所要求,皆郭药师教之也。

乙亥(初九日),金人攻天津、景阳等门,李纲亲督战,募壮士缒(zhuì)城而下②,自卯至酉,斩其酋长十余,杀其众数千人,何灌力战而死。

丙子(初十日),棁至,李邦彦等力劝帝从金议,帝乃括借都城金银及倡优家财,得金二十万两,银四百万两,而民间已空。李纲言:"金人所需金币,竭天下且不足,况都城乎! 三镇,国之屏蔽,割之何以立国? 至于遣质,则宰相当往,亲王不当往。若遣辩士姑与之议所以可

---

① 中山:府名,治今河北定州市。
② 缒:用绳索拴住人或物从上往下放。

不可者,宿留数日,大兵四集,彼孤军深入,虽不得所欲,亦将速归。此时与之盟,则不敢轻中国,而和可久也。"李邦彦等言:"都城破在旦夕,尚何有三镇? 而金币之数又不足较。"帝默然。纲不能夺,因求去。帝慰谕之曰:"卿第出治兵,此事当徐图之。"纲退,则誓书已成,称"伯大金国皇帝,侄大宋皇帝",金币、割地、遣质、更盟,一依其言。遣沈晦以誓书先往,并持三镇地图示之。

庚辰(十四日),以张邦昌为计议使,奉康王构往金军为质以求成。初,邦昌与邦彦等力主和议,不意身自为质,及行,乃邀帝署御批,无变割地议,帝不许。康王与邦昌乘筏渡壕①,自午至夜始达金营。康王,道君皇帝第九子,韦贤妃所生也。

纲 以唐恪同知枢密院事。

纲 都统制马忠败金人于顺天门。

目 金游骑大掠于城下,忠以京西募兵适至,击金人,败之于顺天门外。金师遂收敛为一,西路稍通,援兵得达。

〔种师道入援〕

纲 以路允迪签书枢密院事,如金粘没喝军。种师道帅师入援,以师道同知枢密院事,统四方勤王兵。

目 师道至洛,闻斡离不已屯东城下,或止师道,言:"贼势方锐,愿少驻汜水以谋万全②。"师道曰:"吾兵少,若迟回不进,形见情露,祇取辱

① 壕:护城河。
② 汜水:关隘名,即虎牢关,在今河南荥阳市。

焉①。今鼓行而进,彼安能测我虚实？都人知吾来,士气自振,何忧贼哉!"揭榜沿道,言"种少保领西兵百万来",遂抵京西,趋汴水南,径逼敌营。金人惧,徙寨稍北,敛游骑,但守牟驼冈,增垒自卫。

时师道年高,天下称为"老种"。帝闻其至,甚喜,开安上门,命李纲迎劳。师道入见,帝问曰:"今日之事,卿意若何?"对曰:"女真不知兵,岂有孤军深入人境,而能善其归乎!"帝曰:"业以讲好矣②。"对曰:"臣以军旅之事事陛下,余非所敢知也。"遂拜同知枢密院事,充京畿、河北、河东宣抚使,统四方勤王兵及前后军,以姚平仲为都统制。师道时被病,命毋拜,许肩舆入朝。金使王汭在廷颉颃(xié háng)③,望见师道,拜跪稍如礼。帝顾笑曰:"彼为卿故。"师道请"缓给金币于金,俟彼惰归,扼而歼诸河,计之上也"。李邦彦不从。

纲 以杨时为右谏议大夫兼侍讲。

目 时言:"今日之事,当以收人心为先。人心不附,虽有高城深池,坚甲利兵,不足恃也。童贯为三路大帅,弃军逃归,朝廷置之不罪,故梁方平之徒相继而遁。当正典刑,以为不忠之戒。自贯握兵二十余年,覆军杀将,驯至今日;比闻防城,仍用阉人,覆车之辙,不可复蹈。"疏上,遂有是命。

纲 贬梁师成为彰化节度副使④,寻赐死。

---

① 祗:正、恰、只。
② 业以:已经。"以"通"已"。
③ 颉颃:不相上下,互相抗衡。
④ 彰化:藩镇军号,治泾州,今甘肃泾川县。

〔姚平仲劫营失败〕

纲 二月,都统制姚平仲将兵夜袭金营,不克而遁。

目 时朝廷日输金币于金,而金人需求不已,日肆屠掠。四方勤王之师渐
　至,李纲言:"金人贪婪无厌,凶悖日甚,其势非用师不可。且敌兵号
　六万,而吾勤王之师集城下者已二十余万,彼以孤军入重地,犹虎豹
　自投陷阱中,当以计取之,不必与角一旦之力。若扼河津,绝饷道,分
　兵复畿北诸邑,而以重兵临敌营,坚壁勿战,俟其食尽力疲,然后以一
　檄取誓书、复三镇,纵其北归,半渡而击之,此必胜之计也。"帝深然
　之,约日举事。种氏、姚氏皆素为山西巨室,平仲以父古方帅熙河兵
　入援,虑功名独归种氏,乃云:"士不得速战,有怨言。"帝闻之,以语李
　纲,纲主其议,令城下兵缓急听平仲节度。帝日遣使趣师道战,师道
　欲俟其弟师中至,因奏言:"过春分乃可击。"时相距才八日,帝以为
　缓;平仲请先期击之。二月朔,平仲帅步骑万人,夜斫(zhuó)敌营①,
　欲生擒斡离不及取康王以归。夜半,帝遣中使谕李纲曰:"姚平仲已
　举事,卿速援之。"平仲方发,金候吏觉之,斡离不遣兵迎击。平仲兵
　败,惧诛,亡去。李纲率诸将出救,遂与金人战于幕天坡,以神臂弓射
　却之。师道复言:"劫寨已误,然兵家亦有出其不意者。今夕再遣兵
　分道攻之,亦一奇也。如犹不胜,然后每夕以数千人扰之,不十日贼
　遁矣。"李邦彦等畏懦,皆不果用。

纲 罢李纲以谢金人。

———————————

① 斫:攻击。

目　斡离不召诸使者诘责用兵违誓之故。张邦昌恐惧泣涕,康王不为动,金人异之,乃使王汭来致责,且请更以他王为质。汭至,李邦彦语之曰:"用兵乃李纲、姚平仲尔,非朝廷意也。"因罢李纲以谢金人,废亲征行营司。

时宇文虚中闻汴京急,驰归,收合散卒,得东南兵二万人,以便宜起李邈领之,令驻于汴河。会姚平仲失利,援兵西来者皆溃,虚中縋而入京。帝欲遣人奉使辨劫营非朝廷意,大臣皆不欲行,虚中承命,慨然而往。

纲　太学生陈东上书,请复用李纲。诏以纲为尚书右丞、京城防御使。

目　东等千余人上书于宣德门,言:"李纲奋勇不顾,以身任天下之重,所谓'社稷之臣'也。李邦彦、白时中、张邦昌、赵野、王孝迪、蔡懋、李棁之徒,庸缪不才,忌嫉贤能,动为身谋,不恤国计,所谓'社稷之贼'也。陛下拔纲,中外相庆,而邦彦等疾如仇雠,恐其成功,因缘沮败。罢纲,非特堕邦彦等计中,又堕虏计中也。乞复用纲而斥邦彦等,且以阃外付种师道①,宗社存亡在此举,不可不谨。"书奏,军民不期而集者数万人。帝乃复纲右丞,充京城四壁防御使。既而都人又言:"愿见种师道。"诏趣(cù)师道入城弹压②。师道乘车而至,众搴(qiān)帘视之③,曰:"果我公也。"相麾声喏(rě)而散④。吴敏奏东为士学录⑤,东力辞以归。

---

① 阃外:指都城以外。
② 趣:古同"促",催促,急速。
③ 搴:撩起。
④ 声喏:拱手作揖,作声致敬。
⑤ 士:据《宋史·陈东传》,当为"太"。

纲 除元祐党籍学术之禁。

纲 更以肃王枢为质于金，康王构还。

目 宇文虚中冒锋镝至金营，次日，金遣王汭随虚中入城，要越王及李邦彦、吴敏、李纲并驸马曹晟等，与金银骡马之类，且欲御笔书定三镇界，方退军。明日，帝命肃王往代质，康王、张邦昌还。

纲 以徐处仁为中书侍郎，宇文虚中签书枢密院事。蔡懋罢。

〔宋割太原等三镇畀金〕

纲 诏割三镇地以畀金，金斡离不引兵北去，京师解严①。

目 初，金人犯城，蔡懋禁不得辄施矢石，将士积愤。及李纲复用，下令能杀敌者厚赏，众无不奋跃。金人惧，稍稍引却。至是，宇文虚中复奉诏如金，许割三镇地。斡离不得诏，遂不俟金币数足，遣韩光裔来告辞，退师北去，肃王从之，京师解严。

种师道请乘其半济击之，帝不许。师道曰：“异日必为国患。”御史中丞吕好问进言于帝曰：“金人得志，益轻中国，秋、冬必倾国复来。御敌之备，当速讲求。”不听。

纲 李邦彦免。

目 邦彦无所建明，惟阿顺趋诏而已，都人目为“浪子宰相”。

纲 以张邦昌为太宰，吴敏为少宰，李纲知枢密院事，耿南仲、李梲为尚书

---

① 解严：解除戒备。

左、右丞。

纲 宇文粹中罢。

纲 姚古、种师中及府州将折(shé)彦质以兵入援。

目 姚古、种师中及府州帅折彦质各以兵勤王,凡十余万人,至汴城下,而斡离不已退。李纲请诏古等追之,且戒俟其间可击则击,而三省乃令护送出之,勿轻动以启衅。时大臣政令矛盾,故迄无成功。

纲 种师道罢。

目 中丞许翰言:"师道名将,沉毅有谋,不可使解兵柄。"帝谓其老难用,翰曰:"秦始皇老王翦而用李信,兵辱于楚;汉宣帝老赵充国,而卒能成金城之功。自吕望以来,以老将收功者难一二数。师道智虑未衰,虽老,可用也。"帝不纳。翰又言:"金人此去,存亡所系,当令一大创,使失利去,则中原可保,四夷可服;不然,将来再举,必有不救之患,宜遣师邀击之。"帝亦不听。

纲 以杨时兼国子祭酒①。

目 时知无不言,然不见听。及太学生留李纲、种师道,吴敏乞用时以靖太学,因召对,时言:"诸生忠于朝廷,非有他意,但择老成有行谊者为之长贰,则将自定。"帝曰:"无以逾卿。"遂用之。

纲 金粘没喝入威胜军②,陷隆德府③。

---

① 国子祭酒:国子监长官。
② 威胜军:治今山西沁县。
③ 隆德府:治今山西长治市。

目粘没喝攻太原,悉破诸县,独城中以张孝纯固守不下。平阳府叛卒导金兵入南北关①,粘没喝叹曰:"关险如此,而使我过之,南朝可谓无人矣!"既过,知威胜军李植以城降,遂攻下隆德府,知府张确死之,进屯泽州。

纲贬蔡京为秘书监,童贯为左卫上将军,蔡攸为太中大夫。

纲梁方平伏诛。

纲王孝迪罢。

纲以聂昌为东南发运使,未行而罢。

目初,上皇南幸,童贯、高俅等以兵扈从。既行,闻都城受围,乃止东南邮传及勤王之师。道路籍籍,言贯等为变,朝议以户部尚书聂昌为发运使,往图之。李纲曰:"使昌所图果成,震惊太上,此忧在陛下;万一不果,是数人者挟太上于东南,求剑南一道②,陛下将何以处之?莫若罢聂昌之行,请于太上,去此数人,自可不劳而定。"帝从之。

纲金粘没喝还云中,留军围太原。

纲三月,张邦昌、李棁免。

纲以徐处仁为太宰,唐恪为中书侍郎,何㮚(lì)为尚书右丞,许翰同知枢密院事。

目帝召处仁问割三镇是否,处仁言"不当弃",与吴敏议合,敏荐处仁可

---

① 平阳府:治今山西临汾市。南北关:在今山西临汾市西北。
② 剑南道:今四川、重庆市一带。

相,遂拜太宰。时进见者多论宣和间事,恪言于帝曰:"革弊当以渐,宜择今日之所急者先之,而言者不顾大体,至毛举前事①,以快一时之愤,岂不伤太上之心哉! 京、攸、贯、黼之徒,既从窜斥,姑可已矣,他日边事既定,然后白太上,请下一诏,与天下共弃之,谁曰不可?"帝曰:"卿论甚善,为朕作诏书,以此意布告在位。"

纲 宇文虚中免。

纲 诏种师道屯滑州,姚古、种师中援三镇。古复隆德府、威胜军,师中追斡离不至北鄙而还②。

目 诏:"金人要盟③,终不可保。今粘没喝深入,南陷隆德,先败元约,朕夙夜追咎,已黜罢元主和议之臣,其太原、中山、河间三镇,保塞陵寝所在④,誓当固守。"于是命种师道为河北、河东宣谕使,驻滑州;姚古为河北制置使,种师中副之。古总兵援太原,师中援中山、河间。斡离不行至中山、河间,两镇皆固守不下,师中因进兵以逼之,斡离不遂出境。姚古以兵复隆德、威胜,扼南北关。

纲 诏李纲迎太上皇于南京。

目 时用事者言太上将复辟于镇江,人情危骇。既而太上还至南京,以书问改革政事之故,且召吴敏、李纲。或虑太上意不可测,纲曰:"此无他,不过欲知朝廷事尔。"纲往,具道皇帝圣孝思慕,请陛下亟还京

----

① 毛举:列举不重要的小事。
② 鄙:边境。
③ 要盟:强迫订立盟约。
④ 保塞:军名,即保州,治今河北保定市。陵寝:指宋祖三陵,在今河北保定市清苑区。

师①。太上因及行宫止递角等事②,纲曰:"当时恐金人知行宫所在,非有他也。"因言:"皇帝每得诘问之诏,辄忧惧不食。臣窃譬之,家长出而强寇至,子弟之任家事者不得不从宜措置,长者但当以其能保田园大计而慰劳之,苟诛及细故③,则为子弟者何所逃其责邪!陛下回銮,臣谓宜有以大慰皇帝之心,勿问细故可也。"太上感悟,出玉带、金鱼、象简赐纲,且曰:"卿捍守宗社有大功,若能调和父子间,使无疑阻,当遂垂名青史。"纲遂具道太上意,帝始释然。

纲　夏四月,太上皇至京师。

目　太上将至,宰执进迎奉仪注,耿南仲议欲屏太上左右,车驾乃进。李纲言:"天下之理,诚与疑、明与暗而已。自诚明推之,可至于尧舜,自疑暗推之,其患有不可胜言者。耿南仲不以尧舜之道辅陛下,乃暗而多疑。"南仲怫然曰④:"臣适见左司谏陈公辅,乃为李纲结士民伏阙者,乞下御史置对。"上愕然。纲曰:"臣与南仲所论国事也,南仲乃为此言,臣何敢复有所辨。"因求去,帝不允。

纲　立子谌(chén)为皇太子。

纲　以耿南仲为门下侍郎,赵野免。

纲　以种师道为两河宣抚使。

纲　复以诗赋取士,禁用王安石《字说》。

---

① 蚤:同"早"。
② 递角:指传送文书。
③ 诛:追咎。
④ 怫然:愤怒的样子。

纲 召河南尹焞至京师,赐号和靖处士,遣还。

目 焞,洛人,师事程颐,绍圣初尝应举,发策有诛元祐诸臣议,焞曰:"噫,尚可以干禄乎哉!"不对而出,告颐曰:"焞不复应进士举矣。"颐曰:"子有母在。"焞归告其母,母曰:"吾知汝以善养,不知汝以禄养。"颐闻之曰:"贤哉母也。"于是终身不就举,聚徒洛中,非吊丧问疾不出,士大夫宗仰之。种师道荐焞德行,召至京师,不欲留,赐号和靖处士遣还。户部尚书梅执礼及侍郎邵溥、中丞吕好问、中书舍人胡安国合奏:"焞言动可以师法,器识可以任大,乞擢用之。"不报。

纲 五月,罢王安石配享孔子,犹从祀庙庭。国子祭酒杨时致仕。

目 时上言:"蔡京用事二十年,蠹国害民,几危宗社,人所切齿,而论其罪者莫知其所本也。盖京以继述神宗为名,实挟王安石以图身利,故推尊安石,加以王爵,配享孔子庙庭。今日之祸,实安石有以启之。安石挟管商之术①,饰六艺以文奸言,变乱祖宗法度,当时司马光已言'其为害当见于数十年之后',今日之事,若合符契。其著为邪说以涂学者耳目②,而败坏其心术者,不可缕数。伏望追夺王爵,明诏中外,毁去配享之像,使邪说淫辞不为学者之惑。"疏上,诏罢安石配享,降居从祀之列。

时诸生习用王氏学以取科第者已数十年,不复知其非,忽闻杨时目为邪说,群论籍籍。于是中丞陈过庭、谏议大夫冯澥上疏诋时,乃罢时祭酒,诏改给事中。时力辞,遂以徽猷阁待制致仕。

———————————

① 管商:管仲、商鞅,春秋战国法家代表人物。
② 涂:堵塞、掩蔽,使不聪明。

时居谏垣九十日①,凡所论列,皆切于世道,而其大者则辟王氏,排和议,论三镇不可弃云。

〔种师中杀熊岭之败〕

纲诏种师中、姚古进军太原。师中与金人战于杀熊岭②,败绩,死之,古军溃。

目太原围不解,诏种师中由井陉,与姚古掎角③。师中进次平定军④,乘胜复寿阳、榆次等县⑤,留屯真定。时粘没喝避暑还云中,留兵分就畜牧,觇者以为将遁,告于朝,许翰信之,数遣使趣师中出战,责以逗挠⑥。师中叹曰:"逗挠,兵家大戮也⑦。吾结发从军⑧,今老矣,忍受此为罪乎!"即日办严⑨,约姚古及张灏俱进,而辎重赏犒之物皆不暇从行。师中抵寿阳之石坑,为金将完颜活女所袭,五战三胜;回趣榆次,至杀熊岭,去太原百里。姚古将兵至威胜,统制焦安节妄传粘没喝将至,故古与灏皆失期不至。师中兵饥甚,敌知之,悉众攻右军,右军溃,而前军亦奔,师中独以麾下死战,自卯至巳,士卒发神臂弓射退金人,而赏赉不及,皆愤怨散去,所留才百人。师中身被四创,力疾斗

① 谏垣:谏官官署。
② 杀熊岭:在今山西太原市东北。
③ 掎角:分兵牵制或夹击敌人。
④ 平定军:治今山西平定县。
⑤ 寿阳县:今山西寿阳县。
⑥ 逗挠:因怯阵而避敌。
⑦ 大戮:大辱。
⑧ 结发:束发,指初成年时。
⑨ 办严:整兵。

死。师中老成持重,为时名将,既死,诸军无不夺气。金乘胜进兵迎古,遇于盘陀,古兵溃,退保隆德。事闻,李纲召安节斩之,安置古于广州,而赠师中少师。

纲 六月,诏谏官极论阙失。

目 右正言崔鶠上疏曰:"谏议大夫冯澥近上章言:'熙宁、元丰之间,士无异论,太学之盛也。'澥尚敢为此奸言乎!王安石除异己之人,著三经之说以取士①,天下靡然雷同,陵夷至于大乱②,此无异论之效也。蔡京又以学校之法驭士人如驭卒伍,有一异论,累及学官。其苟锢多士固已密矣,而澥犹以为太学之盛,欺罔不已甚乎!仁宗、英宗选敦朴敢言之士以遗子孙,安石目为流俗,一切逐去;司马光复起而用之,元祐之治,天下安于泰山。及蔡京得志,引门生故吏,更持政柄,倡绍述之论以欺人主,使天下一于诙佞。绍述同风俗,而天下同于欺罔;绍述理财,而公私竭;绍述造士,而人才衰;绍述开边,而塞尘犯阙矣。京之术破坏天下已极,尚忍使其余蠹再破坏邪!京奸邪之计大类王莽,而朋党之众则又过之,愿斩之以谢天下。"

纲 召种师道还,以李纲为两河宣抚使。

目 京师自金兵退,上下恬然,置边事于不问,李纲独以为忧,数上备边御敌之策,不见听用。每有谋议,复为耿南仲等所沮。及姚古、种师中败溃,种师道以病丐归,南仲等请弃三镇,纲言不可,乃以纲为宣抚使,刘鞈(gé)副之,以代师道;又以解潜为制置副使,以代姚古。纲

① 三经之说:指王安石《三经新义》。
② 陵夷:渐趋于衰微。

言："臣书生，实不知兵。在围城中，不得已为陛下料理兵事；今使为大帅，恐误国事。"因拜辞，不许。或谓纲曰："公知所以遣行之意乎？此非为边事，欲缘此以去公，则都人无辞尔。公不起，上怒且不测，奈何！"许翰复书"杜邮"二字以遗纲①，纲不得已受命，帝手书《裴度传》以赐之②。宣抚司兵仅万二千人，纲请银绢钱各百万，仅得二十万。庶事皆未集，纲乞展行期③，御批以为迁延拒命，趣召数四。纲入对，帝曰："卿为朕巡边，便可还朝。"纲曰："臣之行，无复还理。臣以愚直，不容于朝，使既行之后，无有沮难，则进而死敌，臣之愿也；万一朝廷执议不坚，臣自度不能有为，即当求去，陛下宜察臣孤忠以全君臣之义。"上为感动。陛辞，又为上道唐恪、聂昌之奸，任之必误国，言甚激切。

纲 路允迪免。

纲 谪左司谏陈公辅监合州酒税④。

目 公辅居职敢言，耿南仲指为李纲之党，公辅因自列⑤，且辞位。复言："李纲书生，不知军旅，遣援太原，乃为大臣所陷，后必败事。"时宰怒其言，斥监合州酒务。

纲 天狗星陨⑥。

---

① 杜邮：亭名，在今陕西咸阳市东，秦昭王令白起自杀处。
② 裴度：唐宪宗宰相，主持平定淮西之乱。
③ 展：延缓。
④ 合州：治今重庆市合川区。
⑤ 自列：自陈。
⑥ 天狗星：天狼星。

纲 彗出紫微垣。

纲 秋七月,窜蔡京于儋(dān)州,道死。童贯、赵良嗣伏诛。

纲 李纲至怀州,诸军溃于太原。

目 纲留河阳十余日,练士卒,修整器甲之属,进次怀州,造战车,期兵集
大举,而朝廷降诏罢所起兵。纲上疏言:"秋高马肥,敌必深入,宗社
安危,殆未可知。防秋兵尽集,尚恐不足,今河北、河东日告危急,未
有一人一骑以副其求,奈何甫集之兵又皆散遣! 且以军法勒诸路起
兵,而以寸纸罢之,臣恐后时有所号召,无复应者矣!"疏上,不报,趣
赴太原。纲乃遣解潜屯威胜军,刘韐屯辽州①,幕官王以宁与都统制
折可求、张思正等屯汾州,范琼屯南北关,皆去太原五驿,约三道并
进。时诸将皆承受御画②,事皆专达,进退自如,宣抚司徒有节制之
名,多不遵命。于是刘韐兵先进,金人并力御之,韐兵溃。潜与敌遇
于关南,亦大败。思正等领兵十七万,与张灏夜袭金娄室军于文水,
小捷,明日战,复大败,死者数万人。可求师溃于子夏山③。于是威
胜军、隆德府、汾、晋、泽、绛民皆渡河南奔,州县皆空。

纲 八月,复以种师道为两河宣抚使,召李纲还。

目 纲以张灏等违节制而败,又上疏极论节制不专之弊,且言:"分路进
兵,贼以全力制吾孤军,不若合大兵由一路进。"及范世雄以湖南兵
至,因荐为宣抚判官,方欲会合亲率击虏,会以议和止纲进兵,纲亦求

① 辽州:治今山西左权县。
② 御画:御定的计谋、策略。
③ 子夏山:在今山西文水县西南。

罢,遂代还。

〔金军再次分道南下攻宋〕

纲金粘没喝、斡离不复分道入寇。

纲徐处仁、吴敏、许翰罢,以唐恪为少宰,何㮚为中书侍郎,陈过庭为尚
　书左丞,聂昌同知枢密院事,李回签书院事。

〔金攻陷太原〕

纲九月,金粘没喝陷太原,副都总管王禀等死之。

目粘没喝乘胜急攻太原,知府张孝纯力竭不能支,城遂陷,孝纯被执,既
　又释而用之。副都总管王禀负原庙中太宗御容赴汾水死①,通判方
　笈、转运韩揆(kuí)等三十人皆被害。金分兵陷汾州,知州张克戬毕力
　捍御,城破犹巷战,不克,乃南向拜,自引决,一家死者八人。

纲蔡攸、朱勔伏诛。

纲以王㝢(yǔ)为尚书左丞。

纲罢李纲知扬州,谪中书舍人刘珏、胡安国于远州。

目安国初为太学博士,蔡京恶其异己,坐事除名,张商英相,始得复官。
　帝即位,召赴京师,入对,言:"明君以务学为急,圣学以正心为要。"语
　甚剀(kǎi)切②,日昃始退。耿南仲闻其言而恶之,力间于帝,帝不为

---

① 原庙:在正庙以外另立的宗庙。
② 剀切:中肯。

动。中丞许翰入见,帝谓曰:"卿识胡安国否?"翰对曰:"自蔡京得政,士大夫无不受其笼络;超然远迹,不为所污,如安国者实鲜。"遂除中书舍人。

及言者论李纲专主战议,丧师费财,罢知扬州。舍人刘珏当制,谓纲勇于报国,吏部侍郎冯澥言珏为纲游说,珏坐贬。安国封还词头①,且论澥越职论事②,耿南仲大怒,何㮚从而挤之,遂出知通州。

安国在省一月③,多在告之日④,及出,必有所论列。或曰:"事之小者,盍(hé)姑置之⑤。"安国曰:"事之大者,无不起于细微。今以小事为不必言,至于大事又不敢言,是无时可言也。"人服其论。

纲 罢西南勤王兵。

目 金师日逼,南道总管张叔夜⑥,陕西制置使钱盖,各统兵赴阙。唐恪、耿南仲专主和议,函檄止诸军勿前,遣给事中黄谔由海道使金以请和。

纲 金斡离不陷真定,都钤辖刘竧(jìng)死之。

目 种师闵及金斡离不战于井陉,败绩,斡离不遂入天威军⑦,犯真定。竧率众昼夜搏战,久之城陷,竧巷战,麾下稍稍散亡,竧顾其弟曰:"我大将

---

① 词头:朝廷命词臣撰拟诏敕时的提要。中书舍人职当草诏,不同意可封还词头。
② 冯澥非谏官,无进谏之责。
③ 省:中书省。
④ 在告:请假。
⑤ 盍:何不。
⑥ 南道:靖康间分天下为四道,以知大名府赵野总北道,知河南府王襄总西道,知邓州张叔夜总南道,知应天府胡直儒总东道。
⑦ 天威军:今河北井陉县。

也,可受贼戮乎!"因挺刃欲夺门出,不果,自缢死。知府李邈被执北去。

纲 冬十月,安置李纲于建昌军①。

纲 金遣使来。

纲 罢御史中丞吕好问。

目 金人复至,大臣不知所出,遣使讲解。金人佯许,而攻略自如。诸将以和议故,皆闭壁不出。好问乃请亟集沧、滑、邢、相之戍以遏奔冲,而列勤王之师于畿邑以卫京城。疏入,不省。金人陷真定,攻中山,上下震骇,廷臣狐疑相顾,犹以和议为辞。好问率台属劾大臣"畏懦误国",坐贬知袁州②。帝闵其忠,下迁吏部侍郎。

纲 召种师道还,寻卒。

目 师道次河阳,遇王汭,揣敌必大举,亟上疏请幸长安以避其锋。大臣以为怯,召还,以范讷代之。师道寻卒,谥曰忠宪。

纲 十一月,诏百官议三镇弃守。

目 先是,遣王云使金军,许以三镇赋入之数,至是云还言:"金人必欲得三镇,不然则进兵取汴都。"中外震骇,诏集从官于尚书省议割三镇。百官多请割与以纾国祸,何㮚曰:"三镇,国之根本,奈何一旦弃之!且金人无信,割亦来,不割亦来。"唐恪、耿南仲等力主割地,㮚论辩不已,因曰:"河北之民皆吾赤子,弃地则并其民弃之,为民父母而弃其子,可乎!"帝悟,乃止。

————————

① 建昌军:治今江西南城县。
② 袁州:治今江西宜春市。

纲 金粘没喝陷河东诸州郡,李回、折彦质师溃,金人遂渡河,陷西京。诏冯澥使金军请和。

纲 下哀痛诏,征兵于四方。

〔康王赵构再次出使金朝〕

纲 诏王云副康王构使金军,许割三镇。至磁州①,州人杀云,构还次相州。

目 云固请康王往使,诏云以资政殿学士副王使斡离不军,许割三镇。王由滑、浚至磁州,守臣宗泽迎谒曰:"肃王一去不返,今敌又诡辞以致大王。其兵已迫,复去何益,愿勿行!"先是,王云奉使过磁、相,劝两郡撤近城民舍,运粟入堡,为清野之计,民怨之。及是次磁,会康王出谒嘉应神祠,云在后,民遮道谏王勿北去,厉声指云曰:"真奸贼也!"执云杀之。时斡离不军济河,游奕日至磁城下②,踪迹王所在③。知相州汪伯彦亟以帛书请王如相,服櫜鞬(gāo jiān)④,部兵以迎于河上。王遂行,至相,劳伯彦曰:"他日见上,当首以京兆荐公⑤。"由是受知。议者以为是役云不死,王必至金,无复还理。

相州汤阴人岳飞⑥,少负气节,家贫力学,尤好《左氏春秋》、孙吴兵法⑦,

———————————

① 磁州:治今河北磁县。
② 游奕:巡逻、细作。
③ 踪迹:追踪、寻找。
④ 服:佩戴。櫜鞬:装弓箭的袋子。
⑤ 京兆:京师地区,即开封府,此指知开封府。
⑥ 汤阴:县名,今河南汤阴县。
⑦ 孙吴兵法:孙武《孙子兵法》、吴起《吴子兵法》合称。

有神力，能挽弓三百斤，弩八石。刘鞈宣抚真定，募敢战士，飞与焉①，屡擒剧贼。至是，因刘浩以见，王以为承信郎。

纲 何㮚罢。以陈过庭为中书侍郎，孙傅为尚书右丞。

纲 以郭京为成忠郎，选六甲兵以御金。

纲 遣耿南仲、聂昌使金军，许尽割两河地。昌为绛人所杀，南仲奔相州。

目 斡离不亦遣使来议割两河地，帝许之，命耿南仲如河北斡离不军，聂昌如河东粘没喝军。昌行至绛，钤辖赵子清麾众杀昌，抉其目而脔(luán)之②。南仲与金使王汭偕行，至卫州③，卫乡兵欲杀汭，汭脱去，南仲遂奔相州，以帝旨谕康王起河北兵入卫京师，因连署募兵榜揭之，人情始安。

纲 以孙傅同知枢密院事，曹辅签书院事。

纲 以范致虚为陕西五路宣抚使，会兵入援。

纲 金人入怀州，知州事霍安国等死之。

纲 金斡离不、粘没喝围京城，要帝出盟。

目 斡离不自真定趋汴，仅二十日至城下。粘没喝自河阳来会，使刘晏来要帝出盟。时西南两道援兵，为唐恪、耿南仲遣还，于是四方无一人至者。城中惟卫士及弓箭手七万人，乃以万人分作五军，备缓急救护，命姚友仲、辛永宗分领之，以五万七千人分四壁守御。

———————

① 与：参加。
② 脔：切肉成块。
③ 卫州：治今河南卫辉市。

纲 李回免。

纲 南道都总管张叔夜将兵勤王。

目 叔夜闻召,即日自将中军,令子伯奋将前军,仲雄将后军,合三万余人,与金游兵转战而前。至都下,帝御南薰门见之,军容甚整。入对,言:"贼锋甚锐,愿如明皇之避禄山,暂诣襄阳,以图幸雍①。"帝不答。

纲 复元丰三省官名。

纲 以何㮚为门下侍郎。

纲 闰月,唐恪免,以何㮚为尚书右仆射兼中书侍郎②。

纲 冯澥至自金军,以为尚书左丞。

纲 诏张叔夜签书枢密院事,将兵入城。

[康王赵构为天下兵马大元帅]

纲 诏康王构为天下兵马大元帅。

目 殿中侍御史胡唐老言:"康王奉使至磁,为士民所留,乃天意也。乞就拜为大元帅,俾率天下兵入援。"何㮚以为然,密草诏稿上之。帝令募死士,得秦仔、刘定等四人,遣持蜡诏如相州,拜王为兵马大元帅,陈遘为元帅,汪伯彦、宗泽为副元帅,使尽起河北兵速入卫。仔至相州,于顶发中出诏,王读之呜咽,军民感动。

_____

① 雍:关中地区,今陕西、甘肃东南部一带。
② 尚书右仆射兼中书侍郎:宰相头衔,次相,原为少宰。

纲彗星出,长竟天。

〔开封陷落,宋钦宗第一次赴金营请降〕

纲郭京出御金军,败走,京城陷,帝如金营请降。

目金人攻通津、宣化门,何㮚数趣郭京出师,京徙期再三。至是,京尽令守
御人下城,毋得窃窥,因大启宣化门出攻金师。京与张叔夜坐城楼上,
金兵分四翼噪而前。京兵败,退走,堕死于护龙河,填尸皆满,城门急
闭。京白叔夜曰:"须自下作法。"因下城引余众南遁。金兵遂登城,四
壁兵皆溃,京城遂陷。帝闻城陷,恸哭曰:"不用种师道言,以至于此!"
何㮚欲亲率都民巷战,金人宣言议和退师,乃止。帝闻金人欲和而
退,命何㮚及济王栩使其军以请成。粘没喝、斡离不曰:"自古有南即
有北,不可相无也。今之所议,期在割地而已。"㮚还,言金人欲邀上
皇出郊,帝曰:"上皇惊忧而疾,必欲之出,朕当亲往。"遂如粘没喝军,
奉表请降。㮚喜和议成,既归都堂,作会饮酒,谈笑终日。

〔康王赵构开大元帅府,成为南宋建立的基础〕

纲十二月,康王构帅师入卫,次于东平。

目康王开大元帅府于相州,有兵万人,分为五军而进。既渡河,次于大
名。宗泽以二千人与金人力战,破其三十余寨。履冰渡河见王曰:
"京城受围日久,入援不可缓。"王纳之。既而知信德府梁扬祖以三千
人至①,张俊、苗傅、杨沂中、田师中等皆在麾下,兵威稍振。会帝遣

① 信德府:治今河北邢台市。

曹辅赍蜡诏至,云:"金人登城不下,方议和好,可屯兵近甸毋动。"汪伯彦等皆信之,宗泽独曰:"金人狡谲,是欲款我师尔①。君父之望入援,何啻饥渴②,宜急引军直趋澶渊,次第进垒,以解京城之围。万一敌有异谋,则吾兵已在城下。"伯彦难之,劝王遣泽先行。王乃命泽趋澶渊,自是泽不得预帅府事矣。耿南仲及伯彦请移军东平,从之。

纲 帝至自金营,遣使如两河割地以畀金。

目 帝还宫,士庶及太学生迎谒,帝掩面大哭曰:"宰相误我父子。"观者无不流涕。金遣使来索金一千万锭,银二千万锭,帛一千万匹。于是大括金银。以陈过庭、折彦质等为割地使,如河东、北割地以畀金。又分遣欧阳珣等二十人持诏而往。珣尝上书,极言:"祖宗之地,尺寸不可以与人。"复抗论:"当与力战。战败而失地,他日取之直;不战而割地,他日取之曲。"时宰怒欲杀珣,乃以珣为将作监丞,奉使割深州。珣至深州城下,恸哭谓城上人曰:"朝廷为奸臣所误至此,吾已办死来矣,汝等宜勉为忠义报国!"金人怒,执送燕,焚死之。

纲 范致虚会师入援,至邓州,师溃。

李华瑞　高纪春　审定

闫建飞　评注

①款:缓。
②何啻:岂只、不只。

纲鉴易知录卷七七

卷首语：本卷所载为宋钦宗靖康二年（1127）暨宋高宗建炎元年（1127）一年的史事，重点为宋金关系。三月，金立张邦昌为楚帝，四月，掳徽钦二帝、宗室等三千余人北还，北宋灭亡。金人退兵后，康王赵构在应天府称帝，建立南宋。之后，宋廷在对金政策、建都何处、如何经营河北河东等问题上有多次政策反复，主和与主战臣僚意见冲突剧烈，宰相频繁更替亦与这些问题密切相关。

宋　纪

钦宗皇帝

纲 丁未，二年（靖康二年，1127）①，春正月，诏两河民降金，民不从。

目 陈过庭至两河，民坚守不奉诏。至是，复诏两河民开门出降，民犹不肯。

〔宋钦宗第二次赴金营请降〕

纲 帝命太子监国，复如金军。

目 金人索金银急，且再邀帝至营。帝有难色。何㮚、李若水以为无虞，劝帝行。帝乃命孙傅辅太子监国，而与㮚、若水等复如金营。唐恪闻之，曰：“一之为甚，其可再乎！”阁门宣赞舍人吴革亦白㮚曰：“天文帝座甚倾②，车驾若出，必堕虏计。”㮚不听。

纲 河东割地使刘韐自经于金军。

目 韐至金营，金人使仆射韩正馆之僧舍，谓韐曰：“国相知君，今用君矣。”韐曰：“偷生以事二姓，有死不为也。”正曰：“军中议立异姓，欲以君为正代。与其徒死，不若北去取富贵。”韐仰天大呼曰：“有是乎！”归书片纸曰：“贞女不事二夫，忠臣不事二君。况主辱臣死，以顺为正者，妾妇之道，此予所以必死也！”使亲信持归，报其子子羽等，即

---

① 金天会五年。是岁金灭北宋。
② 帝座：星官名，属天市垣，意为皇帝宝座。

沐浴更衣,酹厄酒而缢。金人叹其忠,瘗之寺西冈上,遍题窗壁以识其处。凡八十日,乃就敛,颜色如生。

纲 副元帅宗泽大败金人于卫州。

目 泽自大名至开德①,与金人十三战,皆捷,遂以书劝康王檄诸道兵会京城。又移书北道总管赵野,河东、北路宣抚范讷,知兴仁府曾楙(mào)合兵入援②,三人皆以泽为狂,不答。泽遂以孤军进至卫南,先驱云"前有敌营",泽挥众直前,与战,败之,转战而东。敌益生兵至,泽将王孝忠战死,前后皆敌垒,泽下令曰:"今日进退等死,不可不死中求生。"士卒知必死,无不一当百,斩首数千,金人大败,退却数十里。泽计敌众势必复来,乃暮徙其营。金人夜至,得空营,大惊,自是惮泽,不敢复出兵。泽出其不意,遣兵过大河袭击,败之。

纲 辽耶律大石建都于虎思③。

纲 大风霾,云雾四塞。

[金劫宋徽宗等至其营]

纲 二月,金劫上皇及后妃、太子、宗戚至其军,吏部侍郎李若水死之。

目 帝自如金营,都人日出迎驾,而粘没喝留不遣。太学生徐揆上书请帝还宫,金人取而杀之。

吴乞买得帝降表,遂废帝及太上皇帝为庶人。知枢密院事刘彦宗请

---

① 开德:府名,治今河南濮阳市。
② 兴仁府:治今山东曹县。
③ 虎思:今吉尔吉斯斯坦楚河州托克马克。

复立赵氏,不许。丁卯(初七日),金人令翰林承旨吴开(jiān)、吏部尚书莫俦入城,令推立异姓堪为人主者,且邀上皇出城。孙傅曰:"吾惟知吾君可帝中国尔。若立异姓,吾当死之。"京城巡检范琼逼上皇与太后御辇车出宫。郓王楷及诸妃、公主、驸马及六宫有位号者皆行①,独元祐皇后孟氏以废居私第获免。

初,金人檄开封尹徐秉哲,尽取诸王、皇孙、妃、主,凡得三千余人,秉哲悉令衣袂相联属而往②。

金人逼帝及上皇易服。若水抱帝而哭,诋金人为狗辈。金人曳若水出,击之,败面,气结仆地。金人又逼上皇召皇后、太子,孙傅留太子不遣。吴开、莫俦督胁甚急,范琼恐变生,以危言讋(zhé)卫士③,遂拥皇后、太子共车而出。傅曰:"吾为太子傅,当同死生。"遂以留守事付王时雍,从太子出,百官军吏奔随太子号哭,太子亦呼云:"百姓救我!"哭声震天。至南薰门,范琼力止傅,金守门者曰:"所欲得太子,留守何预?"傅曰:"我宋之大臣,且太子傅也,当死从。"遂宿门下以待命。若水在金营旬日,粘没喝召问立异姓状,若水因骂之为剧贼。粘没喝令拥之去,若水反顾,骂益甚。谓其仆曰:"我为国死,职尔,奈并累若属何④!"又骂不绝口,监军挝破其唇⑤,噀(xùn)血骂愈切⑥,至以刃裂颈断舌而死。金人相与言曰:"辽国之亡,死义者十数,南朝惟李侍郎一人。"

---

① 郓王楷:宋徽宗第三子。
② 袂:衣袖。联属:连接。
③ 讋:恐惧、丧胆。
④ 若属:你们。
⑤ 挝:敲打,击。
⑥ 噀:含在口中而喷出。

纲金人大括金帛,杀户部尚书梅执礼等。

纲康王构次于济州①。

目王有众八万,分屯济、濮诸州。金人遣甲士及中书舍人张澂(chéng)赍
蜡诏自汴京至,命王以兵付副帅而还京。王问计于左右,后军统制张
俊曰:"此金人诈谋尔。今大王居外,此天授,岂可徒往!"因请进兵,
王遂如济州。既而金人谋以五千骑取康王,吕好问闻之,遣人以书白
王曰:"大王之兵,度能击则邀击之,不然,即宜远避。"

纲金人议立异姓,执孙傅、张叔夜及御史中丞秦桧。

目吴开、莫俦复召百官议立异姓,众莫敢出声。王时雍问于开、俦,二人
微言敌意在张邦昌,时雍未以为然。适尚书员外郎宋齐愈至自金营,
众问金人意所主,齐愈取片纸书"张邦昌"三字示之,时雍乃决,遂以
邦昌姓名入议状,张叔夜不肯署状,金人执叔夜及孙傅置军中。粘没
喝召叔夜绐之曰:"孙傅不立异姓,已杀之。公年老大家②,岂可与傅
同死!"叔夜曰:"世受国恩,义当与之存亡。今日之事,有死而已!"
金人皆义之。太常寺簿张浚、开封士曹赵鼎、司门员外郎胡寅皆逃入
太学,不书名。唐恪书名,饮药而死。已而时雍复集百官诣秘书省,
俾范琼谕众以立邦昌意,众唯唯。时雍先署状以率百官,御史马伸独
奋曰:"吾曹职为争臣③,岂容坐视!"乃与御史吴给约中丞秦桧共为
议状,愿复嗣君以安四方,且论邦昌当上皇时蠹国乱政,以致社稷倾

---

① 济州:治今山东巨野县。

② 大家:世家。

③ 争:同"净",谏净。

危。金人怒,执桧去。

〔金立张邦昌为楚帝〕

纲 三月,金立张邦昌为楚帝。阁门宣赞舍人吴革率众讨邦昌,不克而死。

目 金人奉册宝至,邦昌北向拜舞,受册即位,号大楚。阁门宣赞舍人吴革,耻屈节异姓,率内亲事官数百人,皆先杀其妻孥,焚所居,举义金水门外。范琼诈与合谋,令悉弃兵仗,乃从后袭之,杀百余人,捕革,并其子杀之。是日风霾,日晕无光①。百官惨沮,邦昌亦变色,唯王时雍、吴开、莫俦、范琼等欣然以为有佐命功。邦昌心不安,拜官皆加"权"字②。

〔金军劫徽钦二帝等三千人北归,北宋灭亡〕

纲 夏四月,金人以二帝及后妃、太子、宗戚三千人北去。

目 斡离不胁上皇、太后与亲王、皇孙、驸马、公主、妃嫔及康王母韦贤妃、康王夫人邢氏等由滑州去,粘没喝以帝、后、太子、妃嫔、宗室及何㮚、孙傅、张叔夜、陈过庭、司马朴、秦桧等由郑州去,而归冯澥、曹辅、孙觌、汪藻、郭仲荀等于张邦昌。邦昌率百官遥辞二帝于南薰门,众恸哭,有仆绝者。京师为之一空。

宗泽在卫,闻二帝北行,即提军趋滑,走黎阳③,至大名,欲径渡河,据金人归路,邀还二帝④,而勤王之兵卒无至者,遂不果。

---

① 晕:太阳周围形成的光圈。
② 权:代理。
③ 黎阳:县名,今河南浚县。
④ 邀还:拦截救回。

评靖康之变：

　　靖康之变是导致北宋覆亡的突发事件。与汉唐亡于农民起义、军阀混战等内部因素不同，北宋亡于外敌入侵。在联金灭辽过程中，宋廷充分暴露了自身军事、政治的无能与政策摇摆；金军南下后，在全力抗金与对金和议之间举棋不定，尽管有李纲等人和开封军民奋力搏战，终于战不能胜，和不能成，城破国亡。相比之下，金军对宋方动向了如指掌，最终长驱直入，以较小代价攻下开封。靖康之变后，金朝占据北方，宋廷偏安江左，中国再次陷入分裂对峙局面。

纲 张邦昌号哲宗废后孟氏曰宋太后。

目 吕好问谓邦昌曰："相公欲真立邪，抑姑塞敌意而徐为之图也？"邦昌曰："是何言也？"好问曰："相公知中国人情所向乎？特畏女真兵威尔。女真既去，能保如今日乎？大元帅在外①，元祐皇后在内，此殆天意。盍亟还政，可转祸为福。且省中非人臣所处②，宜寓直殿庐③。车驾未还，下文书不当称圣旨。为今计者，当迎元祐皇后，请康王早正大位，庶获保全。"监察御史马伸具书，请邦昌速奉迎康王，极陈逆顺利害。邦昌读其书，气沮，乃尊元祐皇后为宋太后，迎居延福宫，而遣人至济州访康王。

〔康王赵构即帝位于南京应天府，南宋建立〕

纲 五月，康王即皇帝位于南京，大赦，改元。

―――――――――

① 大元帅：指康王赵构。
② 省中：宫中。
③ 寓直：指寄宿于别的署衙当值。

目 吕好问谓邦昌曰:"天命人心皆归康王,相公先遣人推戴,则功无在相
　公右者。若抚机不发,他人声罪致讨,悔可追邪!"邦昌乃复遣谢克家
　往奉迎。王时雍曰:"骑虎者势不得下,所宜熟虑。他日噬脐①,悔无及
　矣!"邦昌不听。克家至济州劝进,王不许,张俊曰:"大王,皇帝亲弟,人
　心所归,当早正大位。"既而邦昌又遣蒋思愈等持书诣济州,自陈:"所以
　勉循金人推戴者,欲权宜一时,以纾国难尔,非敢有他也。"王复书与之,
　而谕宗泽等,以为邦昌受伪命之人,义当诛讨,然虑事出权宜,未可轻动,
　合移师近都,按甲观变。泽复书谓:"邦昌篡乱,踪迹已无可疑。今二圣、
　诸王悉渡河而北②,惟大王在济,天意可知,宜亟行天讨③,兴复社稷,不
　可不断。"好问亦遣人来言:"大王不自立,恐有不当立而立者。"
　邦昌又遣谢克家及王舅忠州防御使韦渊,奉大宋受命宝诣济州,复以
　手书号太后曰元祐皇后,入居禁中,垂帘听政,以俟复辟。克家等至
　济州,王恸哭受之,命克家还京办仪物。

〔汪藻草《告中外书》,宋四六文之冠〕

　皇后命太常少卿汪藻草手书告中外,俾王嗣统,其略曰:"历年二百,
　人不知兵,传序九君,世无失德。虽举族有北辕之衅④,而敷天同左
　祖之心⑤。乃眷贤王,越居近服。汉家之厄十世⑥,宜光武之中兴;献

────────────

① 噬脐:比喻后悔不及。
② 二圣:指宋徽宗、宋钦宗。
③ 天讨:出兵征讨。
④ 北辕之衅:指徽钦二帝被掳往金国。
⑤ 敷天:"敷"通"溥",普天之下。左袒:露出左臂以示心向皇室。
⑥ 厄:灾难。

公之子九人①,惟重耳之尚在。兹乃天意,夫岂人谋!"济州父老诣军门,言:"州四旁望见城中火光属天,请即皇帝位。"会宗泽及权应天府朱胜非来言:"南京,艺祖兴王之地②,取四方中,漕运尤易。"王遂决意趋应天府。

既发济州,鄜延副总管刘光世自陕州来会,王以光世为五军都提举。西道都总管王襄、宣抚司统制官韩世忠皆以师来会。王至应天,邦昌来见,伏地恸哭请死,王抚慰之。王时雍等奉乘舆服御至,群臣劝进者益众。王命筑坛于府门之左,五月庚寅朔,王登坛受命毕,恸哭,遥谢二帝,遂即位于府治。改元建炎,大赦。是日元祐皇后在东京撤帘。

纲遥上靖康帝尊号曰孝慈渊圣皇帝③。以黄潜善为中书侍郎,汪伯彦同知枢密院事。尊哲宗废后孟氏为元祐太后,遥尊韦氏为宣和皇后,遥立夫人邢氏为皇后。以张邦昌为太保,封同安郡王,五日一赴都堂参决大事。

纲耿南仲免,召李纲为尚书右仆射兼中书侍郎。

目纲再贬宁江,金兵复至,渊圣悟和议之非,召纲为开封尹。行次长沙,被命,即帅湖南勤王师入援,未至,而京城失守。至是,召拜右相,趋赴行在所④。中丞颜岐、右谏议大夫范宗尹咸沮之,帝皆不听。汪伯

① 献公:春秋晋献公。
② 宋太祖赵匡胤即位前为宋州节度使,后升宋州为南京应天府。
③ 靖康帝:指宋钦宗。
④ 行在:帝王巡幸所居之地。

彦、黄潜善自谓有攀附之劳,拟必为相①,及召纲于外,二人不悦,遂与纲忤。纲行至太平②,上疏曰:"兴衰拨乱之主,非英哲不足以当之。英则用心刚,足以莅大事而不为小故之所摇;哲则见善明,足以任君子而不为小人之所间。愿陛下以汉之高、光③,唐之太宗,国朝之艺祖、太宗为法。"

纲 冯澥免,以吕好问为尚书右丞。

目 元祐太后遣好问奉手书诣应天,帝劳之曰:"宗庙获全,卿之力也。"除尚书右丞。后李纲以群臣在围城中不能执节④,欲悉按其罪。好问曰:"王业艰难,政宜含垢⑤,绳以峻法,惧者众矣。"纲乃止。

纲 窜李邦彦、吴敏、蔡懋、李棁、宇文虚中、耿南仲、郑望之、李邺等于远州。

纲 追贬蔡确、蔡卞、邢恕等官。

纲 签书枢密院事张叔夜自杀于金军。

目 叔夜既北迁,道中惟时饮水,义不食其粟。至白沟,御者曰:"过界河矣。"叔夜乃矍然起,仰天大呼,遂不复语。明日,扼吭而死⑥。朝廷闻叔夜死,赠开府仪同三司,谥忠文。

---

① 拟:揣度,猜测。
② 太平:州名,治今安徽当涂县。
③ 高、光:汉高祖刘邦、光武帝刘秀。
④ 执节:坚守节操。
⑤ 政:正。
⑥ 扼吭:上吊自缢。

纲 金人陷河中府及解(hài)、绛、慈、隰(xí)诸州①。

目 金娄宿以重兵压河中，权府事郝仲连力战，外援不至，度不能守，先自杀其家人，已而城陷，与其子致厚皆不屈而死。

纲 以宗泽知襄阳府。

目 泽见帝应天，陈兴复大计。帝欲留泽，黄潜善等沮之，故出。

纲 安置监察御史张所于江州。

目 靖康中，所以蜡书冒围募河北兵，士民得书喜曰："朝廷弃我，犹有一张察院能拔而用之。"应募者十七万人，由是所声震河北。帝即位，遣所按视陵寝，所还上言曰："河东、河北，天下之根本。昨者误用奸臣之谋，始割三镇，继割两河，其民怨入骨髓，至今无不扼腕，若因而用之，则可借以守，否则两河兵民无所系望，陛下之事去矣！"且请帝亟还京城，因具言有五利："奉宗庙保陵寝，一也；慰安人心，二也；系四海之望，三也；释河北割地之疑，四也；早有定处而一意于边防，五也。夫国之安危，在乎兵之强弱与将相之贤不肖，而不在乎都之迁与不迁也。诚使兵弱而将士不肖，虽渡江而南，安能自保！"帝欲以其事付所。会所言黄潜善奸邪不可用，恐害新政。潜善引去，帝留之，乃罢所言职，安置江州。

纲 六月，李纲至行在，固辞相位，不许。

〔李纲上十事〕

目 纲至，入见，涕泗交集，帝为动容。纲力辞相位，帝曰："朕知卿忠义、

① 解州：治今山西运城市盐湖区解州镇。慈州：治今山西吉县。隰州：治今山西隰县。

智略久矣,其勿辞。"纲顿首泣谢。且言:"昔唐明皇欲相姚崇,崇以十事要说,皆中一时之病。今臣亦以十事仰干天听①,陛下度其可行者赐之施行,臣乃敢受命。"一曰议国是,谓:"中国之御四夷,能守而后可战,能战而后可和,而靖康之末皆失之。今莫若先自治,专以守为策,俟吾政事修,士气振,然后可议大举。"二曰议巡幸,谓:"车驾不可不一至京师,见宗庙以慰都人之心,度未可居则为巡幸之计。天下形势,长安为上,襄阳次之,建康又次之,皆当诏有司预为之备。"三曰议赦令,谓:"祖宗登极,赦令皆有常式。前日赦书,乃以张邦昌伪赦为法,如赦恶逆及罪废官尽复官职②,皆不可行,宜悉改正。"四曰议僭逆,谓:"张邦昌为国大臣,不能临难死节,而挟金人之势易姓改号,宜正典刑,垂戒万世。"五曰议伪命,谓:"国家更大变,鲜有仗节死义之士,而受伪官者不可胜数。昔肃宗平贼,污伪命者以六等定罪,宜仿之以厉士风。"六曰议战,谓:"军政久废,士气怯惰,宜一新纪律,信赏必罚,以作其气。"七曰议守,谓:"敌情狡狯(kuài),势必复来,宜于沿河、江、淮,措置控御,以扼其冲。"八曰议本政,谓:"政出多门,纲纪紊乱,宜一归之中书,则朝廷尊。"九曰议久任,谓:"靖康间进退大臣太速,功效蔑著,宜慎择而久任之,以责成功。"十曰议修德,谓:"上始膺天命③,宜益修孝悌恭俭,以副四海之望而致中兴。"翌日,班纲议于朝,惟僭逆、伪命二事留中不出④。

① 天听:帝王的听闻。
② 恶逆:古代刑律十恶大罪之一,指殴打及谋杀父母等亲属。
③ 膺:接受,承受。
④ 留中:将臣子上的奏章留置宫禁之中,不交议也不批答。

[纲]以黄潜善为门下侍郎。

〔张邦昌被贬〕

[纲]安置张邦昌于潭州,贬放其党有差。

[目]李纲以僭逆、伪命二事留中,言于帝曰:"二事,乃今日刑政之大者。邦昌当道君朝,在政府者十年,渊圣即位,首擢为相,方国家祸难,金人为易姓之谋,邦昌如能以死守节,推明天下戴宋之义,以感动其心,敌人未必不悔祸而存赵氏。而邦昌方以为得计,俨然正位号,处宫禁,擅降伪诏,以止四方勤王之师。及知天下之不与,乃不得已,请元祐太后垂帘听政,而议奉迎。邦昌僭逆始末如此,而议者不同,臣请以《春秋》之法断之。夫《春秋》之法,人臣无将①,将而必诛。赵盾不讨贼则书以弑君②。今邦昌已僭位号,敌退而止勤王之师,非特将与不讨贼而已。刘盆子以汉宗室为赤眉所立③,其后以十万众降,光武但待之以不死。邦昌以臣易君,罪大于盆子,不得已而自归,朝廷既不正其罪,又尊崇之,此何理也?陛下欲建中兴之业,而尊崇僭逆之臣以示四方,其谁不解体!又伪命臣僚,一切置而不问,何以厉天下士大夫之节!"时执政中有议不同者,帝召黄潜善等语之,潜善主邦昌甚力,帝顾吕好问曰:"卿昨在围城中知其故,以为何如?"好问附潜善,持两端。纲言:"邦昌僭逆,岂可留之朝廷,使道路指目曰'此亦一天子'哉!"因泣拜曰:"陛下必欲用邦昌,第罢臣。"帝颇感动。汪伯

————————

① 无将:勿存叛逆篡弑之心。
② 春秋晋国执政赵盾因为没有讨伐弑杀晋灵公的赵穿,史官董狐称其弑君。
③ 刘盆子:新莽末年赤眉起义军所立皇帝。

彦乃曰："李纲气直,臣等所不及。"帝乃出纲奏,责授邦昌昭化军节度副使①,潭州安置。并安置王时雍、徐秉哲、吴开、莫俦、李擢、孙觌于高、梅、永、全、柳、归州,而颜博文、王绍以下论罪有差。

纲 赠李若水、霍安国、刘韐官,诏诸路访死节之臣以闻。

纲 以李纲兼御营使②。

[李纲立军法]

目 纲既受命,拜谢,有旨兼充御营使。入对,言曰："今国势不逮靖康间远甚,然而可为者,陛下英断于上,群臣辑睦于下,庶几中兴可图,然非有规模而知先后缓急之序,则不能以成功。夫外御强敌,内销盗贼,修军政,变士风,裕邦财,宽民力,改弊法,省冗官,诚号令以感人心,信赏罚以作士气,择帅臣以任方面,选监司郡守以奉行新政,俟吾所以自治者,政事已修,然后可以问罪金人,迎还二圣,此谓规模也。至于当急而先者,则在于料理河北、河东。盖两路,国之屏蔽,料理稍就,然后中原可保,而东南可安。今河东所失者恒③、代④、太原、泽⑤、潞⑥、汾⑦、晋,河北所失者真定、怀、卫、浚,其余诸郡皆为朝廷守。两路士民兵将皆推豪杰以为首领,多者数万,少者不下万人,朝廷不因

① 昭化军:藩镇军号,治金州,今陕西安康市。
② 御营使:皇帝出巡时而设,掌行营守卫,由宰相兼领。
③ 恒:据《建炎以来系年要录》卷六应作"忻"。
④ 代:州名,治今山西代县。
⑤ 泽:州名,治今山西晋城市。
⑥ 潞:州名,治今山西长治市。
⑦ 汾:州名,治今山西汾阳市。

此时置司遣使以大慰抚之,分兵以援其危急,臣恐粮尽力疲,坐受金人之困,虽怀忠义之心,危迫无告,必且愤怨朝廷,金人因得抚而用之,皆精兵也。莫若于河北置招抚司,河东置经制司,择有材略者为之,使宣谕天子恩德,所以不忍弃两河于敌国之意。有能全一州复一郡者,以为节度、防御、团练使,如唐之方镇,使自为守,非惟绝其从敌之心,又可资其御敌之力,使朝廷永无北顾之忧,最今日之先务也。"帝善其言,问谁可任者,纲荐张所、傅亮。亮,西人,习古兵法,纲与语,谓可为大将,因奏用之。

纲 子耒(fū)生,大赦。

纲 还元祐党籍及元符上书人官爵。

纲 以汪伯彦知枢密院事。

纲 遣宣义郎傅雱使金军,通问二帝。

目 初,黄潜善白遣雱为祈请使,又遣太常少卿周望为通问使,俱未行。李纲上言:"尧舜之道,孝弟而已。今日之事,正当枕戈尝胆①,内修外攘,使刑政修而中国强,则二帝不俟迎请而自归。不然,虽冠盖相望,卑辞厚礼,恐亦无益。今所遣使,但当奉表通问,致思慕之意可也。"帝从之,遂命纲草表,付雱以往,且致书于粘没喝。

纲 立沿河、江、淮帅府。

纲 以张悫(què)同知枢密院事,兼提举户部财用。

_____

① 枕戈尝胆:头枕兵器,口尝苦胆,形容发愤图强,或报仇雪耻心切。

目 初,恕为计度都转运使,帝为大元帅,募诸道兵勤王。恕飞挽踵道①,建议印给盐钞以便商旅,不阅旬,得缗钱五十万以佐军。帝即位,以为户部尚书。至是,除同知枢密院事,兼提举户部财用。

恕建言:"三河之民②,怨敌深入骨髓,恨不歼殄其类,以报国家之仇。请因唐人泽潞步兵雄边子弟遗意③,募民联以什伍,而寓兵于农,使合力抗敌,谓之巡社。其法:五人为甲,五甲为队,五队为部,五部为社,皆有长。五社为一都,社有正副,二都社有都副总首。甲长以上免身役,所结五百人以上,借补官有差。"论者以其法精详,前此言民兵者皆莫之及。诏集为书行之,隶安抚司。

纲 吕好问罢知宣州。

目 侍御史王宾论:"好问尝污伪命,不可立新朝。"帝曰:"邦昌僭号之初,好问募人赍帛书道京师内外之事,金人甫退④,又遣人劝进。考其心迹,非他人比。"好问自惭,力求去,且言:"邦昌僭号之时,臣若闭门洁身,实不为难,徒以世被国恩,所以受贤者之责,冒围赍书于陛下。"疏入,除资政殿学士,知宣州,以恩封东莱郡侯。

纲 以宗泽为东京留守。泽累表请帝还京师,不报。

〔宗泽守东京〕

目 泽在襄阳,闻黄潜善复倡和议,上疏曰:"自金人再至,朝廷未尝命一

①飞挽踵道:急速运送粮草的车在路上络绎不绝。
②三河:河南、河北、河东地区。
③泽潞步兵:唐代宗永泰元年,李抱真任泽潞节度使,训练农民为兵,其步兵称雄山东。
④甫:才。

将,出一师,但闻奸邪之臣朝进一言以告和,暮入一说以乞盟,终至二
圣北迁,宗社蒙耻。臣意陛下赫然震怒,大明黜陟,以再造王室。今
即位四十日矣,未闻有大号令,但见刑部指挥云:'不得眷播赦文于河
之东西①,陕之蒲、解②。'是褫天下忠义之气,而自绝其民也。臣虽驽
怯,当躬冒矢石,为诸将先,得捐躯报国恩,足矣!"帝览其言而壮之。
及开封尹阙,李纲言:"绥复旧都,非泽不可。"乃以为东京留守、知开
封府。时敌骑留屯河上,金鼓之声日夕相闻,而京城楼橹尽废③,兵民
杂居,盗贼纵横,人情汹汹。泽威望素著,既至,首捕诛舍贼者数人,
下令曰:"为盗者,赃无轻重悉从军法。"由是盗贼屏息。因抚循军民,
修治楼橹,屡出师以挫敌,上疏请帝还京师。时真定、怀、卫间敌兵甚
盛,方密修战具,为入攻之计,泽以为忧。乃渡河约诸将,共议事宜,
以图收复,而于京城四壁,各置使以领招集之兵。造战车千二百乘,
又据形势立坚壁二十四所于城外,沿河鳞次为连珠寨④,连结河东、河
北山水寨忠义民兵,于是陕西、京东、西诸路人马咸愿听泽节制。泽
又开五丈河以通西北商旅。守御之具既备,累表请帝还京,而帝用黄
潜善计,决意幸东南,不报。

秉义郎岳飞犯法将刑,泽一见奇之,曰:"将材也!"会金人攻汜水,以
五百骑授飞,使立功赎罪。飞大败金人而还,升飞为统制而谓之曰:
"尔智勇材艺,古良将不能过,然好野战,非万全计。"因授飞阵图⑤。

① 河之东西:河北、河东。
② 蒲:州名,即河中府。以上区域已割让给金朝。
③ 楼橹:用以侦察、防御或攻城的高台,代指城防。
④ 连珠寨:互为依托、紧密呼应的营寨。
⑤ 阵图:军队作战时兵力部署、队形变化的图式。

飞曰:"阵而后战,兵法之常,运用之妙,在乎一心。"泽是其言,飞由此
知名。

纲 金斡离不卒。

纲 诏诸路募兵买马,劝民出财。

目 李纲言:"熙丰间内外禁旅五十九万。今禁旅单弱,何以捍强敌而镇
四方! 莫若取财于东南,募师于西北,若得数十万,付诸将以时练之,
不久皆成精兵,此最为急务。"于是诏陕西、河北、京东、西路募兵十
万,更番入卫;河北西路括买官民马,劝民出财助国。纲又言:"步不
足以胜骑,骑不足以胜车。请以战车之制,颁于京东、西路,使制造而
教习之。"

纲 以张所为河北招抚使。

目 所招徕豪杰,擢王彦为都统制。时岳飞上书言:"勤王之师日集,宜乘
敌急而击之。黄潜善、汪伯彦辈不能承圣意恢复,奉车驾日益南,恐
不足系中原之望。愿陛下乘敌穴未固,亲率六军北渡,则将士作气,
中原可复。"坐越职言事夺官。归诣所,所以飞为中军统领,问之曰:
"尔能敌几何?"飞曰:"勇不足恃,用兵在先定谋。栾枝曳柴以败
荆①,莫敖采樵以致绞②,皆谋定也。"所矍然曰:"君殆非行伍中人。"
飞因说所曰:"国家都汴,恃河北以为固,苟冯据要冲,峙列重镇,一城
受围,则诸城或挠或救,金人不能窥河南,而京师根本之地固矣。招

---

① 荆:楚国。此指周襄王二十年晋楚城濮(今山东鄄城)之战,栾枝为晋国主帅。
② 莫敖:春秋楚国官名,指屈瑕。绞:春秋诸侯国,在今湖北郧县。此指周桓王二十年
楚伐绞之战。

抚诚能提兵压境,飞唯命是从。"所大喜,借补飞武经郎。

纲秋七月,以王璨(xiè)为河东经制使,傅亮副之。

纲以许翰为尚书右丞。

纲右谏议大夫宋齐愈以罪弃市①。

目齐愈附黄潜善、汪伯彦,上疏论李纲募兵、买马、括财三事之非,不报。章拟再上,其乡人嗛(xián)齐愈者②,窃其草示纲。时方论僭逆附伪之非,而齐愈实书邦昌姓名以示众者,于是逮齐愈于狱。齐愈引伏,遂命戮于东市。

纲以范致虚知邓州。

目李纲尝言:"车驾巡幸之所,关中为上,襄阳次之,建康为下。陛下纵未能行上策,犹当且适襄、邓,示不忘故都,以系天下之心。不然,中原非复我有,车驾还阙无期矣。"帝乃谕两京以还都之意,读者感泣。既而有诏欲幸东南避敌,纲极言其不可,且曰:"自古中兴之主,起于西北,则足以据中原而有东南;起于东南,则不能复中原而有西北。盖天下精兵健马,皆在西北,若委中原而弃之,岂惟金人将乘间以扰内地,盗贼亦将蜂起为乱,跨州连邑,陛下虽欲还阙,不可得矣,况欲治兵胜敌,以归二圣哉!夫南阳③,光武之所兴,有高山峻岭可以控扼,有宽城平野可以屯兵。西邻关、陕,可以召将士;东达江、淮,可以

① 弃市:于闹市执行死刑,并将尸体弃置街头示众。
② 嗛:怀恨。
③ 南阳:郡名,即邓州。

运谷粟;南通荆、湖、巴、蜀,可以取财货;北距三都,可以遣救援。暂议驻跸,乃还汴都,策无出于此者。今乘舟顺流而适东南,固甚安便,第恐一失中原则东南不能必其无事,虽欲退保一隅不可得也!况尝降诏许留中原,人心悦服,奈何诏墨未干,遽失大信。"帝乃许幸南阳,以范致虚知邓州,修城池,缮宫室,输钱谷以实之。而汪伯彦、黄潜善阴主扬州之议。或谓纲曰:"外论汹汹,咸谓东幸已决。"纲曰:"国之存亡于是焉分,吾当以去就争之。"

纲 元祐太后如扬州。

目 帝从汪伯彦、黄潜善言,将幸扬州以避敌。诏副都指挥使郭仲荀奉太后先行,六官及卫士家属皆从,遣使诣汴京迎奉太庙神主赴行在。

纲 阁门宣赞舍人曹勋以上皇手书至自金。

目 上皇在燕山,谓阁门宣赞舍人曹勋曰:"我梦四日并出,此中原争立之象,不知中原之民尚肯推戴康王否?"因出御衣绢半臂,亲书其领中曰:"便可即真,来救父母①。"又谕勋曰:"如见康王,第言有清中原之策,悉举行之,毋以我为念。"康王夫人邢氏,闻勋南还,亦脱所御金环,使内侍持付勋曰:"幸为我白大王,愿如此环,得早相见也。"勋遂间行至南京,以御衣进。帝泣以示辅臣。勋因建议募死士入海,至金东境,奉上皇由海道归。执政难之,出勋于外。

纲 八月,以李纲、黄潜善为尚书左、右仆射兼门下、中书侍郎。

目 纲尝侍帝,论及靖康时事,帝曰:"渊圣勤于政事,省览章奏,至终夜不

---

① 即真:正式即皇帝位。

寐。然卒至播迁,何也?"纲对曰:"人主之职在知人。进君子,退小
人,则大功可成,否则衡石程书无益也①。"因勉帝以明恕尽人言,恭
俭足国用,英果断大事。帝嘉纳之。纲所论谏,其言切直,帝初无不
容纳,至是惑于黄潜善、汪伯彦之言,常留中不报。

纲 更号元祐太后曰隆祐太后。

纲 召河东经制副使傅亮还行在,罢李纲,提举洞霄宫。

目 傅亮军行十余日,黄潜善等以为逗遛,令东京留守宗泽节制亮军,即
日渡河。亮言措置未就而渡河,恐误国事。李纲为之请,潜善等不以
为然。纲言:"招抚、经制二司,臣所建明,而张所、傅亮,又臣所荐用。
今黄潜善、汪伯彦沮所、亮,所以沮臣。臣每鉴靖康大臣不和之失,事
未尝不与潜善、伯彦议而后行,而二人设心如此,愿陛下虚心观之。"
既而召亮赴行在,纲言:"圣意必欲罢亮,乞付黄潜善施行,臣得乞身
归田里。"纲退而亮竟罢。纲乃再疏求去,帝曰:"卿所争细事,胡乃
尔?"纲言:"方今人材,将帅为急,恐非小事。臣昨议迁幸,与潜善、伯
彦异,宜为所嫉。然臣东南人,岂不愿陛下东下为安便哉! 顾一去中
原,后患有不可胜言者! 愿陛下以宗社为心,以生灵为意,以二圣未
还为念,勿以臣去而改其议。臣虽去左右,不敢一日忘陛下。"泣辞而
退。或曰:"公决于进退,于义得矣,如谗者何?"纲曰:"吾知尽事君
之道,不可则全进退之节,患祸非所恤也!"会侍御史张浚劾纲以私意
杀宋齐愈,且论其买马、招军之罪。潜善、伯彦等复力排纲,请帝去

---

① 衡石程书:形容君主勤于国政。

之,遂罢纲为观文殿大学士①,浚论纲不已,乃落职,止提举洞霄宫。凡在相位七十七日。纲罢,而招抚、经制司废,车驾遂东幸,两河郡县相继沦陷。凡纲所规画军民之政,一切废罢。金兵益炽,关辅残毁,而中原盗贼蜂起矣。

〔杀陈东、欧阳澈〕

纲 杀太学生陈东、布衣欧阳澈。

目 东自丹阳召至②,未得对,会李纲罢,乃上书乞留纲而罢黄潜善、汪伯彦,不报。又上疏请帝亲征以还二圣,治诸将不进兵之罪以作士气,车驾宜还京师,勿幸金陵,又不报。

会抚州布衣欧阳澈徒步诣行在,伏阙上书,极诋用事大臣。潜善遂以语激怒帝,言"若不亟诛,将复鼓众伏阙"。书独下潜善所,府尹孟庾召东议事。东请食而行,手书区处家事,字书如平时,已,乃授其从者曰:"我死,尔归,致此于吾亲。"食已,如厕,吏有难色,东笑曰:"我陈东也,畏死即不敢言,已言肯逃死乎!"吏曰:"吾亦知公,安敢相迫!"顷之,东具冠带出,别同邸,乃与澈同斩于市。四明李猷赎尸瘗之③。东初未识纲,特以国故,为之死,识与不识皆为流涕。

纲 许翰罢。

目 李纲罢,翰言:"纲忠义英发,舍之无以佐中兴。今罢纲,臣留无益。"

① 观文殿大学士:宰相离任或外调者所授职名,居诸殿学士之首。
② 丹阳:县名,今江苏丹阳市。
③ 四明:郡名,即明州,今浙江宁波市。

力求去,帝不许。及陈东见杀,翰谓所亲曰:"吾与东皆争李纲者,东戮于市,吾在朝堂可乎?"乃为东、澈著哀辞,而八上章求罢,遂以资政殿大学士提举洞霄宫。

纲 封子勇为魏国公。

纲 安置河北招抚使张所于岭南。

纲 都统制王彦等渡河,败金人于新乡,进次太行。金人围之,彦兵溃,走保共城。

目 彦率岳飞等十一将,部七千人渡江,至新乡,金兵盛,彦不敢进,飞独引所部麈(áo)战①,夺其纛(dào)而舞②,诸军争奋,遂复新乡。明日,战于侯兆川③,飞身被十余创,士皆死战,又败之。会食尽,诣彦壁乞粮④,彦不许。飞乃引兵益北,与金人战于太行山,擒其将拓跋耶乌。居数日,又与敌遇,飞单骑持丈八铁枪,刺杀其将黑风大王,金人败走。飞知彦不悦己,遂率所部复归宗泽,泽复以为统制。

〔王彦八字军〕

彦以屡胜,因传檄州郡。金人以为大军至,率骑数万薄彦垒,围之数匝。彦以众寡不敌,溃围出走,诸将败去。彦独保共城西山,遣腹心结两河豪杰图再举。金人购求彦急⑤,彦虑变,夜寝屡迁。其部曲觉

---

① 麈战:激烈战斗。
② 纛:军队里的大旗。
③ 侯兆川:在今河南辉县市。
④ 壁:营垒。
⑤ 购求:悬赏捕人。

之,相率刺面作"赤心报国,誓杀金贼"八字,以示无他意。彦益感励,抚爱士卒,与同甘苦。未几,两河响应,忠义民兵首领傅选、孟德、刘泽、焦文通等皆附之,众十余万,绵亘数百里,皆受彦约束。金人患之,召其首领,俾以大兵破彦垒。首领跪而泣曰:"王都统寨坚如铁石,未易图也。"金人乃间遣骑兵挠彦粮道,彦勒兵待之,斩获甚众。

纲 张邦昌伏诛。

纲 金尽陷河北州郡。

纲 冬十一月①,帝如扬州。

目 先是黄潜善、汪伯彦力主幸东南,许景衡亦言:"建康天险可据。"帝从之,诏淮、浙沿海诸州,增修城壁,招训民兵,以备海道。又命扬州守臣吕颐浩缮修城池。至是,谍者言金人欲犯江、浙,诏暂驻淮甸,捍御稍定,即还京阙。宗泽上疏谏曰:"京师,天下腹心,不可弃也。昔景德间契丹寇澶渊,王钦若江南人,劝幸金陵;陈尧叟阆中人,劝幸成都;惟寇准毅然请亲征,卒用成功。"因条上五事,其一言黄潜善、汪伯彦赞南幸之非。泽前后建议,辄为汪、黄所抑,二人每见泽奏至,皆笑以为狂。于是帝决意幸扬州。十月朔,帝登舟。

时两河虽多陷于金,而其民怀朝廷恩,所在结为红巾,出攻城邑,皆用建炎年号,金人稍稍引去,及闻帝南幸,无不解体。泽复上疏言:"欲遣间勍(qíng)、王彦各统大军尽平贼垒,望陛下早还京阙。臣之此举,

---

① 十一月:据目文及下文,应作"十月"。

可保万全。或奸谋蔽欺，未即还阙，愿陛下从臣措画，勿使奸臣沮抑，以误社稷大计！陈师鞠旅①，尽扫胡尘，然后奉迎銮舆还京，以塞奸臣之口，以快天下之心。"帝优诏答之。

纲 十一月，窜李纲于鄂州②。

目 寻责授单州团练使，安置于万安军。

纲 遣朝奉郎王伦使金。

目 伦，旦之族孙也，家贫无行，为任侠，往来京、洛间，数犯法，幸免。至是，选能专对者使金问二帝起居，乃假伦刑部侍郎③，充大金通问使，阁门舍人朱弁副之。至云中，见粘没喝议事。时金方大举南下，伦邀说百端④，粘没喝不听。

先是渊圣自云中徙燕山，始与太上皇相见，居于悯忠寺⑤。至是，并迁于霫(xí)郡⑥。霫，古溪国也，在燕山北千里。

纲 以张悫为中书侍郎，颜岐、许景衡为尚书左、右丞，郭三益同知枢密院事。

纲 十二月，金人分道入寇，遂陷西京，留守孙昭远走死，河东经制使王璥引兵遁蜀。

———————

① 陈师鞠旅：整军誓师。
② 鄂州：治今湖北武汉市。
③ 假：借，临时授予。
④ 邀说：游说。
⑤ 悯忠寺：今北京市法源寺。
⑥ 霫郡：辽中京大定府，金初因之，今内蒙古宁城县。

评北宋：

北宋立国伊始，惩唐末五代藩镇割据、武将跋扈之弊，以防弊之政为立国之法，将分权制衡原则贯彻到国家机构的各个方面及诸多层级。这一方面使宋廷对地方的统治程度超越前代；另一方面守内虚外、崇文抑武，对武将权力的刻意限制和防范，成为北宋国势不振的重要原因。北宋中期之后，宋夏战争失利，多种社会矛盾出现，催生了庆历新政、王安石变法等政治改革运动。伴随着变法出现的党争，成为对北宋后期政治的重大困扰。徽宗时期对于"盛世"的刻意渲染，对于"丰亨豫大"的无尽追求，对当时的政治、社会、文化产生了深刻的负面影响。面对女真崛起，北宋终至覆亡。

北宋高度重视文治和文教。科举制度逐渐完善，程序更加严密，选拔相对公平，促进了社会流动。书院、州县学的普遍设置，推动了教育的发展和普及。北宋文化高度繁荣，学术思想生机勃发，宋词蔚为大观，史学成就斐然，宋学成为中国思想史上的重要成就。

北宋经济繁荣，城市、商业、农业、手工业发展进入新阶段。随着江南农业的发展，经济重心进一步南移。北宋陆上丝绸之路不畅，但是指南针、航海术、造船业发达，与亚洲、北非各国的海外贸易逐渐兴盛。

闫建飞 评注

李华瑞　高纪春 审定

纲鉴易知录卷七八

卷首语:本卷起宋高宗建炎二年(1128),止
建炎四年(1130),所记主要为南宋前三年的宋
金战争史事。在金军的攻击下,南宋的中原、江
淮防线土崩瓦解,赵构南逃避敌。期间发生苗刘
兵变,赵构被迫退位,后在勤王兵马的援救下复
辟。建炎四年,金军结束对赵构集团的追杀;赵
构重新部署江淮防线,并安排张浚前往川陕主持
抗金,宋金战争进入相持阶段。

南宋纪

南宋世系表

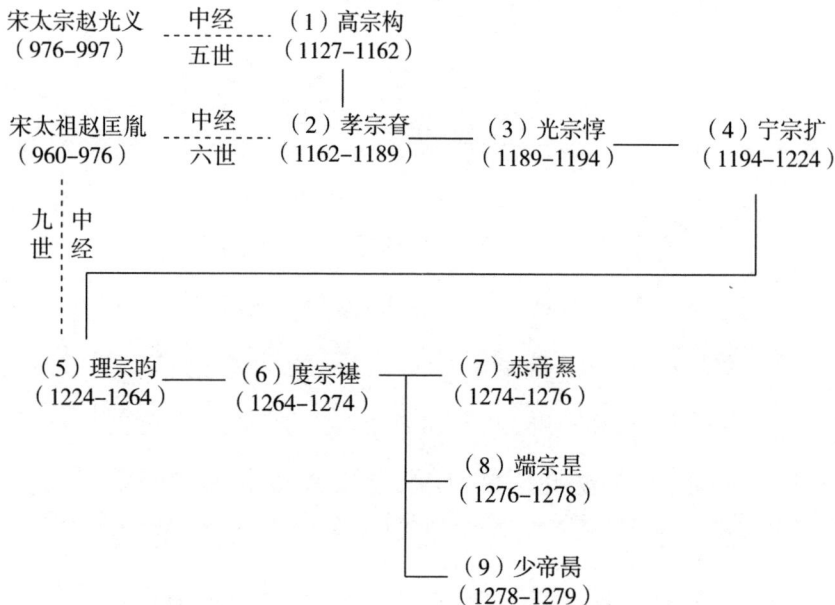

宋太宗赵光义
（976–997）　中经·······（1）高宗构
　　　　　　　五世　　（1127–1162）

宋太祖赵匡胤　中经·······（2）孝宗眘————（3）光宗惇————（4）宁宗扩
（960–976）　六世　　（1162–1189）　　（1189–1194）　　（1194–1224）

九世　中经

（5）理宗昀————（6）度宗禥————（7）恭帝㬎
（1224–1264）　　（1264–1274）　　（1274–1276）

　　　　　　　　　　　　　　　（8）端宗昰
　　　　　　　　　　　　　　　（1276–1278）

　　　　　　　　　　　　　　　（9）少帝昺
　　　　　　　　　　　　　　　（1278–1279）

高宗皇帝

纲 戊申，高宗皇帝建炎二年（1128）①，春正月，金人陷邓州，范致虚出
　　奔，安抚使刘汲死之②，京西州郡皆陷。

————————

① 金天会六年。

② 安抚使：路级军政长官。

〔宗泽抗金守开封〕

纲 金将兀术(zhú)犯东京①,宗泽败之。

目 金兀术自郑抵白沙②,去汴京密迩③,都人震恐。僚属入问计,宗泽乃对客围棋④,笑曰:"何事张皇!刘衍等在外必能御敌。"乃选精锐数千,使绕出敌后,伏其归路。金人方与衍战,伏兵起,前后夹击之,金人果败。

粘没喝据西京⑤,与泽相持。泽遣部将阎中立、郭俊民、李景良等帅兵趋郑,遇敌大战,兵败,中立死之,俊民降,景良遁去。泽捕景良,斩之。既而俊民与金将史姓者持书来招泽,泽皆斩之。

刘衍还,金人复入滑⑥,泽部将张撝(huī)往救之。撝至滑,众寡不敌,或请少避之,撝曰:"避而偷生,何面目见宗公!"力战而死。泽闻撝急,遣王宣往援,已不及,因与金人大战,破走之。泽以宣知滑州,金自是不复犯东京。

泽得金将辽臣王策于河上⑦,解其缚,问金之虚实,得其详,遂决大举之计。召诸将谓曰:"汝等有忠义心,当协谋剿敌,期还二圣⑧,以立大功。"言讫泣下,诸将皆听命。金人屡战不利,悉引去。宗泽复上疏

① 兀术:汉名完颜宗弼,金太祖阿骨打第四子。东京:开封府。
② 郑:州名。白沙:镇名,在今河南中牟县。
③ 密迩:贴近。
④ 乃:据《宋史·宗泽传》当作"方"。
⑤ 粘没喝:又作粘罕,汉名完颜宗翰。西京:洛阳。
⑥ 滑:州名,治今河南滑县。
⑦ 金将辽臣:王策本为辽臣,后降金为将。
⑧ 二圣:被金军掳走的宋徽宗赵佶、宋钦宗赵桓。

请帝还京,曰:"臣为陛下保护京城,自去年秋至今春,又三月矣。陛下不早回,则天下之民何依戴?"不报。泽威声日著,敌闻其名,常尊惮之,对南人言,必曰"宗爷爷"。

纲 金人破永兴军①,经略使唐重死之②。

纲 窜内侍邵成章于南雄州③。

目 时所在盗起④,汪伯彦、黄潜善匿不以闻。成章上疏言二人必误国,帝怒,除名⑤,编管南雄州⑥。

纲 以刘豫知济南府。

目 豫,景州人⑦,为河北提刑⑧。金人南侵,豫弃官避地真州⑨,张悫荐之,起知济南。时盗起山东,豫不愿行,请易东南一郡,执政不许,豫忿而去。

纲 二月,金人陷淮宁⑩,知府向子韶死之。

目 金人昼夜攻城,子韶率军民固守,遣人诣宗泽乞援⑪,未至,城陷。金

---

① 永兴军:治今陕西西安市。
② 经略使:路级军政长官。
③ 窜:流放。南雄州:治今广东南雄市。
④ 所在:处处。
⑤ 除名:开除官籍。
⑥ 编管:编入罪籍,监视居住。
⑦ 景州:治今河北东光县。
⑧ 河北:路名,今河北一带。
⑨ 真州:治今江苏仪征市。
⑩ 淮宁:府名,治今河南周口市淮阳区。
⑪ 诣:造访。

人欲降之，子韶骂不屈，遂为所杀，阖门皆遇害。事闻，赐谥忠毅。淮宁初陷时，杨时闻之，曰："子韶必死矣！"盖知其素守云①。

纲 金粘没喝焚西京而去。三月，翟进复之，诏以进为京西北路安抚使②。

纲 夏四月，金兀术复入西京，翟进击走之。

纲 工部侍郎兼侍讲杨时罢③。

目 帝初即位，除时工部侍郎，陛对④，言"古圣贤之君，未有不以兴学为务"，除兼侍讲。以老求去，遂提举洞霄宫⑤。时在东郡，所交皆天下士，先达陈瓘、邹浩⑥，皆以师礼事时。暨渡江，东南学者推时为程氏正宗。

纲 以信王榛为河外兵马都元帅⑦。五月，下诏还京师，不果。

〔宗泽屡请宋高宗还开封〕

目 时宗泽招抚群盗聚城下，又募兵储粮，召诸将约日渡河，诸将皆掩泣听命。泽乃上疏，大略言："祖宗基业可惜，陛下父母兄弟蒙尘沙漠，日望救兵。西京陵寝为贼所占⑧，今年寒食节未有祭享之地，而两

---

① 素守：平素的操守。
② 京西北路：今河南大部、安徽北部一带。
③ 侍讲：官名，侍从皇帝讲读经史。
④ 陛对：在殿内向皇帝进言。
⑤ 提举洞霄宫：祠官名，优享俸禄而无职事。
⑥ 先达：德行高、学问深的知名先辈。
⑦ 信王榛：宋徽宗第十八子赵榛，时在河北号召义军抗金，兵败后不知所终。
⑧ 西京陵寝：西京的北宋帝后陵墓，在今河南巩义市。

河、二京、陕右、淮甸①，百万生灵，陷于涂炭。乃欲南幸湖外，盖奸邪之臣一为贼虏方便之计，二为奸邪亲属皆已津置在南故也②。今京城已增固，兵械已足备，人气已勇锐，望陛下毋沮万民敌忾之气，而循东晋既覆之辙。"奏至，或言信王榛有渡河入汴之谋，帝乃降诏择日还京。

纲 许景衡罢。

目 时朝廷有大政事，景衡必请间极谏，黄潜善、汪伯彦以为异己，因共以渡江南幸之议为景衡罪，罢之。景衡行至瓜洲③，得暍(yē)疾卒④，谥忠简。景衡得程颐之学，志虑忠纯，议论不与时俯仰。既卒，帝思之曰："朕自即位以来，执政忠直，遇事敢言，惟许景衡尔。"

纲 定诗赋、经义试士法。

目 元祐中科举以经义、诗赋兼取，绍圣以来罢试诗赋，至是命参酌元祐科举条制，定试士法。中书省请习诗赋举人不兼经义，习经义人止习一经，解试、省试并计数各取⑤，通定高下，殿试仍对策三道⑥。故事，廷试上十名，内侍先以卷奏定高下。帝曰："取士当务至公，岂容以己意升降。自今勿先进卷。"

---

① 二京：东京开封府、西京河南府。
② 津置：津遣、安置。
③ 瓜洲：在今江苏扬州市邗江区。
④ 暍疾：中暑。
⑤ 解试：士人参加州、转运司、太学考试，合格者解送礼部，获得省试资格。省试：又称礼部试，由尚书省礼部主持。
⑥ 殿试：又称廷试，皇帝在殿廷策问考生。

綱以朱胜非为尚书右丞。以宇文虚中充金国祈请使①。虚中降金②。

綱诏御营统制韩世忠会宗泽以御金，王彦引兵屯滑州。

目时得报虏分道渡河，诏世忠与泽率所部迎敌。泽闻王彦聚兵太行山，欲大举趋太原，泽即以彦为忠州防御使③，制置河北军事。恐彦孤军不可独进，召彦计事。彦悉召诸寨指授方略，以俟会合，乃以万余人先发，金人以重兵蹑其后④，而不敢击。既至汴，泽令宿兵近甸⑤，以卫根本，彦遂屯滑州之沙店。泽上疏曰："臣欲乘此暑月，遣彦等自滑州渡河，取怀、卫、浚、相等州⑥，王再兴等自郑州直护西京陵寝，马扩等自大名取洺、相、真定⑦，杨进、王善、丁进等各以所领兵分路并进。既渡河，则山寨忠义之民相应者不啻(chì)百万⑧。愿陛下早还京师，臣当躬冒矢石，为诸将先。中兴之业，必可立致。"疏入，黄潜善等忌泽成功，从中沮之。

〔东京留守宗泽病逝〕

綱秋七月，东京留守宗泽卒，以杜充代之。

目泽前后请帝还京二十余奏，每为黄潜善、汪伯彦所抑。潜善、伯彦又

---

① 金国祈请使：南宋向金国派遣的请求归还徽、钦二帝的使臣。
② 宇文虚中出使至金国，后留在金国并出仕，因涉嫌谋反被灭族。
③ 忠州：治今重庆市忠县。防御使：高级武将官阶，无实职，不赴任。
④ 蹑：追踪。
⑤ 宿：驻扎。近甸：都城近郊。
⑥ 怀：州名，治今河南沁阳市。卫：州名，治今河南卫辉市。浚：州名，治今河南浚县。相：州名，治今河南安阳市。
⑦ 洺：州名，治今河北邯郸市永年区。真定：府名，治今河北正定县。
⑧ 不啻：不止。

疑泽为变,以郭仲荀为副留守以察之。泽忧愤成疾,疽发于背,诸将入问疾,泽矍然曰①:"吾以二帝蒙尘,愤愤至此,汝等能歼敌,则我死无恨。"众皆流涕曰:"敢不尽力!"诸将出,泽叹曰:"出师未捷身先死,长使英雄泪满襟!"无一语及家事,但连呼"过河"者三而卒。年七十。都人号恸。讣闻,赠观文殿学士,谥忠简。

泽子颖居戎幕②,素得士心,都人请以颖继父任,时已命杜充代泽,不许。充酷而无谋,至汴,悉反泽所为,于是豪杰离心,降盗聚城下者复去剽掠矣。

纲 八月,贬殿中侍御史马伸监濮州酒税③,卒于道。

目 伸自湖南还,上疏言黄潜善、汪伯彦不法十七事,乞速罢二人政柄,别选贤者,共图大事。疏入,留中。明日,改授卫尉少卿④,伸辞不拜⑤,录其疏申御史台,且言:"臣论可采,即乞施行,非是,合坐诬罔之罪。"因移疾待命⑥。诏:"伸言事不实,送吏部。"责监濮州酒税,趣(cù)使上道⑦。伸怡然襥(fú)被而行⑧,竟死道中,闻者冤之。伸学于程颐,勇于为义,每曰:"吾志在行道。以富贵为心,则为富贵所累,以妻子为念,则为妻子所夺,道不可行也。"

---

① 矍然:急遽。
② 戎幕:幕府。
③ 殿中侍御史:御史台官员。监濮州酒税:监当官名。濮州,治今山东鄄城县。
④ 卫尉少卿:卫尉寺副长官,佐卫尉卿掌仪卫兵械、甲胄之政令。
⑤ 不拜:不接受任命。
⑥ 移疾:移文称疾。
⑦ 趣:同"促"。
⑧ 襥被:用袱子包扎衣被,整理行装。

[纲]以赵子砥知台州。

[目]子砥自燕山遁归①,命辅臣问北事甚悉,子砥大略言:"金人讲和以用
　　兵,我国敛兵以待和。吾国与金,势不两立。昔契丹主和议,女真主
　　用兵,十余年间竟灭契丹。今复蹈其辙,譬人畏虎,以肉喂之,食尽,
　　终于噬人。若设陷阱以待之,然后可以制虎矣。"遂命知台州。

[金太宗废赵佶、赵桓]

[纲]金主吴乞买废上皇为昏德公②,靖康帝为重昏侯③。徙之韩州④。

[目]金主命二帝赴上京⑤,以素服见金太祖庙,遂见金主于乾元殿。金封
　　太上皇帝为昏德公,渊圣皇帝为重昏侯。未几,徙之韩州。命晋康郡
　　王孝骞等九百余人至韩州同处,惟秦桧不与徙,依挞懒以居⑥,挞懒
　　亦厚待之。

[纲]九月,郭三益卒。

[纲]金将讹里朵袭破信王榛于五马山寨⑦,遂会粘没喝入寇。

[纲]冬十月,隆祐太后如杭州⑧。

―――――――――

① 燕山:府名,治今北京市。
② 上皇:指宋徽宗赵佶。
③ 靖康帝:宋钦宗赵桓。
④ 韩州:今吉林梨树县,一说今辽宁昌图县。
⑤ 上京:会宁府,治今黑龙江哈尔滨市阿城区。
⑥ 挞懒:汉名完颜昌,金太祖阿骨打堂弟。
⑦ 讹里朵:汉名完颜宗辅,金太祖阿骨打之子,金世宗完颜雍之父。五马山:在今河北
　赞皇县。
⑧ 隆祐太后:宋哲宗废后孟氏。

目 侍御史张浚请先定六宫所居地，诏孟忠厚奉太后及六宫、皇子如杭州，以苗傅、刘正彦为扈从都副统制①。

纲 知濮州杨粹中袭破金粘没喝军。十一月，金人陷濮州，粹中死之。

目 粘没喝、讹里朵合兵围濮州，以濮州小，易之。至城下，知州杨粹中固守，命将姚端夜捣其营，粘没喝跣(xiǎn)足走②，仅以身免。遂攻城益急，凡三十三日而陷，粹中被执，竟不屈而死。

纲 金人寇晋宁军③，知军事徐徽言拒却之。知府州折(shé)可求叛降金④。

[刘豫降金]

纲 十二月，刘豫叛降金。

目 挞懒围济南，刘豫遣子麟御却之。挞懒遣人啖豫以利⑤，豫惩前忿⑥，遂杀济南骁将关胜，率百姓降金。百姓不从，豫缒(zhuì)城纳款⑦。

纲 金讹里朵陷北京⑧，提刑郭永死之。

纲 以黄潜善、汪伯彦为尚书左、右仆射兼门下、中书侍郎⑨，颜岐、朱胜非

---

① 扈从都副统制：护驾侍从部队的正副长官。
② 跣足走：赤脚逃跑。
③ 晋宁军：治今陕西佳县。
④ 府州：治今陕西府谷县。
⑤ 啖：引诱。
⑥ 惩：鉴于。
⑦ 缒城：由城上以绳索垂至平地，缘之而下。纳款：归降。
⑧ 北京：大名府，治今河北大名县。
⑨ 尚书左、右仆射兼门下、中书侍郎：宰相，尚书左仆射兼门下侍郎为首相，尚书右仆射兼中书侍郎为次相。

为门下、中书侍郎①，卢益同知枢密院事②。

纲 金粘没喝陷袭庆府③。

目 军士有欲发孔子墓者，粘没喝问其通事高庆裔曰④："孔子何人？"曰：
"古之大圣人。"粘没喝曰："大圣人墓安可发！"遂杀军士。

纲 以礼部侍郎张浚参赞御营军事。

目 浚极言金人必来，请豫为备，黄潜善、汪伯彦以为过计而笑之，命浚参
赞军事，与吕颐浩教习河北兵民。

纲 己酉，三年(1129)⑤，春正月，河北制置使王彦致仕⑥。

目 彦以所部兵马付东京留守司而率亲兵趋行在⑦，见黄潜善、汪伯彦，力
陈两河忠义延颈以望王师，愿因人心大举北伐。言辞愤激。二人大
怒，遂请降旨免对⑧，彦遂称疾致仕。

纲 金粘没喝陷徐州，知州事王复死之。

目 金人围城，复与子倚率军民力战，外援不至，城陷。复谓粘没喝曰：
"死守者我也，愿杀我而舍僚吏、百姓。"粘没喝欲降之，复嫚(màn)骂
求死，阖门百口皆被杀。

———————————

① 门下、中书侍郎：门下侍郎、中书侍郎均为执政，副宰相。
② 同知枢密院事：枢密院副长官，执政。
③ 袭庆府：即兖州，治今山东济宁市兖州区。
④ 通事：翻译官。
⑤ 金天会七年。
⑥ 制置使：地区军事统帅，掌一路或数路军马边防。致仕：仕宦休致，即退休。
⑦ 行在：天子乘舆所在曰行在，时赵构在扬州。
⑧ 对：地方军政长官入京，需进宫奏对。

纲 韩世忠会兵救濮州,至沭(shù)阳①,兵溃。金粘没喝遂入淮泗②。

〔宋高宗南逃〕

纲 二月,诏刘光世将兵阻淮以拒金。光世兵溃,走还,金粘没喝遂陷天
　长军③。帝奔镇江。

目 粘没喝至楚州④,守臣朱琳降,遂乘胜而南,陷天长军。内侍邝询报金
　兵至,帝即被甲乘骑,驰至瓜洲镇,得小舟渡江,惟护圣军卒数人及王
　渊、张俊、内侍康履等从行。日暮至镇江。时汪伯彦、黄潜善方率同列
　听浮屠克勤说法罢⑤,会食,堂吏大呼曰⑥:"驾已行矣!"二人相顾仓
　皇,乃戎服策马南驰,居民争门而出,死者相枕藉⑦,无不怨愤。司农
　卿黄锷至江上⑧,军士以为黄潜善,骂之曰:"误国误民,皆汝之罪!"
　锷方辨其非是,而首已断矣。是日,金将马五帅五百骑先驰至扬州城
　下,闻帝已南行,乃追至扬子桥。时事起仓卒⑨,朝廷仪物皆委弃,太
　常少卿季陵亟取九庙神主以行⑩,出城未数里,回望城中烟焰烛天。
　陵为金人所追,亡太祖神主于道。

_____

① 沭阳:县名,今江苏沭阳县。
② 淮泗:泛指淮北,今山东、江苏、安徽、河南交界一带。
③ 天长军:治今安徽天长市。
④ 楚州:治今江苏淮安市。
⑤ 同列:同僚。浮屠:和尚。
⑥ 堂吏:宰相办公机构政事堂的办事吏员。
⑦ 枕藉:纵横交错地躺在一起。
⑧ 司农卿:司农寺长官,掌在京仓场园苑等。
⑨ 卒:同"猝"。
⑩ 太常少卿:太常寺副长官,佐太常卿掌朝廷礼仪事务。神主:牌位。

綱 帝如杭州，以吕颐浩同签书枢密院事①，守镇江。

目 帝至镇江，宿于府治。翌日，召从臣问去留。吏部尚书吕颐浩乞留跸

（bì）以为江北声援②，群臣皆以为然。王渊独言："镇江止可捍一面，

若金人自通州渡江③，以据姑苏④，将若之何？不如钱塘有重江之

险⑤。"帝意遂决。以颐浩为江淮制置使，与行在五军制置使刘光世

驻镇江，又以杨惟忠节制江东军马，驻江宁⑥。是夕发镇江，越四日

次平江⑦，命朱胜非节制平江、秀州军马⑧，张浚副之，留王渊守平江。

又二日次崇德⑨。时吕颐浩从行，即拜同签书枢密院事、江淮两浙制

置使，以兵二千还屯京口⑩。又命张俊以兵八千守吴江⑪。

綱 金娄室陷晋宁军，徐徽言死之。

目 娄室破晋宁军，徽言据子城拒战，因溃围走，被擒，使之拜，不拜，临之

以兵，不动，命折可求谕使降，徽言大骂，娄室杀之。统制孙昂及士卒

皆不屈被害。事闻，赠徽言晋州观察使⑫，谥忠壮。

---

① 同签书枢密院事：枢密院副长官，执政。

② 留跸：帝王出行途中暂留。

③ 通州：治今江苏南通市。

④ 姑苏：即平江府，治今江苏苏州市。

⑤ 钱塘：郡名，即杭州。

⑥ 江宁：府名，治今江苏南京市。

⑦ 次：临时驻扎或止宿。

⑧ 秀州：治今浙江嘉兴市。

⑨ 崇德：县名，今浙江桐乡市。

⑩ 京口：即镇江府。

⑪ 吴江：县名，今江苏苏州市吴江区。

⑫ 晋州：治今山西临汾市。

纲 帝至杭州,赦。

目 帝驻跸杭州,即州治为行宫。下诏罪己,求直言,赦死罪以下,放还士大夫被窜斥者。惟李纲不赦,更不放还,盖用黄潜善计,罪纲以谢金也。

和州防御使马扩应诏上书言①:"前日之事,其误有四,其失有六。今愿陛下西幸巴蜀,用陕右之兵,留重臣使镇江南,抚淮甸,破金贼之计,回天下之心,是为上策。都守武昌②,襟带荆湖,控引川广,招集义兵,屯布上流,扼据形势,密约河南诸路豪杰,许以得地世守,是为中策。驻跸金陵,备御江口,通达漕运,精习水军,厚激将士,以幸一胜,观敌事势,预备迁徙,是为下策。若倚长江为可恃,幸金贼之不来,犹豫迁延,候至秋冬,金贼再举,驱虏舟楫,江、淮千里,数道并进,方当此时,然后又悔,是为无策。"扩累数千言,皆切事机。

纲 金人焚扬州而去。

纲 黄潜善、汪伯彦以罪免。

目 潜善、伯彦自知不为众所容,联疏求退。中丞张澂论二人大罪二十③,致陛下蒙尘,天下怨怼,乞加罪斥。乃罢潜善知江宁府,伯彦知洪州④。

纲 以叶梦得、张澂为尚书左、右丞。

纲 三月,以朱胜非为尚书右仆射兼中书侍郎。命张浚驻平江。

---

① 和州:治今安徽和县。
② 武昌:郡名,即鄂州,治今湖北武汉市。
③ 中丞:御史中丞,御史台长官。
④ 洪州:治今江西南昌市。

纲叶梦得罢，以王渊同签书枢密院事。

纲以吕颐浩为江东安抚制置使。

〔苗刘之变〕

纲扈从统制苗傅、刘正彦作乱，杀王渊及内侍康履等，劫帝传位于魏国
公旉，请隆祐太后临朝。

目苗傅自负世将，以王渊骤迁显职，心不平之，而刘正彦亦以招降剧盗，
功大赏薄怨上，二人因相结。时内侍康履等恃恩用事，妄作威福，陵
忽诸将，诸将嫉之。中大夫王世修亦嫉内侍恣横，言于正彦。正彦
曰："会当共除之。"及王渊入枢府，傅等疑其由内侍以进，遂与世修谋
先斩渊，然后杀宦者。

议既定，时以刘光世为殿前都指挥使①，百官入听宣制②，傅、正彦令世
修伏兵城北桥下，俟渊退朝，即捽(zuó)下马③，诬以结宦者谋反，正彦手
斩渊，即与傅拥兵至行宫，执康履等斩之。帝谕傅等归营，傅等逼帝传
位皇太子，请隆祐太后同听政。太后出见傅等，谕之曰："今强敌在前，
吾以一妇人抱三岁儿决事，何以令天下？敌国闻之，岂不转加轻侮！"傅
等不从。后顾朱胜非曰："今日政须大臣果决，相公何无一言？"胜非白
帝曰："傅等腹心有王钧甫者，适语臣云：'二将忠有余而学不足。'此语
可为后图之绪。"帝乃即坐上作诏，禅位于皇子，而请太后同听政。宣诏
毕，傅等麾其军退，于是皇子旉即位，太后垂帘决事。尊帝为睿圣仁孝

① 殿前都指挥使：禁军殿前司长官。
② 制：制书，任命高级官员的文书。
③ 捽：揪、抓。

皇帝,以显宁寺为睿圣宫,是夕徙帝居之。大赦,改元明受。

纲 张浚、吕颐浩会兵讨贼。

目 改元赦书至平江,张浚命守臣汤东野秘不宣。既而得苗傅等所传檄,浚恸哭,召东野及提刑赵哲谋起兵讨之。

时傅令张俊以三百人赴秦凤①,而以余兵属他将。俊知其伪,拒不受。即引所部八千人至平江,浚见俊语故,相持而泣,且谕俊以将起兵问罪。

赦至江宁,吕颐浩曰:“是必有兵变。”其子抗曰:“主上春秋鼎盛,二帝蒙尘沙漠,且望拯救,其肯遽逊位于幼冲乎!灼知兵变无疑也②。”即遣人寓书于浚。浚以颐浩有威望,能断大事,乃答书约共起兵,且告刘光世于镇江,令以兵来会。

颐浩得浚书,上疏请复辟,遂以兵发江宁。

会韩世忠自盐城由海道将赴行在③,至常熟④,张俊闻之曰:“世忠来,事济矣。”因白浚,以书招之。世忠得书,以酒酹地曰:“誓不与此贼共戴天!”至平江,见浚恸哭,曰:“今日之事,世忠愿与张俊任之,公无忧也。”浚因大犒俊、世忠将士,众皆感愤。于是令世忠帅兵赴阙,戒之曰:“投鼠忌器,事不可急,急则恐有他变。宜趋秀州,据粮道,以俟大军之至。”

世忠发平江,至秀州,称病不行,而大修战具。傅等闻之始惧,乃遣苗瑀(yǔ)、马柔吉将重兵扼临平⑤。颐浩将至平江,浚乘轻舟迓(yà)

---

① 秦凤:安抚使路,今甘肃东南部一带。
② 灼:明白透彻。
③ 盐城:县名,今江苏盐城市。
④ 常熟:县名,今江苏常熟市。
⑤ 临平:浙西要隘,在今浙江杭州市。

之^①,既而刘光世兵亦至。浚、颐浩等发平江,上疏乞建炎皇帝还即尊位。傅等闻之,忧恐不知所为。朱胜非谓之曰:"勤王之师未进者,使是间自反正耳^②,不然,下诏率百官六军请帝还宫,公等置身何地乎?"傅等遂帅百官朝于睿圣宫,帝慰劳之。

纲　金以刘豫知东平府^③。

〔宋高宗复位〕

纲　夏四月,帝复位,召张浚知枢密院事^④。

纲　吕颐浩、张浚败贼将苗翊于临平,苗傅、刘正彦夜遁,颐浩、浚入杭州。

目　吕颐浩、张浚军次秀州,颐浩谕诸将曰:"今虽反正,而贼犹握兵居内。事若不济,必反以恶名加我,翟义、徐敬业可监也^⑤。"进次临平。苗翊、马柔吉负山阻水为阵,中流植鹿角以梗行舟^⑥。韩世忠舍舟力战,张俊、刘光世继之,翊众少却。世忠复舍马操戈而前,翊遂败走。勤王兵入北关^⑦,傅、正彦拥精兵二千夜开涌金门以走^⑧,将南趋闽中^⑨。

_____

① 迓:迎接。
② 是间:这里。
③ 东平府:治今山东东平县。
④ 知枢密院事:枢密院长官,执政。
⑤ 翟义:起兵讨伐篡汉的王莽,兵败身死。徐敬业:起兵讨伐篡唐的武则天,兵败身死。监:同"鉴"。
⑥ 鹿角:阻拦敌军前进的障碍物,形似鹿角。
⑦ 北关:即北关门,又称武林门,杭州城的北门。
⑧ 涌金门:杭州城的西门。
⑨ 闽中:今福建。

颐浩、浚入城,世忠手执王世修以属吏①。颐浩、浚入见,伏地涕泣待罪。帝问劳再三,握世忠手恸哭曰:"中军统制吴湛佐逆为最,尚留朕肘腋,能先诛乎?"世忠即谒湛,握手与语,折其中指,与王世修俱斩于市,逆党皆贬。

评苗刘之变:

　　靖康之难后,宋朝统治中枢遭到严重破坏。宋高宗即位初期,朝廷草创,面对金国军事压力、内部动荡,缺乏应对之方。高宗任用亲随维持政权运转,品类不分,功过不明,内部矛盾重重。武将苗傅、刘正彦发动的兵变,是统治集团内部矛盾的集中体现。在平定苗刘之变的过程中,以张浚、吕颐浩为代表的文臣,以韩世忠、张俊、刘光世为代表的武将,凭借勤王之功快速崛起,重构了高宗朝的中枢权力关系。苗刘之变导致高宗心理上对武将的猜忌戒惕,极大影响了南宋初年再收兵权的历史进程。

纲 朱胜非、颜岐、王孝迪、张澂、路允迪、卢益免。

纲 以吕颐浩为尚书右仆射兼中书侍郎,李邴为尚书右丞,郑毅签书枢密院事。

纲 重正三省官名。

目 从吕颐浩之言,诏左、右仆射并同中书门下平章事,改中书、门下侍郎为参知政事②,省尚书左、右丞,三省始合为一。

---

① 属吏:送交执法官吏。
② 参知政事:副宰相。

纲以李邴参知政事。

纲帝如江宁。

纲册魏国公旉为皇太子。

〔张浚宣抚川陕，统筹西线战场〕

纲五月，以张浚为川陕、京湖宣抚处置使①，便宜黜陟。

目浚谓："中兴当自关陕始②，虑金人或先入陕、蜀，则东南不可保。"因慷慨请行，诏以浚为宣抚处置使，听便宜黜陟，置幕府于秦州③。初，浚宣抚川陕之议未决，监登闻检院江若海曰④："天下者，常山蛇势也，秦蜀为首，东南为尾，中原为脊。今以东南为首，安能起天下之脊哉！将图恢复，必在川陕。"浚大悦。

纲以滕康同签书枢密院事。

纲遣徽猷阁待制洪皓使金⑤，金人拘之。

目粘没喝还云中⑥，讹里朵还燕山。帝遣皓如金，遗粘没喝书，愿去尊号，用金正朔，比于藩臣。皓至云中，粘没喝迫皓，使仕刘豫，皓曰：

---

① 宣抚处置使：地区军政长官，有临事自主裁断之权。

② 关陕：今陕西及甘肃东部一带。

③ 秦州：治今甘肃天水市。

④ 监登闻检院：登闻检院的长官，掌受官民投进的文书奏状。江若海：据《宋史·汪若海传》当作"汪若海"。

⑤ 徽猷阁：收藏宋哲宗御书的殿阁。诸阁皆置学士、直学士、待制、直阁等职。

⑥ 云中：府名，治今山西大同市。

"万里衔命,不得奉两宫南归,恨力不能磔(zhé)逆豫①,忍事之邪! 留亦死,不即豫亦死②,不愿偷生狗鼠间,愿就鼎镬无悔③!"粘没喝怒,将杀之,旁一校曰:"此真忠臣也。"目止剑士,为皓跪请,得流递冷山④。

纲 韩世忠获苗傅、刘正彦,送行在诛之。

纲 六月,大霖雨,诏郎官以上言阙政。罢王安石配享神宗庙庭。

目 时久雨恒阴,吕颐浩、张浚皆谢罪求去。诏郎官以上言阙政,司勋员外郎赵鼎上疏曰:"自熙宁间王安石用事,变祖宗之法而民始病,假辟国之谋造生边患,兴理财之政穷困民力,设虚无之学败坏人材。至崇宁初,蔡京托绍述之名,尽祖安石之政。凡今日之患,始于安石,成于蔡京。今安石犹配享神宗,而京之党未除,时政之缺,莫大于此。"帝从之,遂罢安石配享。

寻下诏以四失罪己⑤:一曰昧经邦之大略,二曰昧戡难之远图,三曰绥人之德⑥,四曰失驭臣之柄,仍榜朝堂,使知朕悔过之意。中丞张守上疏曰:"陛下处宫室之安,则思二帝、母后穹庐毳(cuì)幕之居⑦;享膳羞之奉,则思二帝、母后膻肉酪浆之味;服细暖之衣,则思二帝、母后穷边绝塞之寒苦;操予夺之柄,则思二帝、母后语言动作受制于人;

---

① 磔:裂尸。
② 即:迎合、从事。
③ 就鼎镬:犹言就死。鼎和镬,古代用以烹人的刑具。
④ 冷山:在今黑龙江五常市,一说在今吉林舒兰市。
⑤ 寻:不久。
⑥ 绥:抚绥,使安定。
⑦ 毳:细羊毛。

享嫔御之适,则思二帝、母后谁为之使令;对臣下之朝,则思二帝、母后谁为之尊礼。思之又思,兢兢栗栗,圣心不倦,而天不为之顺助者,万无是理也。今罪己之诏数下,而天未悔祸,实有所未至耳。"

〔金军再度大举侵宋〕

纲 金兀术大举入寇。

目 帝以金人复来,乃遣工部尚书崔纵使金,并通问二帝。纵至金,首以大义责金人,请还二帝。金人怒,徙之穷荒,纵不少屈,竟死焉。

纲 秋七月,太子旉卒。

纲 郑毂卒。以王绹(táo)参知政事,周望同签书枢密院事。

纲 御营司提举范琼有罪①,伏诛。张浚发建康②。

目 初,汴京破,二帝及宗室北迁,多琼之谋,又乘时剽掠,左右张邦昌③,为之从卫。至是,自洪州入朝,悖慢无礼,且乞贷苗、刘等死④。帝畏其威,以为御营司提举一行事务。张浚将赴川、陕,与枢密检详文字刘子羽密谋诛之⑤。一日令张俊以千兵渡江,若备他盗者,使皆甲而来,因招琼、俊及刘光世赴都堂议事⑥,为设食。食已,诸公相顾未

---

① 御营司提举:即御营司提举一行事务,御营使司最高武官,由领军大将兼任。
② 建康:府名,由江宁府改,治今江苏南京市。
③ 左右:辅佐。
④ 贷:宽恕。
⑤ 枢密检详文字:即枢密院检详诸房文字,掌审定枢密院诸房公文。
⑥ 都堂:宰相办公、议事处。

发,子羽坐庑(wǔ)下①,恐琼觉,取黄纸趋前,举以麾琼曰:"下! 有敕,将军可诣大理寺置对②。"琼愕不知所为,子羽顾左右拥置舆中,卫以俊兵送狱。光世出抚其众,数琼在围城中附金迫二帝北狩之罪,且曰:"诛止琼尔,汝等固天子自将之军也。"众皆投刃曰"诺",有旨,分隶御营五军。琼下狱,具伏③,赐死,子弟皆流岭南。琼既诛,张浚乃发建康。

纲 升杭州为临安府。

纲 诏李邴、滕康权知三省枢密院事④,奉隆祐太后如洪州。

纲 以杜充同知枢密院事。

纲 广州教授林勋上《本政书》⑤。

目 勋上《本政书》十三篇,言:"国朝兵农之政,大抵因唐末。今农贫而多失职,兵骄而不可用,地利多遗,财用不足,皆本政不修之故。宜仿古井田之制,使民一夫占田五十亩,其有羡田之家⑥,毋得市田;其无田与游惰末作者⑦,皆驱之使为隶农,以耕田之羡者,而杂纽钱谷以为什一之税。每十六夫为一井,每井赋二兵、马一匹,蚕妇之贡绢三尺、绵一两,非蚕乡则布六尺、麻二两。"其说甚备,书奏,诏以为桂州

---

① 庑:廊屋、屋檐。
② 大理寺:中央司法机构。
③ 具伏:完全认罪。
④ 权知三省枢密院事:南宋初特设的执政官,为扈从孟太后的文官之首。
⑤ 教授:学官名。
⑥ 羡田:余田。
⑦ 末作:指工商业。

节度掌书记①。其后朱熹甚爱其书,陈亮亦曰:"此书考古验今,思虑周密,世之为井田之学者无以加矣。"

纲八月,李邴罢,以刘珏权知三省枢密院事。

〔宋高宗致书请和,愿为金国臣属〕

纲遣使致书于金,金人不答。

目时闻金人南侵,而洪皓、崔纵未得前,帝求可使缓师者,乃遣京东转运判官杜时亮及修武郎宋汝为使金师以请和②,致书于粘没喝曰:"古之有国家而迫于危亡者,不过守与奔而已。今以守则无人,以奔则无地,此所以愳(xī)愳然③,惟冀阁下之见哀而赦已。故前者连奉书,愿削去旧号,是天地之间皆大金之国,而尊无二上,亦何必劳师远涉而后为快哉!"

纲闰月,以吕颐浩、杜充为尚书左、右仆射,并同平章事。

纲罢起居郎胡寅④。

目寅上疏曰:"陛下以亲王介弟,受渊圣皇帝之命,出师河北,二帝既迁,则当纠合义师,北向迎请。而乃亟居尊位,建立太子,不复归觐宫阙,展省陵寝⑤,偷安岁月,略无捍御。及虏骑乘虚,匹马南渡,一向畏

---

① 桂州:治今广西桂林市。节度掌书记:节度州僚佐,掌表奏文书。
② 京东:京东路,今河南东部、山东一带。转运判官:转运使属官,负责转运司日常政务。修武郎:武臣寄禄官,正八品。
③ 愳愳然:担忧畏惧的样子。
④ 起居郎:门下省属官,掌记皇帝言行,修起居注。
⑤ 展省:省视,视察。

缩,惟务远逃。军民怨咨①,恐非自全之计也。"因进七策:一,罢和议
而修战略;二,置行台以区别缓急之务;三,务实效,去虚文;四,大起天
下之兵以自强;五,都荆襄以定根本②;六,选宗室之贤才,封建任使
之;七,存纪纲以立国体。书凡数千言。吕颐浩恶其切直,罢之于外。

纲 诏杜充、韩世忠、刘光世分屯江东以备金。

纲 帝如临安。

纲 九月,金人陷南京③。

纲 诏周望守平江。

纲 以张守同签书枢密院事。

纲 命刘光世移屯江州④。

纲 遣直龙图阁张邵使金⑤,金人囚之。

目 邵至潍州见挞懒⑥,命邵拜,邵曰:"监军与邵为南北朝⑦,从臣无拜礼。"
　　且具书言:"兵不在强弱,在曲直。天未厌宋,而金乃裂地以封刘豫,复穷
　　兵不已,曲有在矣。"挞懒怒,取国书去,送邵密州⑧,囚于柞山寨。

----

① 怨咨:同"怨訾",怨恨指责。
② 荆襄:今湖北一带。
③ 南京:应天府,治今河南商丘市。
④ 江州:治今江西九江市。
⑤ 龙图阁:收藏宋太宗御书的殿阁。
⑥ 潍州:治今山东潍坊市。
⑦ 监军:挞懒时任元帅左监军。
⑧ 密州:治今山东诸城市。

纲 金禁民汉服。杀故知真定府李邈。

目 金下令禁民汉服,又令髡(kūn)发①,不如式者杀之。邈故为真定帅,
被执三年,金人欲使知沧州,邈笑不答。及髡发令下,邈愤诋之,虏挝
击其口,犹吮血噀(xùn)之②,遂遇害。邈将死,颜色不变,南向拜讫就
死,燕人为之流涕。后事闻,谥曰忠壮。

纲 冬十月,帝至临安,留七日,复如越州③。

〔张浚经营川陕,预备北伐〕

纲 张浚治兵于兴元以图中原④。

目 浚至兴元,上疏言:“汉中实形胜之地,前控六路之师⑤,后据两川之
粟⑥,左通荆襄之财,右出秦陇之马,号令中原,必基于此。宜谨积粟
理财,以待巡幸。”于是辟刘子羽参议军事,承制以赵开为随军转运
使⑦,专总四川财赋。

开见浚曰:“蜀之民力尽矣,锱铢不可加。独榷货尚存赢余⑧,而贪猾
认为己有,共相隐匿。惟不恤怨詈(lì)⑨,断而敢行,庶可救一时之

---

① 髡发:剃发。
② 噀:喷。
③ 越州:治今浙江绍兴市。
④ 兴元:府名,治今陕西汉中市。
⑤ 六路:陕西路分为永兴、鄜延、秦凤、泾原、环庆、熙河六个安抚使路,在今陕西、甘肃
东南部一带。
⑥ 两川:东川、西川,今四川、重庆市一带。
⑦ 随军转运使:军需官,随军筹措、供应军马所需粮草。
⑧ 榷:专卖。
⑨ 怨詈:怨恨咒骂。

急。"浚锐意兴复,委任不疑。时浚荷重寄,旬犒月赏,期得士死力,费用不赀①,悉取办于开。开悉智虑于食货,算无遗策,虽支费不可计,而赀财常有余。

初,陕西都统制曲端欲斩节制使王庶②,朝廷疑其叛,浚以百口保之,且以其与敌屡角,欲仗其威声,承制筑坛拜端武威大将军、宣抚司都统制③,军士欢声如雷。子羽又荐泾原都监吴玠及弟璘之才勇④,浚以玠为统制,璘掌帐前亲兵。

纲 金人趋江西,刘光世引兵遁。十一月,隆祐太后如虔州⑤。江西州军多陷。

[赵立淮阴之捷]

纲 知徐州赵立将兵勤王,败金人于淮阴⑥。

目 立闻诏诸路以兵勤王,乃将兵三万趋行在,杜充承制以立知楚州。金人闻立弃徐州将赴楚州,乃以兵邀于淮阴。立麾下劝立不如还保徐州,立奋怒,嚼其齿曰:"回顾者斩!"于是率众径进,与金人遇,转战四十里,至楚州城下。立中箭贯两颊,口不能言,以手指挥诸军前,歇定方拔出之。议者谓自燕山之役,南北战争,未有如此之鏖战者。

纲 以范宗尹参知政事,赵鼎为御史中丞。

————————

① 不赀:不可计量。
② 都统制:战时从诸将中选拔一人为都统制,总管诸军。节制使:即节制陕西六路军马,陕西最高军事长官。
③ 武威大将军:据《宋史·高宗本纪》、《建炎以来系年要录》卷二七当作"威武大将军"。
④ 泾原:安抚使路,今宁夏南部及周边一带。都监:即兵马都监,地方统兵将领。
⑤ 虔州:治今江西赣州市。
⑥ 淮阴:县名,今江苏淮安市淮阴区。

目 二人皆尝建议避狄,故遂用之。鼎上言:"经营中原,当自关中始。经
营关中,当自蜀始。欲幸蜀,当自荆襄始。吴越介在一隅,非进取中
原之地。荆襄左顾川陕,右控湖湘,而下瞰京洛①,三国所必争,宜以
公安为行阙②,而屯重兵于襄阳,运江浙之粟,以资川陕之兵,经营大
业,计无出此。"

纲 金兀术渡江入建康,杜充叛降金,通判杨邦乂死之③。

目 时江、浙倚重于充,而充日事诛杀,且无制敌之方。及兀术与李成合
兵攻乌江④,充闭门不出,统制岳飞泣谏请视师,充不从。兀术遂乘充
无备,进兵取和州、无为军⑤,王善迎降,遂由马家渡渡江陷太平州⑥,
充始遣都统制陈淬及飞帅师迎战,王瓒(xiè)以军先遁,淬败死,诸将
皆溃,充兵亦散。兀术至建康,守臣陈邦光、户部尚书李棁迎降。
充渡江保真州,兀术遣人说之曰:"若降,当封以中原,如张邦昌故
事⑦。"充遂还建康,与棁、邦光率官属迓金师,拜兀术于马首。通判
杨邦乂独不肯屈膝,以血大书衣裾曰⑧:"宁作赵氏鬼,不为他邦臣!"
兀术使人诱以官,终不屈,大骂求死,遂杀之。充至金,粘没喝薄其为
人,久之乃得仕。

---

① 京洛:东京开封、西京洛阳,泛指中原。
② 公安:县名,今湖北公安县。行阙:行宫前的阙门,代指行宫、行在。
③ 通判:州府副长官,与知州、知府共理政事,并有监察之权。
④ 乌江:县名,今安徽和县。
⑤ 无为军:治今安徽无为市。
⑥ 马家渡:在今安徽和县南大江西岸。太平州:治今安徽当涂县。
⑦ 张邦昌故事:靖康二年金军入开封,册封张邦昌为伪楚皇帝。
⑧ 裾:衣服的前后襟。

纲 帝奔明州①。

目 帝闻杜充降,谓吕颐浩曰:"事迫矣,若何!"颐浩遂进航海之策,其言曰:"敌兵多骑,必不能乘舟袭我,江浙地热,必不能久留,俟其退去,复还二浙②。彼出我入,彼入我出,此兵家之奇也。"帝然之,遂如明州。

纲 韩世忠自镇江退守江阴③。十二月,金兀术陷临安,遣兵渡浙追帝④,帝航于海。

纲 江淮统制岳飞败金人于广德⑤。

目 飞率所部自建康蹑金人于广德境中,六战皆捷,擒金将王权;俘首领四十余,察其可用者结以恩义,遣还,令夜斫营纵火⑥,飞乘乱纵击,大破之。驻军钟村,军无见粮,将士忍饥,秋毫无犯。金所籍兵相谓曰⑦:"此岳爷爷军也。"争降附之。

纲 金人陷越州,遂寇明州。张俊使统制杨沂中迎战于高桥⑧,败之。

[宋高宗航海避敌]

纲 庚戌,四年(1130)⑨,春正月,金人陷明州,屠其民,遂袭帝于海,帝走

————————

① 明州:治今浙江宁波市。
② 二浙:两浙东、西路,今浙江一带。
③ 江阴:县名,今江苏江阴市。
④ 浙:今钱塘江。
⑤ 广德:军名,今安徽广德市。
⑥ 斫:斩击,引申为攻击、偷袭。
⑦ 籍:按名册征发民众为兵。
⑧ 高桥:在今浙江宁波市。
⑨ 金天会八年。

温州。

目 是月朔,西风大作,金师乘之,复攻明州。张俊、刘洪道坐城楼遣兵掩击,杀伤大半。金人奔北,死于江者无数,夜拔寨退屯余姚①,而遣人请济师于兀术。兀术遣兵与阿里蒲卢浑复攻明州。张俊惧,帅师趋台州,刘洪道亦遁,金师入城,屠其民。帝闻明州陷,遂移次台州章安镇②。金人闻帝在章安,以舟师追三百余里,弗及,提领海舟张公裕引大舶击却之,金人引还。帝发章安,如温州,泊于港口。

纲 金娄室陷陕州③,知府李彦仙死之。

目 彦仙在陕,益为战守备,遣统领邵兴复虢(guó)州④。金将乌鲁来攻,彦仙败之。娄室闻之,自蒲、解(hài)率兵大至⑤,彦仙又大败之,娄室仅以身免。彦仙度金人必并力来攻,自遣人求兵于张浚,已而娄室果率折可求等众十万来,分其军为十,以正月旦为始,日轮一军攻城,期以三旬必拔。彦仙意气如常,数出兵与战。既而食尽,告急于浚。浚檄曲端以泾原兵援之。端素嫉彦仙,不奉命。浚曰:"金若下陕,则全据大河,且窥蜀矣。"乃出师至长安,道阻不得进。彦仙日与金战,娄室奇其才,诱唉百端,彦仙悉斩其使。力尽城陷,彦仙投河死;其属官居民无一人降者,娄室怒,尽屠之。

纲 滕康、刘珏免。二月,以卢益、李回权知三省枢密院事。

---

① 余姚:县名,今浙江余姚市。
② 章安镇:在今浙江临海市。
③ 陕州:治今河南三门峡市陕州区。
④ 虢州:治今河南灵宝市。
⑤ 蒲:州名,治今山西芮城县。解:州名,治今山西运城市盐湖区解州镇。

〔金军北还，结束对宋高宗的追击〕

纲 金兀术引兵北还。

纲 金人入东京。

纲 周望弃军走太湖，金人大掠平江。

纲 三月，遣使迎隆祐太后于虔州。

目 帝谓辅臣曰："太后爱朕，不啻己出，今在数千里外，兵马惊扰，当亟奉
　　迎，以惬朕朝夕慕念之意①。"遂遣卢益等奉迎于虔州。

纲 夏四月，张浚引兵入卫，闻金军退，乃还。

纲 帝还越州。

目 帝发温州，至越州，下诏亲征，巡幸浙西。寻升越州为绍兴府。

〔韩世忠黄天荡之战〕

纲 韩世忠邀击金兀术于江中，大败之。走建康，复引兵袭世忠，世忠败
　　绩，兀术遂趋江北。

目 初，韩世忠以前军驻青龙镇②，中军驻江湾，后军驻海口，欲俟兀术师
　　还击之。及兀术由秀趋平江③，世忠事不就，遂移师镇江以待之。金

---

① 惬：满足。
② 青龙镇：与江湾、海口皆在今上海市。
③ 秀：秀州。

师至江上,世忠先以八千人屯焦山寺①,兀术欲济江,乃遣使通问,且约战期,世忠许之,因谓诸将曰:"是间形势无如金山龙王庙者,敌必登之以觇我虚实②。"乃遣苏德将百人伏庙中,百人伏庙下岸侧,戒之曰:"闻江中鼓声则岸兵先入,庙兵继出,以合击之。"及敌至,果有五骑趋庙,庙兵先鼓而出,获两骑,其三骑则振策以驰。驰者一人红袍玉带,既坠,复跳而免,诘诸获者,则兀术也。既而接战江中,凡数十合,世忠妻梁氏亲执桴(fú)鼓③,敌终不得济。俘获甚众,虏兀术之婿龙虎大王④。

兀术惧,请尽归所掠以假道,世忠不许。复益以名马,又不许。遂自镇江溯流西上,兀术循南岸,世忠循北岸,且战且行。世忠艨艟(méng chōng)大舰出金师前后数里,击柝(tuò)之声达旦⑤。将至黄天荡⑥,兀术窘甚,或曰:"老鹳河故道今虽湮塞⑦,若凿之可通秦淮。"兀术从之,一夕渠成,凡三十里,遂趋建康。岳飞以骑三百,步兵三千,邀击于新城⑧,大破之,兀术乃复自龙湾出江中,趋淮西。

会挞懒自潍州遣孛堇(jǐn)太一引兵来援⑨,兀术乃复引还,欲北渡,世忠与之相持于黄天荡。太一军江北,兀术军江南。世忠以海舰进泊

---

① 焦山寺:在今江苏镇江市北大江中,与金山对峙。
② 觇:窥视。
③ 桴:击鼓杖。
④ 龙虎大王:完颜突合速。
⑤ 击柝:敲梆子巡夜,亦喻战事、战乱。
⑥ 黄天荡:在今江苏南京市。
⑦ 老鹳河:又名老鹳嘴,在黄天荡之南。
⑧ 新城:在今江苏淮安市。
⑨ 孛堇:本为女真部落首领名号,后为金军统兵官名。

金山下,豫以铁绠(gěng)贯大钩授健者①。明旦,敌舟噪而前,世忠分海舟为两道出其背,每缒一绠则曳一舟沉之,兀术穷蹙②,求会语,祈请甚哀。世忠曰:"还我两宫,复我疆土,则可以相全。"兀术语塞。又数日,求再会,而言不逊,世忠引弓欲射之,兀术亟驰去。见海舟乘风使篷,往来如飞,谓其下曰:"南军使船如使马,奈何!"乃募人献破海舟之策,于是闽人王姓者教其舟中载土,以平板铺之,穴船板以棹桨③,俟风息则出,海舟无风不可动也,且以火箭射其箬篷,则不攻自破矣。兀术然之。及天霁风止,兀术以小舟出江,世忠绝流击之④。海舟无风不能动,兀术令善射者乘轻舟以火箭射之,烟焰蔽天,师遂大溃,焚溺死者不可胜数,世忠仅以身免,奔还镇江。兀术遂济江,屯于六合县⑤。

世忠以八千人拒兀术十万之众,凡四十八日而败,然金人自是亦不敢复渡江矣。

纲 迁赵鼎为翰林学士⑥,鼎辞不拜。吕颐浩免。

目 初,御营使本以行幸总齐军政,而宰相兼领之,遂专兵柄,枢府几无所预。颐浩在位尤颛恣,中丞赵鼎尝疏论之。及闻韩世忠败金人,颐浩请帝幸浙西,下诏亲征。帝将从之,赵鼎以为不可轻举,颐浩恶鼎异己,改鼎翰林学士,鼎不拜,改吏部尚书,又不拜,乃上疏论颐浩过失,

---

① 铁绠:铁索。
② 穷蹙:窘迫、困厄。
③ 棹桨:划船。
④ 绝流:横渡。
⑤ 六合县:今江苏南京市六合区。
⑥ 翰林学士:掌拜免将相、号令征伐等诏令的起草。

凡千余言。颐浩因求去,诏以颐浩倡义勤王,宜从优礼,乃罢为镇南军节度使、醴泉观使,而复命鼎为中丞,谕之曰:"朕每闻前朝忠谏之臣,恨不之识,今于卿见之。"

纲 五月,以范宗尹为尚书右仆射同平章事,张守参知政事,赵鼎签书枢密院事。

纲 岳飞袭金人于静安①,败之。

目 兀术既济江,金人在建康者大肆焚掠。执李梲、陈邦光等,自静安渡宣化而去②,梲道死,邦光归于刘豫。岳飞邀击金人于静安镇,大败之。

纲 六月,张浚罢其都统制曲端。

〔宋徽宗赵佶、钦宗赵桓徙居五国城〕

纲 秋七月,金徙二帝于五国城③。

目 金将立刘豫,乃徙二帝于五国城,去上京东北千里。徙此逾月,太上皇后郑氏崩。洪皓自云中密遣人奏书,以桃、梨、栗、面等献,二帝始知帝即位之实。

纲 八月,以谢克家参知政事。隆祐太后至越州。

纲 金人围楚州。

---

① 静安:静安镇,在今江苏南京市。
② 宣化:宣化镇,在今江苏南京市。
③ 五国城:在今黑龙江依兰县。

〔金立刘豫为齐帝,金国探索统治中原、对宋作战的新形式〕

纲九月,金立刘豫为齐帝。

目金遣高庆裔及知制诰韩昉(fǎng)备玺绶宝册①,立刘豫为大齐皇帝,世修子礼,奉金正朔,置丞相以下官。九月,豫即位,都大名府,改明年为阜昌元年。

纲诏刘光世督诸军救楚州。光世不进,镇抚使赵立死之②,楚州陷。

〔张浚富平之败〕

纲张浚使都统制刘锡帅五路之兵与金娄室大战于富平③,败绩,浚退军秦州。

目兀术引兵趋陕西,浚闻其将至,檄召熙河刘锡、秦凤孙偓、泾原刘锜、环庆赵哲四经略及吴玠之兵④,合四十万人,马七万匹,以锡为统帅,迎敌决战。王彦谏曰:"陕西五路兵将,上下之情未通。若不利,则五路俱失,不若屯利、阆、兴、洋⑤,以固根本。敌入境,则檄五路之兵来援,万一不捷,未大失也。"浚不从。刘子羽亦力言未可,浚曰:"吾宁不知此,顾东南事方急,不得不为是耳。"吴玠、郭浩皆曰:"敌锋方锐,

① 知制诰:掌起草皇帝的诏书、诰命之事。玺绶宝册:皇帝玉玺、绶带、册命文书。
② 镇抚使:南宋授予边境独立、半独立势力首领的官职,通常兼任知府或知州。
③ 富平:县名,今陕西富平县。
④ 熙河:安抚使路,今甘肃东南部、青海东北部一带。环庆:安抚使路,今甘肃东南部一带。
⑤ 利:州名,治今四川广元市。阆:州名,治今四川阆中市。兴:州名,治今陕西略阳县。洋:州名,治今陕西西乡县。

宜各守要害,须其弊而乘之。"亦不从。遂行,次于富平县。刘锡会诸将议战,玠曰:"兵以利动,今地势不利,未见其可,宜择高阜据之,使不可胜。"诸将皆曰:"我众彼寡,又前阻苇泽,敌有骑不得施,何用他徙。"已而娄室引骑骤至,舆柴囊土①,藉淖平行②,进薄诸营③。锡等与之力战,刘锜身率将士薄敌阵,杀获颇多,胜负未分。而敌铁骑直击赵哲军,他将不及援,哲因离所部,其将校望见尘起,遂惊遁,诸将皆溃。敌乘胜而进,关陕大震。浚时驻邠州督战④,既败,退保秦州,召赵哲斩之,而安置刘锡于合州⑤,令诸将各还本路,上书待罪,帝手诏慰勉之。自是关陕不可复,论者咎浚之轻师失律焉。

[秦桧自金国逃回宋朝]

纲　冬十月,金人纵秦桧还。

目　桧从二帝至燕,金主以桧赐挞懒,为其任用。挞懒信之。及南侵,以为参谋军事,又以为随军转运使。挞懒攻楚州,桧与妻王氏自军中趋涟水军⑥,自言杀金人监己者夺舟而来,欲赴行在,遂航海至越州。帝命先见宰执,桧首言:"如欲天下无事,须是南自南,北自北。"朝士多疑其与何㮚(lì)、孙傅等同被拘执,而桧独还,又自燕至楚二千八百

---

① 舆柴囊土:用车载木柴、用袋装泥土。
② 淖:泥。
③ 薄:逼近。
④ 邠州:治今陕西彬州市。
⑤ 安置:宋时官吏贬谪,轻者送某州居住,重者称安置,更重者称编管,安置即限制居住。合州:治今重庆市合川区。
⑥ 涟水军:治今江苏涟水县。

里,逾河越海,岂无讥诃之者①,安得杀监而南？就令从军挞懒,金人纵之,必质妻属,安得与王氏偕？惟范宗尹及李回二人素与桧善,尽破群疑,力荐其忠。桧入对,首奏所草与挞懒求和书,帝谓辅臣曰:"桧朴忠过人,朕得之喜而不寐。既闻二帝、母后消息,又得一佳士也。"遂拜礼部尚书。先是,朝廷虽数遣使于金,但且守且和,而专意与敌解仇息兵,则自桧始。盖桧首倡和议,故挞懒阴纵之使还也。

纲以李回同知枢密院事。

纲十一月,赵鼎罢。

目上欲以副都统辛企宗为节度使②,鼎言企宗非军功,持不下,帝不乐,遂罢鼎提举洞霄宫。

纲以富直柔签书枢密院事。

纲金人复陷泾原诸州、军。

纲日南至③,帝率百官遥拜二帝。

纲张浚军兴州,遣吴玠守和尚原以拒金④。

纲十二月,金人寇熙河,副总管刘惟辅死之⑤。金娄室卒。

目金人掠熙河,惟辅击败之,杀五千余人;已而复至,惟辅顾熙河尚有积

① 讥诃:察问。
② 副都统:与都统并为都统制司长官,隶御营使司。
③ 冬至。
④ 和尚原:在今陕西宝鸡市西南。
⑤ 副总管:安抚使路的副长官。

粟,恐金人因之以守,急出焚之。为金人所执,捽以去,惟辅曰:"死犬! 斩即斩,吾头岂汝捽也!"顾坐上客曰:"国家不负汝,一旦遽降敌邪!"即闭口不言而死,所部亦多不屈被杀。

纲 定差役法。

目 帝在河朔亲见闾阎之苦①,尝叹知县不得其人,一充役法,即至破家。及即位,深加讲议,乃定差役法②。以二十五家为一保,十大保为一都,内选才力高富者二人充都保,主一都盗贼烟火之事,其次有保长。若品官,则一品限田五十顷,至九品五顷。免差子孙,荫尽则同编户③。太学生及得解经省试者④,许募人充役。军丁、女户及孤弱悉免。

黄晓巍 评注

张　帆　高纪春 审定

---

① 闾阎:平民。
② 差役法:按户等差派民众供官府役使、充当乡村组织头目和衙门办事人员的制度。
③ 荫:官员后代受荫庇免于差役的特权。
④ 太学生:就读于国子监太学馆,具有省试资格的士人。得解经省试:获得解送参加省试资格,经历过一次以上省试。

纲鉴易知录卷七九

　　卷首语:本卷起宋高宗绍兴元年(1131),止绍兴四年(1134),所记主要为南宋剿平境内叛乱,并与金、伪齐相抗的史事。在韩世忠、张俊、刘光世、岳飞诸部的剿抚下,南宋境内的义军、流寇基本被消灭或招降,南宋地方统治秩序渐次恢复。期间,宋金在陕西、四川交界一带发生多次大战。仙人关之战后,金军由西转东,会同伪齐进攻南宋江淮地区。宋军取得大仪镇之捷,笼罩南宋初年的亡国危机得以消去。

南宋纪

高宗皇帝

纲 辛亥,绍兴元年(1131)①,春正月,以张俊为江淮招讨使②,岳飞副之。

目 时孔彦舟据武陵③,张用据襄汉④。李成据江淮、湖湘十余郡,尤悍
强,连兵数万,有席卷东南之意,久围江州,朝廷患之,以俊为招讨使,
俊请岳飞同讨,许之。

纲 李成陷江州。

目 未几,复陷筠州⑤。

纲 谢克家罢。二月,以秦桧参知政事。

纲 三月,张俊、岳飞大败李成于楼子庄⑥,群盗皆遁。复筠、江州。

纲 武功大夫张荣击败金兵于兴化⑦,挞懒北遁。

目 荣本梁山泺(luò)渔人⑧,聚舟数百,以劫掠金人。杜充时尝借补武功

---

① 金天会九年。
② 招讨使:地区统兵官,掌招抚讨伐。
③ 武陵:郡名,即鼎州,治今湖南常德市。
④ 襄汉:泛指今湖北一带。
⑤ 筠州:治今江西高安市。
⑥ 楼子庄:在今江西奉新县。
⑦ 兴化:县名,今江苏兴化市。
⑧ 梁山泺:即梁山泊,在今山东梁山县一带,现已基本干涸。

大夫,金人南侵,攻之不克。及金兵退,荣袭据通州,联舟入兴化缩头湖,作水寨以守。金挞懒在泰州①,谋再渡江,欲先破营寨,荣率舟师与之遇,见金战舰不多,余皆小舟,时水退隔泥淖不能前,乃舍舟登岸,大呼而击之。金人不得骋,舟中自乱,溺水及陷泥淖者不可胜计,俘馘(guó)五千余人②。挞懒收余众奔还楚州,退屯宿迁③,寻北去。荣告捷于朝,遂以荣知泰州。

纲 张浚军阆州,分诸将守川陕。

纲 夏四月,隆祐皇太后孟氏崩。

纲 刘光世复楚州。

纲 五月,作"大宋中兴"玉宝。

〔张俊败李成,岳飞招降张用〕

纲 张俊追败李成于黄梅④,成奔刘豫。岳飞招张用,降之。

目 俊引兵渡江,追成至蕲(qí)州黄梅县⑤,大败之,其众数万皆溃,成北走,降刘豫。用复寇江西。岳飞与用俱相人,以书谕之曰:"吾与汝同里,欲战则出,不战则降。"用得书,遂帅众降,江淮悉平。张俊奏飞功

---

① 泰州:治今江苏泰州市。
② 俘馘:俘虏斩杀。
③ 宿迁:县名,今江苏宿迁市。
④ 黄梅:县名,今湖北黄梅县。
⑤ 蕲州:治今湖北蕲春县。

第一,诏进飞右军都统制①,屯洪州,弹压盗贼。

纲六月,张浚以吴玠为陕西诸路都统制。

纲秋七月,封太祖后令话为安定郡王。

目先是下诏曰:"太祖创业垂统,德被万世。神宗初封子孙一人为安定
　郡王,今其封久不举,有司具上应袭封者。"至是,以德昭玄孙令话为
　安定郡王②,自后袭封不绝。

纲范宗尹免。

〔张浚杀曲端〕

纲八月,张浚杀前威武大将军曲端。

目浚既败于富平,乃思端言,召之还,稍复其官,徙阆州,将复用之。吴玠
　憾端,因言:"端再起,必不利于公。"王庶又从而间之,玠复书"曲端谋
　反"四字于手以示浚,庶又言端尝作诗题柱曰"不向关中兴事业,却来江
　上泛渔舟",谓其指斥乘舆③。浚乃送端于恭州狱④。有武臣康随者,
　尝以事忤端,端鞭其背,随深憾之。及浚以随提点夔(kuí)路刑狱⑤,

————————

① 右军:神武右军,南宋初置御营使司,辖前、后、中、左、右五军,建炎四年改御营五军
　为神武五军。
② 德昭:宋太祖次子。
③ 指斥乘舆:批评皇帝。
④ 恭州:治今重庆市。
⑤ 夔路:即夔州路,今重庆市一带。提点刑狱掌一路刑狱、盗贼之事,并有监察州县官
　之责。

端闻之曰："吾其死矣。"随至，命狱吏絷(zhí)维端①，以纸糊其口，爇(xié)之以火②。端干渴求饮，与之酒，九窍流血而死。陕西士大夫莫不痛惜之，军士怅恨，有叛去者。

纲 以李回参知政事，富直柔同知枢密院事。

[秦桧首次出任宰相]

纲 以秦桧为尚书右仆射同平章事，兼知枢密院事。

目 范宗尹既去，桧欲得其位，因扬言曰："我有二策，可耸动天下。"或问："何不言?"桧曰："今无相，不可行也。"帝闻，乃有是命。

纲 诏赠程颐直龙图阁。

纲 以吕颐浩为尚书左仆射同平章事，兼知枢密院事。

纲 复修日历③。

目 翰林学士汪藻言："本朝宰相皆兼史馆④，故书榻前议论之词则有时政记⑤，柱下见闻之实则有起居注⑥。谓之日历，所以备言，垂一世之典。苟旷三十年之久，漫无一字，何以示来世?"帝从之，即以命藻。

---

① 絷维：束缚。
② 爇：火烤。
③ 日历：史官逐日编写有关朝政事务的史册。
④ 史馆：官修国史的机构，宋代以"监修国史"为宰相的专属贴职。
⑤ 时政记：皇帝与宰执共议时政的记录，由宰执撰写。
⑥ 起居注：皇帝言行活动的记录，由起居舍人、起居郎负责。

纲 长星见①,诏求直言。

纲 冬十一月,李回罢。

纲 王德歼邵青之众于崇明沙②,获青送行在。

目 青寇宣州③,进围太平,刘光世招降之,寻复叛去,聚其党于崇明沙,将犯江阴。光世令都统制王德讨之。德执旗麾兵,拔栅以入,青众大溃。翌日,余党复索战,谍言贼将用火牛,德笑曰:"此古法也,可一不可再。"命合军持满④,阵始交,万矢齐发,牛皆返奔,贼众歼焉。青自缚请命,德献诸行在,余党悉平。

纲 以孟庾(yǔ)参知政事。

〔吴玠兄弟和尚原之捷〕

纲 金兀术寇和尚原,吴玠及其弟璘大败之,兀术遁。

目 玠自富平之败,收散卒保和尚原,积粟缮兵,列栅为死守计。或谓玠宜退屯汉中⑤,扼蜀口以安人心。玠曰:"我保此,敌决不敢越我而进,是所以保蜀也。"玠在原上,凤翔民感其遗惠⑥,相与夜输刍粟助之,玠偿以银帛,民益喜,输者益多。金人怒,伏兵渭河邀杀之,且令

---

① 长星:彗星。
② 崇明沙:在今上海市崇明区。
③ 宣州:治今安徽宣城市。
④ 持满:拉满弓弦。
⑤ 汉中:郡名,即兴元府。
⑥ 凤翔:府名,治今陕西宝鸡市。

保伍连坐,民冒禁如故。

金将没立自凤翔,乌鲁、折合自阶、成出散关①,约日会和尚原。乌鲁、折合先期至,阵北山,索战,玠命诸将坚阵待之,更战迭休,金人大败遁去。没立方攻箭筈(kuò)关②,玠复遣将击破之。两军终不得合。

金人自起海角,狃(niǔ)于常胜③,及与玠战辄败,愤甚,谋必取玠。于是,兀术会诸帅兵十余万,造浮梁跨渭④,自宝鸡结连珠营,垒石为城,夹涧与官军相拒,进薄和尚原。玠与弟璘选劲弩,命诸将分番迭射,号"驻队矢",连发不绝,繁如雨注。敌稍却,则以奇兵旁击,绝其粮道,度其困且走,设伏于神垈(bèn)以待之⑤。敌至伏发,遂大乱。玠因纵兵夜击,大败之。兀术中二流矢,仅以身免,亟剃其须髯而遁。

初,金人之至也,玠与璘以散卒数千驻原上,朝问隔绝,人无固志。有谋劫玠之兄弟北降者,玠知之,召诸将歃血盟,勉以忠义,皆感泣,愿尽死力,故能成功。

纲 初置见钱关子⑥。

目 时命张俊屯婺州⑦,有司请桩办合用钱,而路不通舟,钱重难致,乃造

————————

① 阶:州名,治今甘肃陇南市武都区。成:州名,治今甘肃成县。散关:即大散关,在今陕西宝鸡市。
② 箭筈关:即箭括关,在今陕西千阳县。
③ 狃:习惯。
④ 浮梁:浮桥。
⑤ 神垈:即神垈沟,在今陕西宝鸡市。
⑥ 见钱关子:官府发给商人,可以兑换铜钱的纸钞。
⑦ 婺州:治今浙江金华市。

关子付婺州,召商人入中以给军食①。商人执关子于榷货务请钱②,愿得茶、盐、香货、钞引者听。于是州县以关子充籴本③,未免抑配④,而榷货务又止以日输三分之一偿之⑤,人皆嗟怨。

纲 以孟庾为福建、江西、荆湖宣抚使⑥,韩世忠副之。

目 初,建人范汝为作乱⑦,破建阳⑧。命辛企宗讨之,不克,其势益炽。乃命庾为宣抚使,世忠副之,发大军由温、台路入闽。汝为闻大军将至,亟入据建州。

纲 富直柔罢。

纲 十二月,金以陕西地界刘豫⑨。于是中原尽属于豫。

纲 壬子,二年(1132)⑩,春正月,复贤良方正直言极谏科。

〔韩世忠平范汝为〕

纲 韩世忠拔建州,范汝为自焚死。

目 世忠闻汝为入建州,曰:"建居闽岭上流,贼沿流而下,七郡皆血肉

---

① 入中:商人输纳粮草于沿边地点,凭缴纳证明至他处领取现钱或其他物资。
② 榷货务:官营专卖、商贸机构。
③ 籴本:购买粮草的本金,"籴"意为买入粮食。
④ 抑配:强行摊派。
⑤ 日输:当日输纳金额。
⑥ 宣抚使:地区军事统帅,多以宰执充任,兼用武将。
⑦ 建:州名,治今福建建瓯市。
⑧ 建阳:县名,今福建南平市建阳区。
⑨ 界:给与。
⑩ 金天会十年。

矣。"亟率步卒三万，水陆并进，直抵凤凰山，五日破之，汝为自焚死。世忠初欲尽诛建民，李纲自福州驰见世忠曰："建民多无辜。"世忠乃令军士驻城上，听民自相别，农给牛谷，商贾弛征禁，胁从者汰遣①，独取附贼者诛之。民感更生，家为立祠。捷闻，帝曰："虽古名将何以加！"世忠因进讨江西、湖广诸盗。

纲 帝如临安。

纲 二月，以李纲为湖广宣抚使。

纲 帝初御讲殿。

纲 三月，河南镇抚使翟兴为其下所杀②，诏以其子琮代之。

目 刘豫将迁汴，以兴屯伊阳山③，惮之，遣蒋颐持书诱兴以王爵，兴斩颐而焚其书。豫复阴啖兴裨将杨伟以利④，伟遂杀兴，携其首奔豫。兴在河南累年，军少乏食，而能激以忠义，士莫不自奋，金人畏之，诸陵得不侵犯⑤。诏以其子琮嗣职。

纲 夏四月，以翟汝文参知政事。

纲 诏吕颐浩都统江、淮、荆、浙诸军事⑥，开府镇江。

目 颐浩屡请出师，身自督军北向，乃命颐浩开府镇江。颐浩辟文武士七

① 汰遣：经甄别、拣选后遣散。
② 河南：府名，治今河南洛阳市。翟兴时为河南府孟汝唐州镇抚使。
③ 伊阳山：在今河南汝南县。
④ 裨将：副将，偏将。
⑤ 诸陵：北宋诸皇陵，在今河南巩义市。
⑥ 都统：即都督诸路军事，总掌诸路军马及作战部署，开府治事。

十余人,以神武后军及御前忠锐崔增、赵延寿二军从行,韩世忠、张俊、刘光世、岳飞、王瓊、杨沂中等皆隶焉。

纲 刘豫徙居汴。

目 豫至汴,尊其祖考为帝,置于宋太庙。是日,暴风卷旗,屋瓦皆振,士民大惧。时河、淮、山东、陕西皆屯金军,刘麟籍乡兵十余万,为皇太子府军,分置河南、汴京淘沙官①,两京冢墓发掘殆尽,赋敛烦苛,民不聊生。

纲 岳飞追曹成,大败之,成走邵州②。

目 盗曹成初陷道州③,复陷贺州,拥众十余万,由江西历湖湘据道、贺二州,命岳飞权荆湖东路安抚都总管,付金字牌、黄旗招成。成闻飞至,惊曰:“岳家军来矣。”即遁。飞追至贺州,力战,大破之,成乃自桂岭置寨④,至北藏岭,连控隘道,以众十余万守蓬头岭。飞部才八千人,一鼓登岭,破其众,成奔连州。飞谓部将张宪、徐庆、王贵曰:“成党散去,追而杀之,则胁从者可悯,纵之则复聚为盗。今遣若等诛其首而抚其众⑤,慎勿妄杀,累上保民之仁。”于是宪自贺、连,庆自邵、道,贵自郴、桂,招降者二万,与飞会连州进讨,成走入邵州。

纲 五月,以权邦彦签书枢密院事。

① 淘沙官:伪齐所置执掌盗墓的官员。
② 邵州:治今湖南邵阳市。
③ 道州:治今湖南道县。
④ 桂岭:与北藏岭、蓬头岭皆在今广西贺州市。
⑤ 若等:你们。

〔宋高宗育太祖后人于宫中〕

纲 育太祖后子偁(chēng)之子伯琮于宫中,赐名瑗(yuàn)。

目 元懿太子卒①,帝未有后,范宗尹尝造膝请建太子,帝曰:"太祖以神
　　武定天下,子孙不得享之,遭时多艰,零落可悯。朕若不法仁宗②,为
　　天下计,何以慰在天之灵?"于是诏知内外宗正事③,令广选太祖后,
　　将育宫中。会上虞县丞娄寅亮上书曰④:"先正有言⑤:'太祖舍其子
　　而立弟,此天下之大公。周王薨,章圣取宗室育之宫中⑥,此天下之
　　大虑。'仁宗感悟其说,召英宗入继大统。文子文孙,宜君宜王⑦,遭
　　罹变故,不断如带。今有天下者,独陛下一人而已,属者椒寝未繁⑧,
　　前星不耀⑨,孤立无助,有识寒心,天其或者深戒陛下,追念祖宗公
　　心、长虑之所及乎!崇宁以来,谀臣进说,独推濮王子孙⑩,以为近
　　属,余皆谓之同姓,遂使昌陵之后寂寥无闻⑪,仅同民庶,艺祖在上⑫,

① 元懿太子:宋高宗独子赵旉,苗刘兵变后夭亡。
② 法仁宗:效仿宋仁宗无子而过继侄子并传位。
③ 知内外宗正事:知大宗正事、知南外宗正事、知西外宗正事的合称,为三处宗正司的
　　长官,掌皇族事务。
④ 上虞县:今浙江绍兴市上虞区。
⑤ 先正:先贤,此指宋仁宗朝的范镇。
⑥ 章圣:指宋真宗。
⑦ 宜君宜王:典自《诗·大雅·假乐》,意为应君临天下。
⑧ 属者:近来。椒寝:后妃居处,代指后妃。
⑨ 前星:二十八星宿之心宿三星的前星,代指太子。
⑩ 濮王:濮安懿王赵允让,宋英宗生父。
⑪ 昌陵:宋太祖永昌陵的省称,代指宋太祖。
⑫ 艺祖:指宋太祖。

莫肯顾歆①,此金人所以未悔祸也。望陛下于伯字行内,选太祖诸孙有贤德者,视秩亲王,俾牧九州,以待皇嗣之生,退处藩服,庶几上慰在天之灵,下系人心之望。"书奏,帝读之大感叹,至是,选秦王德芳后朝奉大夫子偊之子伯琮入宫②,命张婕妤鞠之③,生六年矣。其后吴才人亦请于帝,乃复取秉义郎子彦之子伯玖,命才人鞠之。皆太祖后也。寻以伯琮为和州防御使,赐名瑗。

纲 吕颐浩前军将赵延寿叛,颐浩次于常州④,王德追延寿至建平⑤,诛之。

纲 张浚以刘子羽知兴元府。

〔韩世忠招降曹成〕

纲 韩世忠招曹成,降之。

目 世忠既平范汝为,旋师永嘉⑥,若将休息者,忽由处、信径至豫章⑦,连营江滨数十里。群贼不虞其至⑧,大惊,世忠因使董收招成⑨,成方为岳飞所追,乃率众降。得战士八万,遣诣行在。

---

① 顾歆:享用祭品,照顾宋朝。
② 秦王德芳:宋太祖之子赵德芳。
③ 鞠:抚养。
④ 常州:治今江苏常州市。
⑤ 建平:县名,今安徽郎溪县。
⑥ 永嘉:郡名,即温州。
⑦ 处:州名,治今浙江丽水市。信:州名,治今江西上饶市。豫章:郡名,即洪州。
⑧ 虞:料想。
⑨ 董收:据《建炎以来系年要录》卷五三,当作"董旼"。

纲 六月，以李横为襄郢镇抚使①。

纲 颁《戒石铭》于州县。

目 以黄庭坚所书《戒石铭》颁于州县，令刻石。文曰："尔俸尔禄，民膏
民脂。下民易虐，上天难欺。"

纲 翟汝文罢。

目 汝文虽为桧所荐，然性刚，不为桧屈，至对案相诟，目桧为金人奸细，
故不得久居位。

纲 秋八月，召朱胜非兼侍读②，罢给事中胡安国及程瑀等二十人。

目 帝初即位，召安国为给事中，黄潜善恶之，遂罢。潜善去，复召为中书
舍人③，兼侍讲。安国因上《时政论》二十一篇，其言以为："保国必先
定计，定计必先建都，建都择地必先设险，分土必先制国，制国以守必
先恤民。夫国之有民，犹人之有元气，不可不恤也。除乱贼，选县令，
轻赋敛，更弊法，省官吏，皆恤民事也。而行此有道，必先立政。立政
有经，必先核实，而后赏罚当。赏罚当，而后号令行，人心顺从，惟上
所命，以守则固，以战则胜，以攻则服，天下定矣。然欲致此，顾人主
志尚如何耳。尚志，所以立本也；正心，所以决事也；养气，所以制敌
也；宏度，所以用人也；宽隐，所以明德也：具此五者，帝王之能事毕
矣。"论入，改给事中。入对，以疾力求去，帝曰："闻卿深于《春秋》，

———————

① 襄：州名，治今湖北襄阳市。郢：州名，治今湖北钟祥市。
② 侍读：官名，侍从皇帝讲读经史。
③ 中书舍人：中书后省长官，掌起草制诰、诏令等。

方欲讲论。"遂以《左氏传》付安国点句、正音。安国言:"《春秋》经世大典,见诸行事,非空言比。方今思济艰难,《左氏》繁碎,不宜虚费光阴,耽玩文采,莫若潜心圣经①。"帝善之,命兼侍读,专讲《春秋》。

先是,秦桧欲倾吕颐浩而专政,乃多引知名士布列清要以自助。安国尝闻游酢(zuò)论桧人材可方荀文若②,故力言桧贤于张浚诸人。及颐浩自常州还,憾桧欲去之,问计于席益,益曰:"目为党可也③。今党魁胡安国在琐闼(tà)④,宜先去之。"会颐浩荐知绍兴府朱胜非代己都督,帝从之。命下,安国奏:"胜非与黄潜善、汪伯彦同在政府,缄默附会,驯致渡江⑤,尊用张邦昌,结好金虏,沦灭三纲,天下愤郁。及正位冢司⑥,苗、刘肆逆,贪生苟容,辱逮君父。今强敌凭陵⑦,叛臣不忌,用人得失,系国安危,深恐胜非上误大计。"帝为罢都督之命,改兼侍读,安国复持录黄不下⑧,颐浩特命检正黄龟年书行⑨。安国言:"有官守者不得其职则去。臣今待罪无补,既失其职,当去甚明。况胜非既臣论列之人,今朝廷乃称胜非处苗刘之变,能调护圣躬。昔公羊氏言祭(zhài)仲废君为行权⑩,先儒力排其说,盖权宜废置,非所施

---

① 圣经:指儒家经典。
② 方:比拟、比方。荀文若:荀彧字文若,曹操谋臣。
③ 党:朋党。
④ 琐闼:代指朝廷。
⑤ 驯致:逐渐招致。
⑥ 冢司:宰相。
⑦ 凭陵:横行、侵犯。
⑧ 录黄:中书舍人根据皇帝意旨起草诏令,录于黄纸之上。
⑨ 检正:宰相属官。书行:即"书读",书读后行下。
⑩ 祭仲废君:郑国大夫祭仲受宋国胁迫,废郑昭公,立郑厉公,与宋国结盟,使郑国得以保全。

于君父,《春秋》大法,尤谨于此。建炎之失节者,今虽特释而不问,又加进擢,习俗既成,大非君父之利。臣以《春秋》入侍,而与胜非为列,有违经训。"遂卧家不出。颐浩劝帝降旨,落职提举仙都观①。秦桧三上章留之,不报。侍御史江跻、左司谏吴表臣论胜非不可用②,安国不当责,于是与张焘、程瑀、胡世将、刘一止、林待聘、楼炤(zhào)等二十余人皆坐桧党,并落职罢官,台省为之一空。

纲 以孟庾同都督江、淮、荆、浙诸军事。

纲 秦桧免,榜其罪于朝堂。

目 先是起居郎王居正与秦桧善,及桧执政,与居正论天下事甚锐,既相,所言皆不酬③。居正疾其诡,言于帝曰:"秦桧尝语臣:'中国之人,唯当着衣啖饭,共图中兴。'臣时心服其言。桧又自谓:'为相数月,必耸动天下。'今为相,设施止是。愿陛下以臣所言,问桧所行。"桧闻而憾之,出居正知婺州。及胡安国罢,桧留之,不报,遂求去。吕颐浩讽侍御史黄龟年劾桧"专主和议,沮止国家恢复远图,且植党专权,渐不可长",乃罢桧相,仍榜朝堂,示不复用。初,桧所陈二策,欲以河北人还金,中原人还刘豫。帝曰:"桧言南人归南,北人归北。朕北人,将安归?"桧语乃塞。至是,帝召直学士院綦(qí)崇礼语以是事及居正所言④,崇礼即以帝意载于制辞,播告中外,人始知桧之奸。

———————————

① 落职:罢去胡安国"侍读"之职。
② 侍御史:御史台官员,掌纠察百官。左司谏:门下省属官,掌规谏讽谕。
③ 酬:实现。
④ 直学士院:以他官直学士院,行翰林学士草诏之职。

綱 彗星见,赦,求直言。

〔韩世忠败刘忠〕

綱 九月,韩世忠大败刘忠于蕲阳①,忠走降刘豫。

目 世忠自豫章移师长沙②,刘忠有众数万,据白面山③,营栅相望,世忠至,与贼对垒,弈棋张饮,坚壁不动,众莫能测。一夕与苏格联骑穿贼营,候者诃问④,世忠先得贼军号,随声应之,周览以出。喜曰:"此天赐也。"夜伏精兵二千于山下,与诸将拔营而进。贼方迎战,伏兵已驰入中军,夺望楼,植旗盖,传呼如雷,贼回顾惊溃,世忠麾将士夹击,大破之,忠走降豫。

綱 王伦还自金。

目 伦既被留,久困怀归,乃倡为和议,粘没喝纵之归报。伦至,入对,言金人情伪甚悉,帝优奖之。时方议讨刘豫,和议中格⑤,久之,乃以潘致尧为通问使⑥,复如金。

綱 以朱胜非为尚书右仆射同平章事,兼知枢密院事。

綱 以王似为川陕宣抚处置副使。

目 张浚在关陕三年,训新集之兵,当方张之敌,以刘子羽为上宾,任赵开

---

① 蕲阳:县名,今湖北蕲春县。
② 长沙:郡名,即潭州,治今湖南长沙市。
③ 白面山:在今湖南浏阳市。
④ 候者:斥候。
⑤ 格:阻格、中止。
⑥ 通问使:宋金互相派遣,往来访问的使臣。

为转运,擢吴玠为大将。子羽慷慨有才略,开善理财,而玠每战辄胜,西北遗民归附者众,故关陕虽失,而全蜀安堵①,且以形势牵制东南,江淮亦赖以安。朝廷疑浚杀赵哲、曲端为无辜,任子羽、开、玠为非是,乃以似为副使,浚始不安。

纲冬十一月,李纲至潭州,湖南群盗平。

纲十二月,罢湖广宣抚使李纲。

目纲上言:"荆湖自昔用武之地,今朝廷保有东南,制驭西北,当于鼎、澧(lǐ)、荆、鄂皆宿重兵②,使与四川、襄汉相接,乃有恢复中原之渐。"会吕颐浩言纲纵暴无善状,而谏官徐俯、刘斐亦劾纲,遂罢提举崇福宫。

纲召张浚知枢密院事。

〔李横举兵伐金〕

纲癸丑,三年(1133)③,春正月。李横举兵伐金,复颍昌府④。

目横屡败刘豫及金兵,诏以横为襄阳府、邓、随、郢州宣抚使。

纲金人陷金州⑤,王彦走石泉⑥。

———————

① 安堵:安定。
② 澧:州名,治今湖南澧县。荆:即荆南府,治今湖北荆州市。鄂:州名,治今湖北武汉市。
③ 金天会十一年。
④ 颍昌府:治今河南许昌市。
⑤ 金州:治今陕西安康市。
⑥ 石泉:县名,今陕西石泉县。

目 王彦守金州,金撒离喝攻之①,彦以三千人迎敌而败,退保石泉,撒离
　喝遂乘胜而进。

[宋金饶风关之战]

纲 二月,刘子羽、吴玠兵溃于饶风关②。金人入兴元,子羽、玠还击,破之。
目 金人长驱趋洋、汉③。刘子羽闻王彦败,亟命田晟守饶风关,而遣人召
　吴玠入援。玠自河池日夜驰三百里至饶风④,以黄柑遗敌,曰:"大军
　远来,聊用止渴。"撒离喝大惊,以杖击地曰:"尔来何速邪!"遂悉力
　仰攻,一人先登,二人拥后,先者既死,后者代攻,玠军弓弩乱发,大石
　摧压,如是者六昼夜,死者山积。敌乃更募死士,由间道自祖溪关
　入⑤,绕出玠后,乘高以阚(kàn)饶风⑥,诸军不支,遂溃。敌入洋州,玠
　邀子羽去,子羽不可,而留玠同守定军山。玠难之,遂退保兴元之西
　县⑦,子羽亦焚兴元,退保大安之三泉县⑧。撒离喝遂入兴元,至金牛
　镇⑨。四川大震。
　　子羽从兵不满三百,与士卒取草芽木甲食之⑩,遗玠书诀别。玠得书

---

① 撒离喝:汉名完颜杲,金国宗室、将领。
② 饶风关:在今陕西石泉县。
③ 汉:即汉中郡,指兴元府。
④ 河池:即凤州,治今陕西凤县。
⑤ 祖溪关:在今陕西石泉县西北饶风关北。
⑥ 阚:俯视。
⑦ 西县:今陕西勉县。
⑧ 大安:大安军,治今陕西宁强县。
⑨ 金牛镇:在今陕西宁强县。
⑩ 木甲:树皮。

未有行意,其爱将杨政大呼军门曰:"节使不可负刘待制①! 不然,政辈亦舍节使去矣!"玠乃间道会子羽,子羽留玠共守三泉。玠曰:"关外,蜀之门户,不可轻弃。"复往守仙人关②,子羽以潭毒山形斗拔③,其上宽平有水,乃筑壁垒,方成而金人已至,距营十数里。子羽据胡床坐垒口,诸将泣告曰:"此非待制坐处。"子羽曰:"子羽今日死于此!"敌寻亦引去。时张浚亦移守潼川④,子羽遗书言己在此,金人必不南,浚乃止。金兵由斜谷北去⑤。

撒离喝既至凤翔,遣十人持书招子羽,子羽皆斩之,而纵其一还,曰:"为我语贼,欲来即来,吾有死尔,何可招也!"

初,子羽闻有金兵,预徙梁、洋之积,及金人深入,馈饷不继,杀马及两河所金军士以食,而子羽、玠复腹背要击之,死伤十五六,疫疠且作,乃引众还。子羽、玠因出师掩其后,金人堕溪涧死者不可胜计,尽弃辎重而走,余兵不能自拔者悉降。子羽遂还兴元。

金人始谋,本谓玠在西边,故涉险东来,不虞玠驰至,虽入三州,而得不偿失。

纲 权邦彦卒。以席益参知政事,徐俯签书枢密院事。

纲 三月,李横传檄收复东京,刘豫以金人来战于牟驼冈⑥,横师败绩,颍

————————

① 节使:节度使,吴玠时任镇西军节度使。刘待制:刘子羽时任徽猷阁待制。
② 仙人关:在今陕西凤县、甘肃徽县交界处。
③ 潭毒:山名,在今四川广元市。
④ 潼川:府名,即梓州,治今四川三台县。
⑤ 斜谷:在今陕西周至县。
⑥ 牟驼冈:在今河南开封市。

昌复陷。

纲 夏四月,杨太僭号大圣天王①,诏统制王瓒会兵讨之。

纲 以韩肖冑签书枢密院事,遣使金。

纲 王彦复金州。

纲 诏李横等班师还镇②,禁边兵侵齐。

〔岳飞平江西、广东〕

纲 六月,岳飞讨江、广群盗③,悉平之。

目 时虔、吉盗连兵寇掠江、广诸州④,帝专命飞平之。飞至虔,固石洞贼彭友悉众至雩(yú)都迎战⑤,跃马驰突,飞麾兵即马上擒之,余党皆破降之。初,帝以隆祐太后震惊之故⑥,密令飞屠虔城。飞请诛首恶而赦胁从,帝许焉,虔人感其德,绘像祠之。及入见,帝手书"精忠岳飞"字,制旗以赐之。

纲 秋九月,吕颐浩免。以刘光世、韩世忠为江东、两淮宣抚使,王瓒、岳飞为荆湖、江西制置使,分屯沿江诸州。

纲 冬十月,李成寇襄、邓,李横奔荆南,成遂陷京西六郡。

---

① 杨太:即杨幺。
② 时宋高宗谋与金议和,故召回李横等部,以免激怒金人。
③ 江:江南西路,今江西。广:广南东路,今广东一带。
④ 吉:州名,治今江西吉安市。
⑤ 固石洞:在今江西于都县。雩都:县名,今江西于都县。
⑥ 隆祐太后震惊:建炎三年孟太后逃难至虔州,卫兵与百姓冲突,引发变乱。

綱 十一月,复元祐十科取士法。

綱 金兀术陷和尚原。

綱 甲寅,四年(1134)①,春二月,席益罢。

[吴玠、吴璘仙人关之捷]

綱 三月,吴玠、吴璘与金兀术战于仙人关,大败之。

目 先是璘守和尚原,馈饷不继,玠虑金人必复深入,且其地去蜀远,乃命璘别营垒于仙人关右之地,名曰杀金平②,移兵守之。至是,兀术、撒离喝、刘夔帅步骑十万破和尚原,进攻仙人关,自铁山凿崖开道,循岭东下。玠以万人守杀金平,以当其冲,璘自武阶路入援,冒围转战七昼夜,始得与玠会于仙人关。

敌首攻玠营,玠击走之。又以云梯攻垒壁,杨政以撞竿碎其梯,以长矛刺之。金军分为二,兀术阵于东,韩常阵于西,璘率锐卒介其间,左绕右萦,随急而后战。数日,玠大出兵,统领王善、王武率锐士分紫、白旗入金营,金阵乱,奋击,射韩常中左目,金人始宵遁。玠遣统制官张彦劫横山砦,王俊伏河池,扼其归路,又败之。

是役也,兀术以下皆携妻孥来③。刘夔乃刘豫腹心,本谓蜀可图,既不得逞,度玠终不可犯,乃还据凤翔,授甲士田,为久留计,自是不妄动矣。

---

① 金天会十二年。
② 杀金平:即杀金坪,在今陕西凤县、甘肃徽县交界处。
③ 妻孥:妻子儿女。

纲以赵鼎参知政事。

纲张浚至临安,罢为资政殿大学士,居之福州。

目浚虽被召,以刘子羽等军败,秘其事未行。已而诏王似、卢法原赴镇,
　　浚及子羽、王庶、刘锡等俱赴行在。浚至临安,中丞辛炳以宿憾率殿
　　中侍御史常同等劾浚丧师失地,跋扈不臣,遂落职奉祠、福州居住①,
　　安置刘子羽于白州②。浚即日行。诏以王似为川陕宣抚使,卢法原、
　　吴玠副之。法原寻卒。

纲夏四月,徐俯罢。

纲五月,以岳飞兼荆南制置使。

目时杨太与刘豫通,欲顺流而下。李成既据襄阳,又欲自江西陆行趋
　　浙,与太会。帝命飞为之备。朱胜非言:"襄阳,国之上流,不可不急
　　取。"飞亦奏:"襄阳等六郡为恢复中原基本,今当先取六郡,以除心膂
　　之病③,李成远遁,然后加兵湖湘,以殄(tiǎn)群盗④。"帝以语赵鼎,鼎
　　曰:"知上流利害,无如飞者。"除飞兼荆南制置使。飞渡江,中流顾幕
　　属曰:"飞不擒贼,不涉此江!"

纲秋七月,以胡松年签书枢密院事。

纲岳飞复襄阳等六郡。

————————————

① 奉祠:兼任宫观官,因宫观官名义上主持祭祀,故称。
② 白州:治今广西博白县。
③ 心膂之病:心腹之患,"膂"为脊骨。
④ 殄:消灭。

纲八月,以赵鼎知枢密院事,都督川陕、荆襄诸军事。

目鼎为朱胜非所忌,除鼎枢密都督,鼎条奏便宜,复为胜非所抑,乃上疏言:"顷者陛下遣张浚出使川、陕,国势百倍于今。浚有补天浴日之功①,陛下有砺山带河之誓②,君臣相信,古今无二,而终致物议,以被窜逐。夫丧师失地,浚则有之,然未必如言者之甚也。大抵专黜陟之典,受不御之权,则小人不安其分,谓爵赏可以苟求,一不如意,便生觖(jué)望③,是时蜀士至于醵(jù)金募人④,诣阙讼之,以无为有,何以自明! 故有志之士,欲为国立事者,每以浚为戒。今臣无浚之功,当此重责,去朝廷远,恐好恶是非,行复纷纷于聪明之下矣。望闵臣孤忠,使得展布四体,少宽陛下西顾之忧。"

纲遣吏部员外郎魏良臣使金。

纲杨太败官军于鼎江⑤,诏岳飞移兵讨之。

目王躞遣忠锐统制崔增等讨太于鼎江,师败皆没。太乘大水出兵,攻破鼎州社木寨,守将许筌战没,官军死者甚众。于是授飞清远军节度使,代王躞讨太。飞时年三十二,中兴诸将建节未有如飞之年少者⑥。

---

① 补天浴日:化用女娲补天、羲和浴日的典故,喻功勋极大,无可比拟。
② 砺山带河之誓:汉高帝刘邦大封功臣,誓曰"使黄河如带,泰山若砺,国以永存,爰及苗裔"。
③ 觖望:怨望。
④ 醵金:凑钱喝酒,泛指凑钱、集资。
⑤ 鼎江:在今湖南常德市。
⑥ 建节:受封为节度使。

纲 九月，朱胜非罢。

纲 刘豫使其子麟以金兵入寇。

纲 以赵鼎为尚书右仆射同平章事，兼知枢密院事。

目 时边报骤至，举朝震恐。鼎将赴川陕，陛辞①，帝曰："卿岂可远去，当遂相朕。"制下，朝士相庆。

纲 以沈与求参知政事。

纲 冬十月，诏韩世忠进屯扬州。

纲 召张浚于福州。

目 初，浚至福州，虑金、齐必并力窥东南，而朝廷已议讲解②，因上疏极言其状。至是帝思其言，会赵鼎劝帝亲征，帝从之。喻樗（chū）谓鼎曰："六龙临江③，兵气百倍，然公自度此举果出万全乎？或姑试一掷也？"鼎曰："中国累年退避不振，敌情益骄，义不可更屈，故赞上行耳。若事之济否，则非鼎所可知也。"樗曰："然则当思归路耳。张德远有重望④，若使宣抚江、淮、荆、浙、福建，俾以诸道兵赴阙，则其来路即朝廷归路也。"鼎然之，入言于帝，遂召浚，以资政殿学士提举万寿观，兼侍读。

---

① 陛辞：官员离京赴任前，上殿辞别皇帝。
② 讲解：讲和、和解。
③ 六龙：代指天子。
④ 德远：张浚字。

[韩世忠大仪镇之捷]

纲 韩世忠大败金人于大仪①,追至淮而还。

目 世忠至扬州,使统制解元守承州②,候金步卒,亲提骑兵驻大仪,以当敌骑,伐木为栅,自断归路。会魏良臣使金过之,世忠撤炊爨(cuàn)③,绐良臣有诏移屯平江,良臣疾驰去,世忠度良臣已出境,即上马令军中曰:"视吾鞭所向。"于是移军向大仪,勒五阵,设伏二十余所,约闻鼓即起击。良臣至金军中,金前将军聂儿孛堇问官军动息,具以所见对。孛堇大喜,即引兵至江口,距大仪五里,别将挞不野拥铁骑过五阵东。世忠传小麾④,鸣鼓,伏兵四起,旗色与金人旗杂出,金军乱,官军迭进。世忠令背嵬军各持长斧⑤,上揕(zhèn)人胸⑥,下斫马足⑦。敌被甲陷泥淖,世忠麾劲骑四面蹂躏,人马俱毙,遂擒挞不野等二百余人,而世忠所遣董旼亦击败金人于天长之鸦口桥⑧。解元至承州北门遇敌,设水军夹河阵,一日十三战,相拒未决。世忠遣成闵将骑士往援,复大战,俘获甚多。世忠复亲追至淮,金人惊溃,相蹈藉溺死者甚众⑨。捷闻,群臣入贺。帝曰:"世忠忠勇,朕知其必能成

---

① 大仪:镇名,在今江苏扬州市。
② 承州:治今江苏高邮市。
③ 炊爨:烧火煮饭的器具与场所。
④ 小麾:小旗,用以传递命令。
⑤ 背嵬军:将帅亲军。
⑥ 揕:击。
⑦ 斫:用刀斧砍伐。
⑧ 天长:县名,今安徽天长市。
⑨ 蹈藉:踩踏。

功。"沈与求曰:"自建炎以来,将士未尝与金人迎敌一战。今世忠连捷,厥功不细。"论者以此举为中兴武功第一。

纲帝自将御金,次于平江。

目金、齐之兵日迫,群臣劝帝他幸,散百司以避之。张浚曰:"避将安之?惟进御乃可耳。"赵鼎曰:"战而不捷,去未晚也。"帝因曰:"朕为二圣在远,屈己请和,而彼复肆侵陵。朕当亲总六师,临江决战。"沈与求复力赞之。鼎喜曰:"累年退怯,敌志益骄。今圣断亲征,将士必奋,成功可必。臣愿效区区以图报国。"于是以孟庾为行宫留守,命百司不预军旅之务者从便避兵。以张俊为浙西、江东宣抚使,王瓛为江西沿江制置使,胡松年诣江上会诸将议进兵,刘光世移军建康,后宫自温州泛海如泉州。光世遣人讽鼎曰:"相公自入蜀,何事为他人任患!"韩世忠亦曰:"赵丞相真敢为者。"鼎闻之,恐上意中变,乘间言①:"陛下养兵十年,用之正在今日。若少加退沮,即人心涣散,长江之险不可复恃矣。"帝遂发临安,刘锡、杨存中以禁兵扈从。

韩世忠捷奏至,帝次平江,欲自渡江决战。鼎曰:"敌之远来,利在速战,遽与争锋,非策也。且逆豫犹遣其子,岂可烦至尊邪!"帝乃止。及胡松年自江上还,云"北兵大集",然后知鼎之有先见也。

纲十一月,诏暴刘豫罪逆于六师。

纲以张浚知枢密院事,视师江上。

---

① 乘间:乘机。

目浚至,见赵鼎,执其手曰:"此行举事,皆合人心。"鼎笑曰:"喻子才之
　功也①。"复命浚知枢密院事,以其尽忠竭节诏谕中外。浚既受命,即
　日起江上视师。时挞懒、兀术拥兵十万,约日渡江决战。浚长驱临
　江,召刘光世、韩世忠、张俊议事,将士见浚,勇气十倍。浚既部分诸
　将,身留镇江以节度之。

纲十二月,金人围庐州②,岳飞使牛皋救之,金兵败走。

纲魏良臣还自金。

纲金兵自淮引还。

目挞懒屯泗州③,兀术屯竹墩镇④,为韩世忠所扼,以书币约战⑤。世忠
　遣麾下王愈及两伶人以橘茗报之,且言:"张枢密已在镇江。"兀术曰:
　"张枢密贬岭南,何得乃在此?"愈出浚所下文书示之,兀术色变,遂有
　归意。会雨雪,馈道不通,野无所掠,杀马而食,蕃、汉军皆怨,又闻金
　主晟病笃,乃夜引还。兀术等既去,刘麟、刘猊(ní)不能独留,亦弃辎
　重遁。
　帝谓赵鼎曰:"近将士致勇争先,诸路守臣亦翕(xī)然自效⑥,乃朕用
　卿之力也。"鼎谢曰:"皆出圣断,臣何力之有。"或问鼎曰:"金人倾国
　来攻,众皆汹惧,公独言不足畏,何也?"鼎曰:"敌众虽盛,然以刘豫邀

①　子才:喻樗字。
②　庐州:治今安徽合肥市。
③　泗州:治今安徽泗县。
④　竹墩镇:在今安徽泗县,为连通盱眙、天长的交通要道。
⑤　书币:书信和礼物。
⑥　翕然:一致、一同。

而来，非其本心，战必不力，是以知其不足畏也。"帝语张浚曰："赵鼎真宰相，天使佐朕中兴，可谓宗社之幸。"鼎奏："金人遁归，尤当博采群言，为善后之计。"于是诏前宰执议攻战备御措置绥怀之方。

提举临安府洞霄宫李纲上疏曰："议者或以敌马既退，当遂用兵，为大举之计。臣窃以生理未固，而欲浪战以侥幸，非制胜之术也。今朝廷以东南为根本，苟不大修守备，先为自固之计，何以能万全而制敌？议者又谓敌人既退，当且保据一隅，以苟目前之安。臣谓祖宗境土，岂可坐视沦陷，不务恢复！若今岁不征，明年不战，使敌势益张，而吾之所纠合精锐士马，日以耗损，何以图敌！唯宜于防守既固、军政既修之后，即议攻讨，乃为得计。

其守备之宜，则料理淮甸、荆襄以为东南屏蔽，当于淮之东、西及荆襄置三大帅，屯众兵以临之，分遣偏师进守支郡，加以战舰水军，上连下接，自为防守，则藩篱之势成。守备之宜，莫大于是。

然后可议攻战之利，分责诸路大帅，因利乘便，收复京畿，以及故都，断以必为之志，而勿失机会，则以弱为强，取威定乱，逆臣可诛，强敌可灭。攻战之利，莫大于是。

若夫万乘所居，必择形胜以为驻跸之所。东南形势，无如建康。旧都未复，莫若权于建康驻跸，治城池，修宫阙，立官府，固营壁，使粗成规模，以待巡幸。此措置之所当先也。

至于西北之民，皆陛下赤子，荷祖宗涵养之深，其心未尝忘宋，特制于强敌，不能自归。天威震惊，必有愿为内应者，宜优加抚循，使陷溺之民，知所依怙①，益坚戴宋之心。此绥怀之所当先也。"

---

① 依怙：依靠、依赖。

又曰："臣窃观陛下临御九年,国不辟而日蹙,事不立而日坏,将骄而难御,卒惰而未练,国用匮而无赢余之蓄,民力困而无休息之期,使陛下忧勤虽至,而中兴之效邈乎无闻,则群臣误陛下之故也。陛下观近年以来所用之臣,慨然敢以天下之重自任者几人?平居无事,小廉曲谨,似可无过,忽有扰攘,则错愕无所措手足,不过奉身以退,天下忧危之重委之陛下而已。有臣如此,何补于国,而陛下亦安取此!

大概近年闲暇则以和议为得计,而以治兵为失策;仓卒则以退避为爱君,而以进御为误国。国势益弱,职此之由。今天启宸衷,悟前日和议退避之失,亲临大敌,天威所加,使北军数十万之众震怖不敢南渡,潜师宵奔,则和议之与治兵,退避之与进御,其效概可见矣!然敌兵虽退,未大惩创,安知其秋高马肥不再来扰我疆埸(yì)①,使疲于奔命哉。且退避之策,可暂而不可常,可一而不可再。退一步则失一步,退一尺则失一尺。往时自南都退至维扬②,则河北、河东、关陕失矣。自维扬退至江、浙,则京东、西失矣。万一敌骑南牧,将复退避,不知何所适而可乎!航海之策,万乘冒风涛之险,此又不可之尤者。惟当于国家闲暇之时,明政刑,治军旅,选将帅,修车马,备器械,峙糗(qiǔ)粮③,积金帛,敌来则御,俟时而奋,以光复祖宗之大业,此最上策也。臣愿陛下,自今以往,勿复为退避之计!

夫古者敌国善邻则有和亲④,仇雠之邦鲜复遣使。今金人造衅之深,知我必报,其措意为何如,而我方且卑辞厚币屈体以求之,其不推诚

① 疆埸:疆界,边界。
② 南都:南京应天府。维扬:扬州。
③ 峙:储备。糗粮:粮食。
④ 敌国:地位或势力相当的国家。

以见信决矣。器币礼物,所费不赀,使轺(yáo)往来①,坐索士气②,而又邀我以必不可从之事,制我以必不敢为之谋,是和卒不成,而徒为此扰扰也,况于吾自治自强之计,动辄相妨。臣愿自今以往,勿复遣和议之使。

二者既定,择所当为者,一切以至诚为之。俟吾之政事修,仓廪实,府库充,器用备,士气振,力可有为,乃议大举,则兵虽未交,而胜负之势决矣。惟陛下正心以正朝廷百官,使君子小人各得其分,则是非明,赏罚当,自然藩方协力,将士用命,虽强敌不足畏,逆臣不足忧,此特在陛下方寸间耳。"

疏奏,帝赐诏褒谕。

黄晓巍 评注

张 帆 高纪春 审定

---

① 使轺:使者乘坐的小车,代指使者。
② 索:尽、空。

纲鉴易知录卷八〇

卷首语:本卷起宋高宗绍兴五年(1135),止绍兴九年(1139),所记为五年间南宋内政与对金关系。宋高宗先后任用赵鼎、秦桧等为宰相,与金议和、安守东南渐成国策。岳飞讨平杨幺,标志着南宋境内基本平定。宋军对伪齐的战争优势逐渐增大,取得藕塘之捷,淮西兵变后优势仍旧,卒致金国废伪齐刘豫,与宋朝议和。金国依照和议向宋朝交付陕西、河南地,但因金国政变,撕毁和议,宋金战争再次爆发。

南宋纪

高宗皇帝

纲乙卯,五年(绍兴五年,1135)①,春正月朔,日食。

纲召张浚还。

目命韩世忠屯镇江,刘光世屯太平,张俊屯建康。俊尝以其军从上行,至是始军于外。

〔金熙宗完颜亶即位〕

纲金主吴乞买卒,兄之孙亶立②。

纲二月,帝如临安。

纲以赵鼎、张浚为尚书左、右仆射并同平章事,兼知枢密院事,都督诸路军马。

目鼎、浚相得甚欢,人知其将并相,史馆校勘喻樗独曰③:"二人宜且同在枢府④,他日赵退则张继之。立事任人,未甚相远则气脉长;若同处相位,万一不合而去,则必更张,是贤者自将背戾矣。"寻命浚如江

---

① 金天会十三年。
② 亶:合剌,汉名完颜亶,金太祖之孙,庙号熙宗。
③ 史馆校勘:史馆官员,掌编修史籍。
④ 枢府:枢密院。

上议边防。

纲 作太庙于临安。

目 侍御史张致远言："创建太庙,甚失兴复大计。"殿中侍御史张绚亦言：
"去年建明堂①,今年立太庙,是将以临安为久居之地,不复有意中
原。"不报。

纲 闰月,胡松年罢。

纲 三月,张浚视师潭州②。

目 浚以建康东南都会,而洞庭据上流,恐杨太滋蔓为害③,请乘其急讨
之。至醴陵④,释邑囚数百,皆太谍者,给以文榜,俾招诸寨,皆欢呼
而去,于是相率来降。

纲 夏四月,封周后柴叔夏为崇义公⑤。

[宋徽宗卒于金]

纲 上皇卒于金。

目 年五十四。遗言欲归葬内地,金主亶不许。时兵部侍郎司马朴与奉
使朱弁在燕山⑥,闻之,共议制服⑦。弁欲先请,朴曰："为臣子闻君父

---

① 明堂:古代帝王宣明政教的地方,用以举行朝会、祭祀、庆赏等重大活动。
② 潭州:治今湖南长沙市。
③ 滋蔓:指势力扩张。
④ 醴陵:县名,今湖南醴陵市。
⑤ 周后:后周宗室后裔,世袭崇义公。
⑥ 燕山:府名,宋徽宗宣和四年置,治今北京市。
⑦ 制服:根据丧礼等级制作丧服,为宋徽宗服丧。

之丧,当致其哀,尚何请! 设请而不许,奈何?"遂服斩衰(cuī)①,朝夕哭,金人义之而不责。洪皓在冷山闻之,北向泣血,操文以祭。其词激烈,闻者挥涕。

纲 龙图阁直学士致仕杨时卒。

目 时奉祠致仕,优游林泉,以著书讲学为事。东南学者推时为程氏正宗,胡宏、罗从彦皆其弟子。卒年八十三,谥文靖。

从彦,南剑人②,初为博罗主簿③,闻时得程氏之学,慨然慕之。及时为萧山令④,从彦徒步往学,见时三日,即惊汗浃背曰:"不至是,几虚过一生矣!"既卒业归,筑室山中,绝意仕进,学者称为豫章先生。朱熹谓:"龟山倡道东南⑤,士之游其门者甚众,然潜思力行,任重诣极者,豫章一人而已。"

延平李侗,初从从彦学,从彦令于静中看喜、怒、哀、乐未发前气象,而求所谓中者。久之,于天下之理,该摄洞贯,以次融释,各有条序。退居山中,谢绝世故,凡四十年。其接后学,答问不倦,常曰:"学之道不在多言,但默坐澄心体认,天理自见。"学者称为延平先生。朱熹尝从侗受学,每称侗资禀劲特,气节豪迈,而充养完粹,无复圭角⑥,自然之

---

① 斩衰:丧礼五服中最重的一种,子为父、臣为君服之,服期三年。
② 南剑:州名,治今福建南平市。
③ 博罗:县名,今广东博罗县。主簿:县的佐贰官。
④ 萧山:县名,今浙江杭州市萧山区。
⑤ 龟山:杨时号龟山,世称龟山先生。
⑥ 圭角:玉圭的棱角,泛指人的锋芒、棱角。

中若有成法。平居恂恂①，无甚可否，及酬酢事变②，断以义理，则有截然不可犯者。

纲 五月，遣忠训郎何藓使金③，罢中书舍人胡寅。

目 寅上疏言："女真惊动陵寝，戕毁宗庙，劫质二帝，涂炭生民，乃陛下之大仇也。自建炎丁未至绍兴甲寅④，卑辞厚礼，以问安、迎请为名，而遣使者不知几人矣。知二帝所在，见二帝之面，得女真之要领，因讲和而能息兵者，谁欤？但见通和之使归未息肩，而黄河、长淮、大江相继失险矣。夫女真知中国所重在二帝，所恨在劫质，所畏在用兵，则常示欲和之端，增吾所重，平吾所恨，匿吾所畏。而中国坐受此饵，既久而不悟也，天下其谓自是改图矣，何为复出此谬计邪！苟曰'以二帝之故，不得不然'，则前效可考矣。适观何藓之事，恐和说复行，国论倾危，士气沮丧，所系不细。"疏入，诏褒谕之。会张浚奏言："使事兵家机权，后将辟地复土，终归于和，未可遽绝。"乃遣藓行。寅因乞外，知邵州。

纲 以孟庾知枢密院事。

纲 封瑗为建国公⑤，就学资善堂⑥。

目 赵鼎请以行宫新作书院为资善堂，命建国公听读，且荐徽猷阁待制范

① 恂恂：小心谨慎、温和恭敬的样子。
② 酬酢：应对、应付。
③ 忠训郎：武臣官阶，正九品。
④ 丁未：宋高宗建炎元年。甲寅：宋高宗绍兴四年。
⑤ 瑗：即宋孝宗。
⑥ 资善堂：皇子读书处，设官教导皇子。

冲兼翊善①,起居郎朱震兼赞读,朝论二人极天下之选。帝命瑗见之,皆设拜。后岳飞诣资善堂见瑗,退而喜曰:"社稷得人矣,中兴基业其在是乎!"寻以伯玖为和州防御使②,赐名璩(qú)。

〔岳飞洞庭之捷〕

纲 六月,岳飞大破杨太于洞庭。太死,湖湘平。

目 飞奉命讨太,而所部皆西北人,不习水战。飞曰:"兵何常?顾用之何如耳。"乃先遣使招谕之。其党黄佐曰:"岳节使号令如山,若与战,万无生理,不如往降。节使诚信,必善遇我。"遂降。飞表授佐武义大夫③,单骑按其部④,拊佐背曰⑤:"子知逆顺者,果能立功,封侯岂足道!欲复遣子归湖中,视其可乘者擒之,可劝者招之,如何?"佐感泣,誓以死报。时张浚至潭州,席益疑飞玩寇⑥,欲以闻。浚曰:"岳侯,忠孝人也。兵有深机,胡可易言!"益惭而止。黄佐袭周伦寨,杀之,飞上其功,迁武功大夫⑦。

会朝旨召张浚还防秋⑧,飞袖小图示浚,浚欲俟来年议之。飞曰:"已有定画,都督能少留⑨,八日可破贼。"浚曰:"何言之易!"飞曰:"因敌

① 翊善:与赞读皆为皇子教授官。
② 伯玖:宋太祖七世孙,宋高宗养子。
③ 武义大夫:武臣五十二阶之第三十三阶。
④ 按:按察、巡视。
⑤ 拊:同"抚"。
⑥ 席益:时任知潭州兼湖南安抚制置大使。玩:玩忽,懈怠。
⑦ 武功大夫:武臣五十二阶之第二十八阶。
⑧ 防秋:调集兵马,防备金人秋季南侵。
⑨ 都督:指张浚,张浚时兼"都督诸路军马"。

将,用敌兵,夺其手足之助,离其腹心之托,使孤立而以王师乘之,八日之内,当俘诸酋。"浚许之。飞遂如鼎州。黄佐招杨钦来降,飞喜曰:"杨钦骁悍,既降,敌腹心溃矣。"表授钦武义大夫,礼遇甚厚,乃复遣归湖中。两日,钦说全琮、刘诜(shēn)来降,飞诡骂钦曰:"贼不尽降,何来也!"杖之,复遣去。是夜掩贼营①,降其众数万。

太负固不服②,方浮舟湖中,以轮激水,其行如飞,傍置撞竿,官舟迎之辄碎。飞伐君山木为巨筏③,塞诸港汉④,又以腐木乱草浮上流而下,择水浅处遣善骂者挑之,且行且骂,贼怒来追,则草木壅积,舟轮碍,不行。飞急击之,贼奔港中,为筏所拒,官军乘筏,张牛革以蔽矢石,举巨木撞其舟尽坏。太技穷,赴水死。飞入贼垒,余酋惊曰:"何神也!"俱请降,众凡二十余万。果八日而捷书至潭。浚叹曰:"岳侯,神算也!"黄诚斩杨太首,挟钟子仪、周伦诣浚降,湖湘悉平。

初,太恃其险,官军自陆袭则入湖,水攻之则登岸,因曰:"欲犯我者,除是飞来!"至是,人以其言为谶云。

纲 秋七月,孟庚罢。

纲 冬十月,张浚还自潭州。

目 湖湘平,浚奏遣岳飞屯荆襄以图中原,乃自鄂岳转淮东⑤,会诸将议防秋之宜。帝赐诏趣(cù)归,及至,劳问曰:"卿暑行甚劳,群寇就招抚,

———————

① 掩:掩击,袭击。
② 负固不服:依恃其地势险固,不肯投降。
③ 君山:在洞庭湖中。
④ 港汉:河道的支流。
⑤ 鄂岳:今湖北南部、湖南北部一带。淮东:今江苏中部一带。

成朕不杀之仁,卿之功也。"召对便殿,浚进《中兴备览》四十一篇,帝嘉叹,置之坐隅①。

纲 十一月,征和靖处士尹焞(tūn)于涪州②。

目 初,金人陷洛,焞阖门被害,焞死复苏,门人舁(yú)至山谷中而免③。刘豫聘之,不从,以兵恐之,焞自商州奔蜀④。至阆,得程颐《易传》,拜受之,因止于涪,辟三畏斋以居,州人不识其面。至是,范冲举以自代。

纲 以李纲为江西安抚制置大使⑤。

目 张浚荐其忠也。

纲 金伐蒙古。

目 蒙古在女真之北,唐为蒙兀部,亦号蒙骨斯。其人劲悍善战,夜中能视,以鲛(jiāo)鱼皮为甲,可捍流矢。金主命万户胡沙虎将兵击之⑥。

纲 丙辰,六年(1136)⑦,春二月,以折彦质签书枢密院事。

纲 韩世忠围淮阳⑧,金兀术救之,世忠还。

目 世忠闻刘豫聚兵淮阳,即引军渡淮,旁符离而北⑨,至其城下,为贼所

① 坐隅:坐位的旁边。
② 涪州:治今重庆市涪陵区。
③ 舁:同"舆",抬、载。
④ 商州:治今陕西商洛市。
⑤ 安抚制置大使:地区军政长官。
⑥ 万户:金太祖时始置,掌统猛安、谋克,为世袭官职。
⑦ 金天会十四年。
⑧ 淮阳:郡名,即淮宁府。
⑨ 符离:县名,今安徽宿州市符离镇。

围,奋戈溃围而出,不遗一镞。呼延通与金将牙合字董搏战,扼其吭(háng)而擒之①,乘锐掩击。金人败去,遂进兵围淮阳。兀术与刘猊皆引兵至,世忠求援于张俊,俊以世忠有见吞意,不从。世忠勒阵向敌,遣人语之曰:"锦衣骢马立阵前者②,韩相公也。"或危之,世忠曰:"不如是不足以致敌。"敌果至,杀其导战二人,遂引去。世忠复还楚州,淮阳之民从而归者以万计。

纲 沈与求罢。

纲 张浚会诸将于镇江,遣张俊屯盱眙(xū yí)③,韩世忠屯楚州。

目 张浚每称二人可倚大事,故并命之。世忠至楚,披草莱,立军府,与士卒同力役。夫人梁氏,亲织箔为屋④。将士有怯战者,世忠遗以巾帼,设乐大宴,俾妇人妆以耻之,故人人奋励。抚集流散,通商惠工,山阳遂为重镇⑤。

纲 夏四月,起复岳飞为京湖宣抚副使⑥。

目 飞以母丧扶榇(chèn)还庐山⑦,累表乞终制⑧,不许。

纲 六月,张浚抚师淮上,遣刘光世屯庐州,岳飞屯襄阳,杨沂中屯泗州。

---

① 吭:咽喉。
② 骢马:青白色的马。
③ 盱眙:县名,今江苏盱眙县。
④ 箔:用苇子、秫秸等做成的帘子。
⑤ 山阳:郡名,即楚州。
⑥ 起复:官员遭父母之丧去职,服丧未满而重新起用。京湖宣抚副使:京西南路、荆湖北路宣抚使司长官。
⑦ 榇:棺材。
⑧ 终制:为去世的母亲服满三年之丧。

目 浚命光世屯合肥①,以招北军;沂中领精骑,以佐张俊;飞屯襄阳,以图中原。且谓飞曰:"此君素志也。"

纲 秋七月,以陈公辅为左司谏。

目 公辅召还,为吏部员外郎,言:"今日之祸,实由公卿大夫无气节忠义,不能维持天下国家。平时既无忠言直道,缓急讵肯仗节死义,岂非王安石学术坏之邪!安石政事坏人才,学术坏人心。《三经》《字说》诋诬圣人,破碎大道,非一端也。《春秋》正名分,定褒贬,俾乱臣贼子惧,安石使学者不治《春秋》。《史》《汉》载成败安危,存亡理乱,为世龟鉴,安石使学者不读《史》《汉》。扬雄不死王莽之篡,而著《剧秦美新》之文②,安石乃曰:'合于孔子"无可无不可"之义。'冯道事四姓八君,安石乃曰:'善避难以存身。'使公卿皆师安石之言,宜其无气节忠义也。"疏入,帝大喜,授左司谏,赐三品服。

纲 八月,以秦桧为行营留守③,孟庾副之,并参决尚书省、枢密院事。

目 张浚奏:"东南形势莫重于建康,实为中兴根本,且使人主居此,北望中原,常怀愤惕,不敢暇逸。而临安僻在一隅,内则易生安肆,外则不足以号召远近,系中原之心。请临建康,抚三军以图恢复。"会谍报刘豫将南寇,赵鼎议幸平江,帝从之。遂命桧、庾留守,并参决尚书省、枢密院事。桧自被斥,会与金议和,稍复其官,知温州、绍兴府。又以张浚荐,授醴泉观使,兼侍读,至是渐用事。

---

① 合肥:郡名,即庐州。
② 剧秦美新:扬雄文章,指斥秦朝,美化王莽新朝。
③ 行营留守:行营一应事务的长官。

纲 岳飞复蔡州①。

目 飞累战皆捷,遣牛皋复镇汝军②,杨再兴复河南长水县③。张浚曰:
　　"飞措画甚大,今已至伊洛④,则太行一带山寨必有响应者。"已而忠
　　义社梁兴等果归之⑤。飞复及伪齐李成、孔彦舟连战,至蔡州,克
　　其城。

纲 九月,帝如平江。

纲 岳飞遣兵败刘豫之众于唐州⑥。上疏请进军恢复中原,帝不许,飞乃
　　还鄂。

〔杨沂中藕塘之捷〕

纲 冬十月,刘豫使刘麟、刘猊分道寇淮西⑦,杨沂中等大败猊于藕塘⑧,
　　追麟至南寿春而还⑨。

目 刘豫闻张浚会诸将于江上,榜其罪逆,将进兵讨之。告急于金,请先
　　出师南侵,而乞师救援。金主亶召诸将、相议之,蒲卢虎曰⑩:"先帝

① 蔡州:治今河南汝南县。
② 镇汝军:伪齐所置,治今河南平顶山市。
③ 长水县:今河南洛宁县。
④ 伊洛:今河南洛阳市一带。
⑤ 忠义社:即太行山忠义保社,活跃在太行山一带的民间抗金武装。
⑥ 唐州:治今河南泌阳县。
⑦ 淮西:今安徽中部一带。
⑧ 藕塘:在今安徽定远县。
⑨ 南寿春:府名,治今安徽寿县。
⑩ 蒲卢虎:金太宗长子。

所以立豫者,欲其开疆保境,我得安民息兵也。今豫进不能取,又不能守,兵连祸结,愈无休期。从其请则豫收其利,败则我受其弊,况前年因豫出师,尝不利于江上矣,奈何许之!"金主遂不许豫,而遣兀术提兵黎阳以观衅①。于是豫金乡兵三十万②,分三道入寇:麟率中路兵,由寿春以犯合肥;猊率东路兵,由紫荆山出涡口以犯定远③;孔彦舟率西路兵,由光州以犯六安④。时张俊、杨沂中、韩世忠、岳飞、刘光世分屯诸州,而沿江上下无兵,赵鼎深以为忧,移书张浚,欲令俊与沂中同保合肥。浚以为然,乃遣沂中、张宗颜等分道御之,且令沂中趋濠州以与张俊合⑤。

及刘麟进逼合肥,赵鼎曰:"今贼渡淮,当急遣张俊合光世之军尽扫淮南之寇,然后议去留。"帝善之,然虑俊、光世不足任,因命岳飞尽以兵东下,而手札付浚,令浚、光世、沂中等还保江。浚上言:"若诸将渡江则无淮南,而长江之险与贼共,有淮南之地,正所以屏蔽大江。使贼得淮南,因粮就运以为家计,江南其可保乎! 今正当合兵掩击,可保必胜;若一有退意,则大事去矣。且岳飞一动,襄汉有警,何所恃乎! 愿朝廷勿专制于中,使诸将有所观望也。"帝手书报浚曰:"非卿识高虑远,何以及此。"由是异议乃息。

沂中兵至濠,光世已舍庐州,将趋采石⑥,淮西大震。浚闻之,令吕祉

---

① 黎阳:县名,今河南浚县。观衅:窥伺敌人的可乘之隙。

② 金乡兵:签发民间丁壮为兵。

③ 紫荆山:即紫金山,在今安徽凤台县。涡口:涡水入淮之口,在今安徽怀远县。定远:县名,今安徽定远县。

④ 光州:治今河南潢川县。六安:县名,今安徽六安市。

⑤ 濠州:治今安徽凤阳县。

⑥ 采石:长江下游重要渡口,在今安徽马鞍山市。

(zhī)驰往光世军,谕之曰:"有一人渡江,即斩以徇①!"光世不得已,复还庐州,与沂中、俊等相应。

刘猊军至淮东,为韩世忠所沮,乃引趋定远。刘麟从淮西系三浮桥而渡,次于濠、寿之间,张俊以兵拒之。猊率众犯定远,欲趋宣化以寇建康。沂中以兵二千进御,与猊前锋遇于越家坊②,败之。猊恐孤军深入为王师所袭,乃欲趋合肥与麟合而后进。至藕塘,沂中复遇之。猊据山列阵,矢下如雨。沂中急击之,使统制吴锡率劲卒五千突入其军。猊众溃乱,沂中纵大军乘之,而自以精骑冲其胁,大呼曰:"贼破矣!"贼众错愕骇视。张宗颜自泗来,乘背击之,张俊大军复与战于李家湾③,贼众大败,横尸满野。猊以首抵谋主李愕曰:"适见髯将军,锐不可当,果杨殿前也④。"即与数骑遁去。麟在顺昌⑤,闻猊败,亦拔寨去。沂中及王德乘势追麟,至南寿春而还。孔彦舟亦解光州围而去,北方大恐。金人闻豫败,来诘其状,始有废豫之意。

綱 十二月,张浚还自镇江。

綱 韩世忠败金人于淮阳。

綱 赵鼎罢。

目 初,张浚在江上,遣参议军事吕祉入奏事⑥,所言夸大,鼎每抑之。帝

---

① 徇:示众。
② 越家坊:在今安徽定远县。
③ 李家湾:在今安徽凤阳县。
④ 杨殿前:杨沂中时任权主管殿前司公事。
⑤ 顺昌:府名,治今安徽阜阳市。
⑥ 参议军事:幕府参谋官,全称都督府参议军事。

谓鼎曰:"他日浚与卿不和,必吕祉也。"既而浚因论事,语意微侵鼎。鼎言:"臣初与浚如兄弟,因吕祉离间,遂尔睽(kuí)异①。今浚成功,当使展尽底蕴。浚当留,臣当去。"帝曰:"俟浚还议之。"及浚还,鼎与折彦质请帝回跸临安②。浚奏:"天下之事,不倡则不起。三岁之间,陛下一再临江,士气百倍,乞乘胜攻河南,而车驾幸建康。"又言:"刘光世骄惰不战,请罢其军政。"鼎言:"得河南固易尔,能保金人不内侵乎!且光世累世为将,将卒多出其门,无故而罢之,恐人心不安。"浚滋不悦,而帝多从浚议。鼎求退益力,遂罢知绍兴府。

鼎与浚为相,政事先后及人才所当召用者,条而置之座右,次第奏行之,故列要津者多一时之望,人号为"小元祐"。帝尝亲书"忠正德文"四字及《尚书》赐之,曰:"《书》载君臣相戒饬之言,所以赐卿,欲共由斯道也。"鼎顿首谢。

纲 折彦质罢,以张守参知政事。

纲 陈公辅乞禁程氏学,诏从之。

目 公辅上疏言:"今世取程颐之说,谓之伊川之学,相率从之,倡为大言,谓尧、舜、文、武之道传之仲尼,仲尼传之孟轲,孟轲传之颐,颐死,遂无传焉。狂言怪语,淫说鄙论,曰'此伊川之文也';幅巾大袖,高视阔步,曰'此伊川之行也'。师伊川之文,行伊川之行,则为贤士大夫;舍此,皆非也。乞禁止之。"遂诏士大夫之学,宜以孔、孟为师,庶几言行相称,可济时用。时方召尹焞,焞,颐门人也,公辅之意,盖有所指云。

---

① 睽异:抵触、乖离。
② 回跸:帝王返驾回宫。

纲 丁巳，七年（1137）①，春正月，以陈与义参知政事，沈与求同知枢密院事。

纲 以张浚兼枢密使。

纲 何藓还自金，始闻上皇及太后之丧，帝成服②。

目 何藓还，始知道君皇帝、宁德皇后郑氏相继崩，帝成服。百官七上表，请遵以日易月之制③。知严州胡寅上疏：“请服丧三年，衣墨临戎④，以化天下。”帝欲遂终服，张浚言：“天子之孝不与士庶同，必思所以奉宗庙、社稷。今梓宫未返⑤，天下涂炭，愿陛下挥泪而起，敛发而趋，一怒以安天下之民。”帝乃命浚草诏，告谕群臣，外朝勉从所请，宫中仍行三年之丧。

纲 以秦桧为枢密使。

纲 三月，遣王伦如金。

目 诏以伦为奉迎梓宫使。陛辞，帝命谓挞懒曰：“河南之地，上国既不有，与其付刘豫，曷若见归。”

纲 三月，帝如建康。以吕祉参谋都督府军事，张宗元为参议官。以沈与

———————

① 金天会十五年。
② 成服：穿上符合身份的丧服，为死者服丧。
③ 以日易月：子女为父母当服三年之丧，帝王事重，故以日易月，服丧三十六日或二十七日即释服终丧。
④ 衣墨临戎：身穿染黑的丧服指挥处理军事，示兼尽孝、治国于一身之意。
⑤ 梓宫：帝王、皇后的棺材以梓木为之，故称梓宫。

求知枢密院事。遥尊宣和皇后韦氏为皇太后①。

纲 刘光世免,张浚命吕祉节制其军。

〔岳飞弃军归庐山〕

纲 夏四月,岳飞乞终丧,遂还庐山。张浚以张宗元监其军。

目 飞自鄂入见,拜太尉,继除宣抚使,以王德、郦琼兵隶之。帝诏德、琼曰:
"听飞号令,如朕亲行。"飞见帝,数论恢复之略,疏言:"金人所以立刘
豫,盖欲荼毒中原,以中国攻中国,彼得以休息观衅耳。臣愿陛下假臣
日月,提兵趋京洛,据河阳、陕府、潼关②,以号召五路叛将。叛将既还,
遣王师前进,豫必弃汴而走,河北、京畿、陕右可以尽复,然后分兵浚、滑,
经略两河,如此则逆豫成擒,金人可灭,社稷长久之计,实在此举。"帝曰:
"有臣如此,朕复何忧!"复召至寝阁,命之曰:"中兴之事,一以委卿。"
飞方图大举,会秦桧主和议,忌之,遂不以德、琼兵隶飞,而请诏飞诣
张浚议事。浚谓飞曰:"王德,淮西军所服,浚欲以为都统,而命吕祉
以督府参谋领之,如何?"飞曰:"德与郦琼素不相下,一旦揠(yà)之在
上则必争③。吕尚书不习军旅④,恐不足服众。"浚曰:"张俊、杨沂中
如何?"飞曰:"张宣抚⑤,飞之旧帅也,其人暴而寡谋;沂中视德等耳,
亦岂能御此军哉!"浚艴然曰:"固知非太尉不可。"飞曰:"都督以正

① 韦氏:宋高宗的生母。
② 河阳:府名,治今河南孟州市。陕府:即陕州。潼关:在今陕西渭南市潼关县东北。
③ 揠:拔,提拔。
④ 吕尚书:兵部尚书吕祉。
⑤ 张宣抚:江东宣抚使张俊。

问飞,飞不敢不尽其愚,岂以得军为念哉!"飞既与浚忤,即日上章乞终丧服,以张宪摄军事,步归庐山,庐母墓侧。浚怒,遂以张宗元权宣抚判官①,监其军。

纲 五月,召胡安国提举万寿观,兼侍读,未至而罢。

目 张浚荐安国,帝召之,将行,闻陈公辅乞禁程颐之学,乃上疏曰:"孔孟之道,不传久矣,自颐兄弟始发明之,然后知其可学而至。今使学者师孔孟而禁从颐学,是入室而不由户也。自嘉祐以来,颐与兄颢及邵雍、张载皆以道德名世,著书立言,公卿大夫所钦慕而师尊之。及王安石、蔡京等曲加排抑,故其道不行。望下礼官,讨论故事,加之封爵,载在祀典,仍诏馆阁裒(póu)其遗书②,羽翼六经,使邪说者不得作,而道术定矣。"疏入,公辅与中丞周秘、侍御史石公揆(kuí)交章论安国学术颇僻③,除知永州。安国辞,遂复与祠。

纲 六月,沈与求卒。

纲 岳飞奉诏入朝,遂遣还镇。

目 累诏趣飞还职,飞不得已,趋朝待罪,帝慰遣之。及张宗元还,言:"将和士悦,人怀忠孝,皆飞训养所致。"帝大悦。飞至镇,奏言:"比者寝阁之命,咸谓圣断已坚,何至今尚未决?臣愿提兵进讨,顺天道,因人心,以曲直为老壮④,以逆顺为强弱,万全之效可必。钱塘僻在海隅⑤,非用

---

① 宣抚判官:宣抚使司属官,掌赞使务。
② 裒:聚集。
③ 颇僻:邪佞、不正。
④ 出兵作战,有理就气壮,无理就气衰,即"师直为壮,曲为老"。
⑤ 钱塘:郡名,指临安府。

武地,愿建都上游,用汉光武故事,亲率六军,往来督战,庶将士知圣
意所向,人人用命。"

纲秋八月,以张俊为淮西宣抚使。

〔淮西兵变,郦琼叛逃〕

纲召淮西副统制郦琼赴行在。琼以众叛降刘豫,执吕祉杀之。

纲九月,张浚免,罢都督府①。

目浚总中外之政,几事丛委②,以一身任之。每奏对,必言仇耻之大,帝
未尝不改容涕洟(yí)③,事无巨细,必以咨浚。及郦琼叛,吕祉死,浚
因引咎力求去,帝问谁可代者,且曰:"秦桧何如?"浚曰:"近与共事,
方知其暗。"帝曰:"然则用赵鼎尔。"浚曰:"得之矣。"桧由是憾浚。
浚遂奉祠,而都督亦罢。

纲以赵鼎为尚书左仆射同平章事,兼枢密使。

纲冬十月,安置张浚于永州。

目浚既去位,言者论之不已,欲远窜之。会赵鼎乞降诏安抚淮西,帝曰:
"俟行遣张浚,朕当下罪己之诏。"鼎言浚已落职,帝曰:"浚罪当远
窜④。"鼎曰:"浚母老,且有勤王功⑤。"帝曰:"功过自不相掩。"已而

---

① 都督府:张浚时兼"都督诸路军马",开都督府治事。
② 几事丛委:机密事务繁多。
③ 涕洟:眼泪和鼻涕,也作"涕泗"。
④ 远窜:流放边地。
⑤ 勤王功:指建炎三年,张浚统领勤王部队平定苗刘之变。

内批出浚谪岭南,鼎留不下①,诘旦约同列救解②。帝怒未释,鼎力恳曰:"浚罪不过失策尔。凡人计虑,岂不欲万全,倘因一失,便置之死地,后有奇谋秘计,谁复敢言者! 此事自关朝廷,非独私浚也。"张守亦以为言,帝意解,遂以秘书少监分司西京③,永州居住。李纲闻,夜驰奏曰:"浚措置失当,诚为有罪,然其区区徇国之心,有可矜者。愿少宽假,以责来效。"不报。

纲 闰月,以尹焞为崇政殿说书④。

目 初,焞被召,以疾辞。范冲奏:"给五百金为行资,命漕臣至涪亲遣⑤。"焞始就道。会陈公辅攻程氏之学,焞至九江,遂留不进。张浚言:"焞拒刘豫之节,且其所学所养有大过人者,乞令江州守臣疾速津送⑥。"焞至建康,复以疾辞。帝曰:"焞可谓恬退矣⑦。"趣召入见,命为秘书郎⑧,兼说书。

纲 张俊弃盱眙还建康。

〔金废刘豫〕

纲 金人袭汴,执刘豫,废为蜀王,立行台尚书省于汴⑨。韩世忠、岳飞请

---

① 留不下:截留内批,不使行下生效。
② 诘旦:次日清晨。
③ 秘书少监:秘书省副长官,掌图书秘籍等。分司:在陪都任职称为"分司"。
④ 崇政殿说书:经筵官名,为皇帝讲读经史并备顾问。
⑤ 漕臣:转运使,路转运司的长官。
⑥ 津送:资助旅费,照料护送。
⑦ 恬退:淡泊谦退。
⑧ 秘书郎:秘书省郎官,掌图书经籍。
⑨ 行台尚书省:金国行政机关尚书省的派出机构,临时设置,掌一方军政。

伐金,收复中原。不报。

纲 十二月,王伦还自金,寻复遣之。

目 伦还入对,言:"金人许还梓宫及太后,且许归河南地。"帝喜曰:"若
金人能从朕所求,其余一切非所较也。"逾五日,复遣伦奉迎梓宫
于金。

评金国经营中原:

金灭北宋后,对中原的经营经历了扶立张邦昌、刘豫,废刘豫政权割
让河南地予宋,以及重夺河南地并直接统治华北的历程。绍兴和议后,
金国开始着力于经营中原,都城也从上京会宁府迁往燕京,即金中都。
在此过程中,女真民族的汉化程度持续加强,国家战略重心由东北向中
原转移,对中原局势、宋金关系产生了重大影响。此后金政权对漠北的
影响力相对薄弱,由此有西辽立足于西域、蒙古兴起于漠北的空间,影响
了北方局势的整体演进。

纲 戊午,八年(1138)①,春正月,张守罢。

目 帝议还临安,张守言:"建康自六朝为帝王都②,气象雄伟,且据都会
以经理中原③,依险阻以捍御强敌。陛下席未及暖,今又巡幸,百司
六军有勤动之苦,民力邦用有烦费之忧。愿少安于此,以系中原民
心。"赵鼎不可,守遂求去,出知婺州。

---

① 金天眷元年。
② 六朝:孙吴、东晋、南朝宋、齐、梁、陈。
③ 经理:经营治理。

纲二月,胡安国进《春秋传》,诏加安国宝文阁直学士①。

目自王安石废《春秋》,不列于学宫,安国谓:"先圣手所笔削之书,天下事物无不备于此,乃传心之要典也。而人主不得闻讲说,学士不得相传习,乱伦灭理,用夷变夏,殆由乎此。"因潜心二十余年,著《春秋传》以成其志。至是,上之,帝谓:"深得圣人之旨。"诏进一官,命未下而卒,赐谥文定。

安国强学力行,以圣人为标的,志于康济斯民。见中原沦没,遗黎涂炭②,常若痛切其身。虽数以罪去,爱君忧国,远而弥笃。风度凝远,视天下万物无一足婴其心③。自渡江以来,儒者进退合义,以安国、尹焞为称首。谢良佐尝语人曰:"胡康侯如大冬严雪百草萎死而松柏挺然独秀者也④。"

〔定都临安〕

纲帝定都临安。

目帝自建康至临安,自是始定都矣。

纲三月,以刘大中参知政事,王庶为枢密副使。

〔秦桧再拜相〕

纲以秦桧为尚书右仆射同平章事,兼枢密使。

_____

① 宝文阁:收藏宋仁宗、宋英宗文集、书法等的殿阁。
② 遗黎:亡国之民。
③ 婴:系联、缠绕。
④ 康侯:胡安国字。

目 初,张浚尝与赵鼎论人才,浚极称桧善,鼎曰:"此人得志,吾辈无所措足矣!"及鼎再相,桧在枢密,一惟鼎言是从。鼎由是深信之,言桧可大任于帝,而不知为桧所卖也。桧既相,制下,朝士相贺,独吏部侍郎晏敦复有忧色,曰:"奸人相矣!"闻者皆以其言为过。

纲 陈与义罢。

纲 夏四月,诏王庶视师江淮。

目 庶至淮上,遂移张俊下张宗颜军淮西、巨师古屯太平州;分韩世忠二军屯天长、泗州,缓急为声援;以刘锜军驻镇江,以固根本。

纲 五月,王伦偕金使来。

纲 伦至会宁,见金主,首谢废刘豫,次致使指①。会挞懒自河南还,言于金主,请以废齐旧地与宋。金主命群臣议,蒲卢虎议以河南、陕西地与宋,遂遣伦及其太原少尹乌陵思谋、太常少卿石庆来议事。

纲 六月,赐衍圣公孔玠衢州田②。

纲 秋七月,彗星见。

纲 王伦复如金。

〔金颁行官制〕

纲 八月,金始颁行官制。

_____

① 使指:使命。
② 衍圣公:孔子后裔受封的世袭爵位。

纲金以会宁为上京,临潢府为北京①。

目会宁即海古地,金之旧土,初称内地,至是升为上京会宁府。改辽上
　京临潢府为北京,而东京辽阳、西京大同、南京大兴、中京大定府则仍
　旧云②。

纲冬十月,罢参知政事刘大中。

目大中与赵鼎不主和议,秦桧忌之,荐萧振为侍御③。振入台④,即劾大
　中,罢之。鼎曰:"振意不在大中也。"振亦谓人曰:"赵丞相不待论,
　当自为去就矣。"

〔赵鼎罢相,秦桧独相〕

纲赵鼎罢。

目初,中书舍人潘良贵,以户部侍郎向子諲(yīn)奏事久,叱之退。帝欲抵
　良贵罪,中丞常同为之辨,帝欲并逐同。鼎奏子諲虽无罪,而同与良贵
　不宜逐,帝不从。命下,给事中张致远谓:"不应以一子諲,出二佳士。"
　不书黄⑤。帝怒,顾鼎曰:"固知致远必缴驳⑥。"鼎问:"何也?"帝曰:
　"与诸人善。"盖已有先入之言,由是不乐鼎。秦桧继留身奏事⑦,及

① 临潢府:治今内蒙古赤峰市巴林左旗。
② 辽阳:府名,治今辽宁辽阳市。大同:府名,治今山西大同市。大兴:府名,治今北京
　市。大定:治今内蒙古宁城县。
③ 侍御:据《宋史·赵鼎传》,当作"侍御史"。
④ 台:指御史台。
⑤ 书黄:凡朝廷诏令,用黄纸书写,必经给事中签"读",表示认可,才能生效。
⑥ 缴驳:驳正制敕之违失,将诏令封还缴进。
⑦ 留身奏事:早朝结束后,大臣单独留下密奏。

出，鼎问："帝何言？"桧曰："上无他，恐丞相不乐耳。"鼎乃引疾求罢，
且言："臣议论出处与刘大中同，大中去，臣何可留！"乃出知绍兴府。
入辞，言于帝曰："臣去后，必有以孝悌之说胁制陛下者。"将行，桧率
执政饯之，鼎不为礼，一揖而去，桧益憾之。鼎自再相，无所施为。或
以为言，鼎曰："今日之事，如人患羸①，当静以养之，若复攻砭
(biān)②，必损元气矣。"后王庶入对，帝曰："赵鼎两为相，于国有大
功，再赞亲征，皆能决胜。又镇抚建康，回銮无虞③，他人所不及。"

纲 以句龙如渊为御史中丞。

目 先是宰执入见，秦桧独留身，言："臣僚畏首尾，多持两端，此不足以论
大事。若陛下决欲讲和，乞专与臣议，勿许群臣预。"帝曰："朕独委
卿。"桧曰："臣恐不便，望陛下更思三日。"桧复留身奏事，帝意欲和
甚坚，桧犹以为未也，复进前说。又三日，桧复留身奏事如初，知帝意
不移，乃始出文字乞决和议。然犹以群臣为患，中书舍人句龙如渊为
桧谋曰："相公为天下大计，而邪说横起，盍不择人为台谏④，使尽击
去，则事定矣。"桧大喜，即擢如渊为中丞，劾异议者，卒成其志。

纲 金以张通古为江南诏谕使⑤，来言归河南、陕西之地。

目 先是王伦使金，从赵鼎受使指，鼎言："问礼数，则答以君臣之分已定；

———————

① 羸：衰弱、瘦弱。
② 攻砭：以石针扎刺治病。
③ 回銮：君王出巡后还宫。
④ 盍：同"何"。台谏：御史、谏官。
⑤ 江南诏谕使：金朝派往南宋的议和使节，以"江南诏谕"为名，寓不平等之意。

问地界,则答以大河为界①。二事,使者之大指,或不从,则已。"伦受
命而行。至是伦还,有"诏谕江南"之名,帝叹息谓王庶曰:"使五日
前得此报,赵鼎岂可去邪!"

初,秦桧主和议,命韩世忠移屯镇江,世忠言:"金人诡诈,恐以计缓我
师,乞留此军蔽遮江淮。"因力论和议之非,且请单骑诣阙面奏。帝不
许。及张通古来,以诏谕为名,世忠四上疏,言:"不可从,愿举兵决
战。兵势最重处,臣请当之。"且言:"金人欲以刘豫相待,举国士大夫
尽为陪臣,恐人心离散,士气凋沮。"不报。

纲 十一月,以孙近参知政事。

〔宋高宗诏群臣议和金得失〕

纲 罢直学士院曾开。诏群臣议和金得失,贬枢密院编修官胡铨监广州
都盐仓②。

目 礼部侍郎兼直学士院曾开当草国书,辨视体制非是③,论之,不听,遂
请罢,改兼侍讲。秦桧以温言慰之曰:"主上虚执政以待。"开曰:"儒
者所争在义,苟为非义,高爵厚禄弗顾也。愿闻所以事敌之礼。"桧
曰:"若高丽之于本朝耳。"开曰:"主上以盛德登大位,公当强兵富
国,尊主庇民,奈何自卑辱至此,非开所闻也!"复引古谊折之。桧大
怒曰:"侍郎知故事,桧独不知也。"开又诣都堂问④:"计果安出?"桧

_____

① 大河:黄河。
② 枢密院编修官:枢密院属官,掌删定诸房例册等事。
③ 体制:国书的体例格式。
④ 都堂:政事堂,宰相办公议事处。

曰："圣意已定，尚何言。公自取大名而去，如桧，但欲济国事耳。"

然犹虑群言，乃诏："金国遣使入境，欲朕屈己受和。在朝侍从、台谏，其详思条奏和好得失。"于是开与从官张焘、晏敦复、魏矼（gāng）、李弥逊、尹焞、梁汝嘉、楼炤、苏符、薛徽言，御史方廷实，馆职胡珵（chéng）、朱松、张扩、凌景夏、常明、范如圭、冯时中、许忻（xīn）、赵雍皆极言不可和。

提举洞霄宫李纲亦上疏言："朝廷使王伦使金国奉迎梓宫，往还屡矣。今伦之归，与虏使偕，乃以'诏谕江南'为名。不著国号而曰'江南'，不云通问而曰'诏谕'①，此何礼也？臣在远方，不知其曲折，然以愚意料之，虏为此名以遣使，其要求有五：必降诏书，欲陛下屈体降礼以听受，一也；必有赦文，欲朝廷宣布颁示郡县，二也；必立约束，欲陛下奉藩称臣，禀其号令，三也；必求我赂，广其数目，使我自困，四也；必求割地，以江南为界，五也。此五者，朝廷从其一，则大事去矣。金人变诈不测，贪婪无厌，纵使听其诏令，奉藩称臣，其志犹未已，必继有号召，或使亲迎梓宫，或使单骑入觐，或使移易宰相，或使改革政事，或竭取赋税，或朘（juān）削土宇②。从之则无有纪极，一不从则前功尽废，反为兵端。以为权时之宜，听其邀求，可无后悔者，非愚则诬也。"疏入，不省。

胡铨抗疏言曰③："臣谨按：王伦本一狎邪小人，市井无赖，顷缘宰臣无识，举以使虏，专务诈诞，欺罔天听，骤得美官，天下之人，切齿唾

---

① 通问：互相往来访问，具有平等意义。诏谕：君上对臣下发号施令。
② 朘削：削减，使减少。土宇：原意为土地与住宅，代指疆域、国土。
③ 抗疏：上奏章直言其事。

骂。今者无故诱致虏使，以'诏谕江南'为名，是欲臣妾我也，是欲刘豫我也，陛下奈何以祖宗之天下为金虏之天下，以祖宗之位为金藩臣之位！陛下一屈膝，则祖宗、庙社之灵尽污夷狄，祖宗数百年之赤子尽为左衽，朝廷宰执尽为陪臣，天下士大夫皆当裂冠毁冕，变为胡服。异时豺狼无厌之求，安知不加我以无礼，如刘豫也哉！今伦之议曰：'我一屈膝则梓宫可还，太后可复，渊圣可归①，中原可得。'呜呼！自变故以来，主和议者谁不以此说啖陛下哉！然而卒无一验，则虏之情伪已可知矣，而陛下尚不觉悟，竭民膏血而不恤，忘国大仇而不报，含垢忍耻，举天下而臣之甘心焉。就令虏决可和，尽如伦议，天下后世谓陛下何如主？况虏变诈百出，而伦又以奸邪济之，梓宫决不可还，太后决不可复，渊圣决不可归，中原决不可得，而此膝一屈不可复伸，国势陵夷不可复振，可为痛哭流涕长太息矣！臣窃谓不斩王伦，国之存亡未可知也。虽然，伦不足道也，秦桧以腹心大臣，而亦为之。陛下有尧、舜之资，桧不能致君如唐、虞，而欲导陛下如石晋。孙近傅会桧议，遂得参政，伴食中书②，漫不敢可否事，桧曰'可和'，近亦曰'可和'，桧曰'天子当拜'，近亦曰'当拜'。呜呼！参赞大事，徒取充位如此，有如虏骑长驱，尚能折冲御侮邪！臣窃谓桧、近亦可斩也。臣备员枢属，义不与桧等共戴天，区区之心，愿断三人头，竿之藁（gǎo）街③，然后羁留虏使，责以无礼，徐兴问罪之师，则三军之士不战而气自倍。不然，臣有赴东海而死，宁能处小朝廷求活邪！"书上，桧以铨

---

① 渊圣：指宋钦宗。
② 伴食中书：在中书供职，对宰执尸位素餐的讽刺。
③ 藁街：在汉代长安城内，为属国使节馆舍所在。汉元帝时陈汤斩杀匈奴郅支单于，并建议将其首级在藁街悬竿示众。

狂妄凶悖,鼓众劫持,诏除名编管昭州①。给舍、台谏及朝臣多救之②,桧迫于公论,翌日改铨监广州都盐仓。

宜兴进士吴师古③,锓(qǐn)其书于木④,金人募之千金。朝士陈刚中以启事贺铨之谪。师古坐流袁州⑤,刚中谪知虔州安远县⑥,皆死焉。晏敦复谓人曰:"顷言桧奸,诸君不以为然。今方专国便敢尔,他日何所不至邪!"

纲 王庶罢。

纲 十二月,以李光参知政事。

纲 以韩肖胄签书枢密院事。

[宋金第一次绍兴和议]

纲 己未,九年(1139)⑦,春正月,大赦。

目 以金国通和,大赦江南新复州军。直学士院楼炤草赦文,略曰:"乃上穹开悔祸之期⑧,而大金报许和之约,割河南之境土归我舆图,戢宇内之干戈用全民命。"张浚在永州,上疏言:"燕云之举⑨,其鉴不远。虏

---

① 昭州:治今广西平乐县。
② 给舍:给事中、中书舍人。
③ 宜兴:县名,今江苏宜兴市。
④ 锓:刊刻。
⑤ 袁州:治今江西宜春市。
⑥ 安远县:今江西安远县。
⑦ 金天眷二年。
⑧ 上穹:上天。
⑨ 宋徽宗宣和五年时,金人曾割让燕京、许割云中予宋,宣和七年金国即举军侵宋,燕京沦陷,北宋灭亡。

自宣和以来,挟诈反复,倾我国家,盖非可结以恩信者。借令虏中有故,上下纷杂,天属尽归,河南遂复,我必德其厚赐,谨守信誓,数年之后,人情益解(xiè)①,士气渐消;彼或内变既平,指瑕造衅②,肆无厌之欲,发难从之请,其将何辞以对! 顾事理可忧,又有甚于此者。陛下积意兵政,将士渐孚③,一旦北面事虏,听其号令,小大将帅,孰不解体! 盖自尧、舜以来,人主奄有天下④,非兵无以立国,未闻委质可以削平祸难者也⑤。"前后凡五上疏,皆不报。

岳飞在鄂州,闻金将归河南地,上言:"金人不可信,和好不可恃。相臣谋国不臧⑥,恐贻后世讥。"秦桧衔之⑦。及赦至鄂,飞又上疏力陈和议之非,至有"愿定谋于全胜,期收地于两河。唾手燕云,终欲复仇而报国;誓心天地,尚令稽首以称藩"之语⑧。疏入,桧益怒,遂成仇隙。

和议成,例加爵赏,飞加开府仪同三司⑨,力辞,言:"今日之事,可危而不可安,可忧而不可贺,可训兵饬士谨备不虞,而不可论功行赏取笑敌人。"三诏不受,帝温言奖誉之,飞乃受命。

---

① 解:同"懈",懈怠、松懈。
② 指瑕造衅:寻找事端,制造冲突。
③ 孚:信服。
④ 奄:覆盖,引申为占有、尽有。
⑤ 委质:同"委贽",放下礼物,指纳贡称臣。
⑥ 臧:善、好。
⑦ 衔:怀藏,引申为怀恨在心。
⑧ 稽首:叩头至地,最隆重的拜礼。
⑨ 开府仪同三司:文臣寄禄官的最高阶。

吴璘在熙州①,其幕客拟为贺表,璘愀(qiǎo)然曰②:"在朝廷休兵息民,诚天下庆。璘等叨窃,不能宣国威灵,亦可愧矣,但当待罪称谢可也!"

纲 二月,遣判大宗正事士儦(niǎo)、兵部侍郎张焘诣河南修奉陵寝③。

目 初,史馆校勘范如圭以书责秦桧,力谏和议忘仇辱国之罪,且曰:"公不丧心病狂,奈何为此,必遗臭万世矣!"及金人归河南地,桧方自以为功,如圭入对言:"两京之版图既入,则九庙八陵瞻望咫尺,今朝陵之使未还,何以慰神灵萃民志乎!"帝泫然曰:"非卿不闻此言!"即日遣士儦等往。桧以如圭不先白己,益怒,如圭遂谒告去④。

纲 以尹焞提举万寿观兼侍讲,辞不拜。

目 先是资善堂翊善朱震疾亟,荐焞自代。帝惨然曰:"杨时物故,胡安国与震又亡,朕痛惜之!"赵鼎曰:"尹焞学问渊源可以继震。"乃除焞太常少卿,兼崇政殿说书,至是改命。焞以和议为非,固辞不拜。

纲 以王伦为东京留守。

纲 以吴玠为四川宣抚使。

目 玠与金人对垒且十年,常苦远饷劳民,屡汰冗员,节浮费,益治屯田。和议之成,帝以玠功高,授开府仪同三司、四川宣抚使,陕西阶、成等

---

① 熙州:治今甘肃临洮县。
② 愀然:忧愁、忧惧的样子。
③ 判大宗正事:大宗正司的长官,由宗室担任。
④ 谒告:请假。

州皆听节制,遣内侍奉手札以赐。至则玠病甚,扶掖受命。

〔金人归宋河南、陕西之地〕

|纲|三月,王伦至汴,金人归河南、陕西之地。

|纲|以楼炤签书枢密院事。夏四月,命炤宣谕陕西。

|目|炤至凤翔,承制以杨政为熙河经略使,吴璘为秦凤经略使,屯内地以
　　保蜀;郭浩为鄜延经略使①,屯延安以守陕。炤倚秦桧势,妄自尊大,
　　且好货,失将士心。

|纲|罢权吏部尚书晏敦复。

|目|和议之初,敦复力诋屈己之非,秦桧使人诇(xù)之曰②:"公若曲从,两
　　府旦夕可至③。"敦复曰:"吾终不以身计而误国家,况吾姜桂之性,到
　　老愈辣,请勿复言。"桧卒不能屈,权吏部甫逾月,罢知衢州。

|纲|五月,李世辅自夏来归,赐名显忠。

|纲|夏主乾顺卒④,子仁孝立⑤。

〔吴玠卒〕

|纲|开府仪同三司、四川宣抚使吴玠卒。

────────────

① 鄜延:安抚使路,今陕西北部一带。
② 诇:利诱。
③ 两府:三省、枢密院,引申为担任宰执级的高官。
④ 乾顺:西夏皇帝李乾顺,庙号崇宗。
⑤ 仁孝:西夏皇帝李仁孝,庙号仁宗。

目 玠善读史,凡往事可师者,录置座右,积久墙牖皆格言也①。用兵本孙吴,务远略,不求近小利,故能保必胜。御下严而有恩,虚心请受,虽身为大将,卒伍最下者得以情达,故士乐为之死。选用将佐,视劳能为高下先后,不以亲故权贵挠之。卒年四十七,赠少师,谥武安。自富平之败,金人专意图蜀,微玠身当其冲,无蜀久矣,故西人思之,立祠以祀。

纲 士傒、张焘还自河南,出焘知成都府。

目 张焘奏疏曰:"金人之祸,上及山陵②,虽殄灭之,未足以雪此耻、复此仇也! 必不可恃和盟而忘复仇之大事!"帝问:"诸陵寝何如?"焘不对,唯言:"万世不可忘此贼!"帝黯然。秦桧患之,出焘知成都府。

纲 秋七月,以胡世将为四川宣抚副使。

目 世将精神明悟,闲习吏治③。初除宣抚,诸将皆贺,世将语之曰:"世将不习骑射,不知虏情,朝廷所以遣来者,袭国家故事,以文臣为制将尔。军事一无改吴宣抚之规,各推诚心,共济国事可也。"诸将皆拜谢。

纲 金宋王蒲卢虎等谋反,伏诛。

纲 王伦如金,金人执之。

目 兀术言于金主曰:"挞懒、蒲卢虎主割河南与宋,必有阴谋。今宋使在

---

① 牖:窗户。
② 山陵:帝王陵墓。金人占据中原,自宋太祖永昌陵以下皆被发掘。
③ 闲习:熟习。"闲"同"娴"。

汴,勿令逾境。"伦闻之,即遣介具言于朝①。会孟庾至汴,伦即解留钥,将使指赴金国议事。行至中山②,会挞懒等反,金人执之,乃遣副使蓝公佐还,议岁贡、正朔、誓命等事,及索河东、北士民之在南者③,而徙伦拘于河间以待报命之至④。时皇后邢氏崩于五国城⑤,金人秘之。

〔金国政变,挞懒被杀〕

纲 金以挞懒、杜充为行台左、右丞相。八月,挞懒以谋反诛。

纲 冬十二月,李光罢。

目 光初谓可因和为自治之计,故署榜不辞。及秦桧议撤淮南守备,夺诸将兵权,光始极言"和不可恃,备不可撤",桧恶之。光复折桧于帝前曰:"桧怀奸误国,不可不察。"桧大怒,光遂求去。

〔蒙古败金〕

纲 蒙古袭败金人于海岭⑥。

黄晓巍 评注

张　帆　高纪春 审定

---

① 介:副使。
② 中山:府名,治今河北定州市。
③ 河东、北:河东、河北路,今山西、河北一带。
④ 河间:府名,治今河北河间市。
⑤ 五国城:在今黑龙江依兰县。
⑥ 海岭:即合泐里、凯里,今海拉尔河,在今内蒙古呼伦贝尔市。

纲鉴易知录卷八一

卷首语:本卷起宋高宗绍兴十年(1140),止绍兴二十二年(1152),共记载了十三年的史事。在绍兴十年、十一年间的战争后,宋金签订绍兴和议。随即,宋高宗、秦桧快速完成收诸将兵权、杀岳飞诸事。此后宋高宗将政事委诸秦桧,南宋进入秦桧专权阶段。绍兴十九年(金皇统九年)十二月,完颜亮弑杀金熙宗完颜亶,自立为帝,金国进入完颜亮时代。

南宋纪

高宗皇帝

纲 庚申,十年(绍兴十年,1140)①,春正月,遣工部侍郎莫将等使金。

纲 观文殿大学士、陇西公李纲卒。

目 纲卒于福州,年五十八,赠少师,谥忠定。纲负天下之望,以一身用舍为社稷生民安危,虽身或不用,用且不久,而其忠诚义气,凛然动乎远迩②。每使者至金,金人必问:“李纲、赵鼎安否?”其为远人所畏服如此。

纲 夏四月,韩肖胄罢。

〔金国毁约南侵〕

纲 五月,金兀术、撒离喝分道入寇,复陷河南、陕西州郡。

目 秦桧以其言不雠③,甚惧,谓给事中冯楫曰:“金人背盟,我之去就未可卜④。前此大臣皆不足虑,独君乡浚⑤,未测上意,君其为我探之!”

---

① 金天眷三年。

② 远迩:远近。

③ 雠:应验。

④ 去就:离任或留任。

⑤ 乡浚:据《建炎以来系年要录》卷一三六,当作“乡衮”。乡衮,乡中士绅,冯楫与张浚同乡,故称。

桧入见曰："金人长驱犯顺,势必兴师,如张浚者且须以戎机付之①。"帝正色曰："宁至覆国,不用此人。"桧闻之喜。

纲诏吴璘同节制陕西诸军。六月,璘败金人于扶风②,复其城,撒离喝走凤翔。

〔刘锜顺昌大捷〕

纲东京副留守刘锜大败金人于顺昌,兀术走汴。

目初,锜赴东京,至涡口,方食,忽暴风拔坐帐,锜曰："此恶兆也,主暴兵。"即下令兼程而进。闻金人败盟南下,锜与将佐舍舟陆行,至顺昌城下,谍报东京已陷,因与知府陈规议敛兵入城为守御计。乃置家寺中,积薪于门,戒守者曰："脱有不利③,即焚吾家,毋辱敌手也。"于是军士皆奋。时守备一无可恃,锜于城上躬自督励,取刘豫时所造痴车④,以轮辕埋城上,又撤民户扉周匝蔽之。凡六日,粗毕,而金兵遂围城。锜募壮士五百,夜斫其营,是夕天欲雨,电光四起,见辫发者辄歼之。敌众大乱,终夜自战,积尸盈野,退兵老婆湾⑤。

兀术在汴闻之,即索靴上马,帅十万众来援。锜遣耿训约战,兀术怒曰："以吾力破汝城,直用靴尖趯(tì)倒耳⑥。"训曰："太尉非但请战,

---

① 戎机:军机。
② 扶风:在今陕西兴平市。
③ 脱:倘若、或许。
④ 痴车:用以搬运巨石大木的车。
⑤ 老婆湾:在顺昌城外十五里。
⑥ 趯:同"踢"。

且谓太子必不敢济河,愿献浮桥五所,济而大战。"迟明①,锜果为五浮桥于颍河上,且毒颍上流及草中,戒军士虽渴死,毋饮于河。时大暑,敌远来疲弊,人马饥渴,食水草者辄病。锜士气闲暇,军皆番休。方晨气清凉,按兵不动;敌力疲气索②,乃出接战,敌大败,兀术拔营去,车旗器甲积如山阜。兀术平日所恃以为强者,十损七八,遂还汴。既而洪皓自金密奏:"顺昌之捷,金人震恐丧魄,燕之重宝珍器悉徙而北,意欲捐燕以南弃之。"故议者谓:"是时诸将协心,分路追讨,则兀术可擒,汴京可复;而王师亟还,自失机会,良可惜也。"

〔岳飞北伐中原〕

纲　岳飞遣兵败金人于京西。

目　帝赐飞札曰:"设施之方,一以委卿,朕不遥度③。"飞乃遣王贵、牛皋、杨再兴、李宝等分布经略西京诸郡④,又命梁兴渡河纠合忠义社取河东、北州县,又遣兵东援刘锜,西援郭浩,自以其军长驱以阚中原。将发,密奏言:"先正国本以安人心,然后不常厥居,以示无忘复仇之意。"飞将李宝、牛皋,相继败金人于京西。

纲　楼炤罢。

纲　遣使谕岳飞班师。

_____

① 迟明:黎明。
② 气索:勇气丧失,精神沮丧。
③ 遥度:遥控。
④ 西京:据"纲"文当作"京西"。

纲闰月,金人寇泾州①,经略使田晟破走之。

纲岳飞收复河南州郡。

纲韩世忠遣兵复海州②。

目世忠使王胜等复海州,父老赍金帛以犒军,胜不受。世忠每出军,必
　戒以秋毫无犯,军之所过,耕夫皆荷锄而观。

纲张俊使王德复宿州。金人弃亳而遁,俊入亳,遽还寿春③。

目俊遣统制王德复宿州,金守将马秦降,宿州平。德乘胜趋亳州,与俊
　会于城父④。时郦琼与葛王乌禄在亳⑤,闻德至,曰:“夜叉未易当
　也。”即遁去。德入亳州,请于俊曰:“今兵威已振,请乘胜进取。”俊
　不从而还寿春。初,德以十六骑径入隆德府⑥,缚金守臣姚太师献于
　朝,钦宗问状,姚对曰:“臣就缚时,止见夜叉耳。”由是人呼为“王
　夜叉。”

纲安置赵鼎于潮州。

目秦桧恶鼎居越逼己⑦,徙知泉州,又讽司谏谢祖信等论鼎尝受张邦昌
　伪命,遂夺节提举洞霄宫⑧。鼎自泉还,复上书言时政。桧忌其复用,

① 泾州:治今甘肃泾川县。
② 海州:治今江苏东海县。
③ 寿春:即南寿春府。
④ 城父:县名,今安徽亳州市谯城区。
⑤ 乌禄:金世宗完颜雍。
⑥ 隆德府:治今山西长治市。
⑦ 越:州名,即绍兴府。绍兴八年十月,赵鼎罢相,出知绍兴府。
⑧ 夺节:削夺节度使职衔。赵鼎时为忠武军节度使。

又讽中丞王次翁论其干没都督府钱十七万缗①,谪官居兴化军②。次翁及右谏议大夫何铸论之不已③,乃贬清远军节度副使,潮州安置。

纲 秋七月,以王次翁参知政事。

目 秦桧荐次翁为中丞,故凡可以为桧地者无不力为之。及金人败盟,帝下诏罪状兀术,次翁惧桧得罪,因奏曰:"前日国是④,初无主议,事有小变,更用他相,后来者未必贤,而排黜异党,纷纷累月不能定。愿陛下以为至戒!"帝深然之。桧德其言,遂引同列,由是益安据其位,公论不能撼摇矣。

[岳飞郾城之捷]

纲 岳飞击走金兀术于郾(yǎn)城⑤,追至朱仙镇⑥,大破之。遣使修治诸陵。

目 飞留大军于颍昌,命诸将分道出战,自以轻骑驻郾城,兵势甚锐。兀术大惧,合龙虎大王、盖天大王及韩常之兵逼郾城⑦。飞遣子云领骑兵直贯其阵,戒之曰:"不胜先斩汝!"云与金人战数十合,金尸布野。兀术以拐子马万五千来⑧,飞戒步卒以麻札刀入阵⑨,勿仰视,第斫马

---

① 干没:侵吞财物。都督府:赵鼎曾任"都督川陕荆襄诸军事",开府治事。
② 兴化军:治今福建莆田市。
③ 右谏议大夫:中书省属官,掌规谏讽谕,论奏朝政阙失。
④ 国是:治国的纲领、重大政策。
⑤ 郾城:县名,今河南漯河市郾城区。
⑥ 朱仙镇:在今河南开封市西南。
⑦ 盖天大王:完颜宗贤。
⑧ 拐子马:兀术所部精锐骑兵,穿着重铠,三人为一组,以韦索相连。
⑨ 麻札刀:砍刀的一种,刀刃厚重,刀头平,两面开刃。

足。拐子马相连,一马仆,二马不能行,飞军奋击,遂大破之。兀术大恸曰:"自海上起兵,皆以此胜,今已矣!"因复益兵而前,飞自以四十骑突战败之。兀术夜遁,追奔十五里。中原大震。

飞谓子云曰:"贼屡败,必还攻颍昌,汝宜速援王贵。"既而兀术果至,贵将游奕①,云将背嵬战于城西,云以骑兵八百,挺前决战,步卒张左右翼继之,杀兀术婿夏金吾。飞又使梁兴会太行忠义、两河豪杰,败金人于垣曲②,又败之于沁水③,遂复怀、卫州,断金人山东、河北之道。金人大恐。

飞进军朱仙镇,距汴京四十五里,与兀术对垒而阵,遣背嵬骑五百奋击,大破之,兀术还汴。飞檄陵台令行视诸陵④,葺治之。

纲 以杨沂中为淮北宣抚副使。

〔岳飞奉诏班师〕

纲 岳飞奉诏班师还鄂,河南州郡复陷于金。

目 两河豪杰李通等帅众归飞,由是金人动息,山川险要,飞皆得其实。

中原尽磁、相、泽、潞、晋、绛、汾、隰(xī)之境⑤,皆期日兴兵与官军会。

其所揭旗,以"岳"为号,父老百姓争挽车牵牛,载糗粮以馈义军,顶盆

① 游奕:部队番号。
② 垣曲:县名,今山西垣曲县。
③ 沁水:县名,今山西沁水县。
④ 陵台令:掌管皇帝陵园墓地的官员。行视:巡视。
⑤ 磁:州名,治今河北磁县。泽:州名,治今山西晋城市。潞:州名,治今山西长治市。晋:州名,治今山西临汾市。绛:州名,治今山西侯马市。汾:州名,治今山西汾阳市。隰:州名,治今山西吕梁市。

焚香迎候者充满道路。自燕以南，金人号令不行。兀术欲金军以抗飞，河北无一人应者，乃叹曰："自我起北方以来，未有如今日之挫衄(nù)①。"金将乌陵思谋②，素骁勇桀黠③，亦不能制其下，但谕之曰："毋轻动，待岳家军来即降。"金将王镇、崔庆、李觊、崔虎、华旺等皆率所部降飞。龙虎大王之将忔(yì)查等亦密受飞旗榜，自其国来降。韩常亦欲以众五万内附。飞大喜，语其下曰："直抵黄龙府④，与诸君痛饮耳！"

方指日渡河，而秦桧欲画淮以北与金和，讽台臣请班师⑤。飞奏："金人锐气沮丧，尽弃辎重，疾走渡河，而我豪杰向风，士卒用命。时不再来，机难轻失！"桧知飞志锐不可回，乃先请张俊、杨沂中等归，而后上言："飞孤军不可久留，乞连诏还。"飞一日奉十二金字牌，乃愤惋泣下，东面再拜曰："十年之力，废于一旦！"乃自郾城引兵还。民遮马痛哭，诉曰："我等迎官军，金人皆知之，相公去，我辈无噍(jiào)类矣⑥！"飞亦悲泣，取诏示之曰："我不得擅留！"哭声振野。飞留五日以待民徙。从而南者如市，飞亟奏以汉上六郡闲田处之。

初，兀术败于朱仙，欲弃汴而去，有书生叩马曰："太子毋走，岳少保且退。"兀术曰："岳少保以五百骑破吾十万，京城日夜望其来⑦，何谓可守？"生曰："自古未有权臣在内，而大将能立功于外者。岳少保且不

---

① 挫衄：挫折、失败。
② 乌陵思谋：即乌林答赞谋。
③ 桀黠：凶悍狡猾。
④ 黄龙府：治今吉林农安县，金人一度将宋徽宗、钦宗囚禁于此。
⑤ 讽：暗劝、鼓动。台臣：负责监察、纠弹的御史台官员。
⑥ 噍类：活人。
⑦ 京城：指东京开封府。

免,况欲成功乎!"兀术悟,遂留不去。

及飞还,兀术遣兵追之,不及,而河南新复府、州皆复为金有。飞至鄂,力请解兵柄,不许。已而入觐,帝问之,飞拜谢而已。

纲 八月,贬秘阁修撰张九成等官①。

目 九成等皆言和议非计,秦桧恶之,乃贬九成知邵州,喻樗知怀宁县②,陈刚中知安远县,凌景夏知辰州③,樊光远阆州学教授,毛叔度嘉州司户参军④。

九成从杨时学,绍兴初举进士,对策直言无隐。及为刑部侍郎,会金人议和,九成言于赵鼎曰:"金实厌兵,而张虚声以撼中国耳。"因陈十事,云彼诚能从吾所言则与之和,使权在朝廷。鼎罢相,桧诱之曰:"且成桧此事。"九成曰:"九成胡为异议,特不可苟安耳!"桧曰:"立朝须优游委曲⑤。"九成曰:"未有枉己而能直人者。"帝问以和议,九成对曰:"敌情多诈,不可不察。"桧尤恶之。

纲 杨沂中军溃于宿州,走还泗,金人屠宿州。

纲 九月,遣使谕韩世忠罢兵还镇。

纲 冬十月,金撒离喝陷庆阳,河东经略使王忠植死之。

目 忠植本河东步佛山忠义人,以复石、代等十一州功⑥,授河东路经略安

① 秘阁修撰:文官贴职,无实际执掌。
② 怀宁县:今安徽潜山市。
③ 辰州:治今湖南沅陵县。
④ 嘉州:治今四川乐山市。司户参军:州级佐官,掌一州户籍、赋税及仓库出纳。
⑤ 优游委曲:闲适委婉,不可过于刚强。
⑥ 石:州名,治今山西吕梁市离石区。代:州名,治今山西代县。

抚使。及撒离喝犯庆阳,知府宋万年拒守,胡世将檄忠植以所部救庆阳。行次延安,叛将赵惟清执忠植诣撒离喝,撒离喝使甲士引至庆阳城下谕降,忠植大呼曰:"我太行忠义也,为虏所执,使来招降。愿将士勿负朝廷,坚守城壁!"撒离喝怒诘之,忠植披襟曰:"当速杀我!"遂遇害。万年以城降。后赠忠植奉国军节度使,谥义节。

纲 临安火。

纲 十一月,金封孔子后璠(fán)为衍圣公。

纲 十二月,金始置屯田军于中原。

目 金既取河南,犹虑中原士民怀贰,始创屯田军。凡女真、奚、契丹之人,皆自本部徙居中州,与百姓杂处,计其户口,授以官田,使自播种,春秋量给其衣;若遇出师,始给钱米。凡屯田之所,自燕南至淮、陇之北俱有之,皆筑垒于村落间。

纲 辛酉,十一年(1141)①,春正月,金兀术陷寿春,入庐州,诏张俊等将兵救之。二月,王德复和州。

目 兀术自败后,留屯京、亳以谋再举。及闻秦桧召诸军还,乃攻陷寿春,遂渡淮入庐州。诏张俊、杨沂中帅兵赴淮西,岳飞进兵江州。寻诏韩世忠引兵往援。时兀术自合肥趋历阳②,游骑至江,张俊议分军守南岸,王德请急击之,即渡采石,俊督军继之,宿江中。德曰:"明旦当会

① 金皇统元年。
② 历阳:郡名,即和州。

食历阳。"已而夜拔和州，晨迎俊入，兀术退保昭关①。既而德又败韩常于含山县东②，又败兀术于昭关，复含山及昭关。

〔杨沂中、刘锜柘皋之捷〕

纲 杨沂中、刘锜败金兀术于柘(zhè)皋③，遂复庐州。

目 刘锜自太平渡江，与张俊、杨沂中会，而庐州已陷，锜乃与关师古据东关之险以遏敌④，引兵出清溪⑤，两战皆捷。兀术以柘皋地坦平，利于用骑，因驻师。锜进兵，与兀术夹石梁河而阵⑥。河通巢湖⑦，广二丈，锜命曳薪叠桥⑧，须臾而成，遣甲士数队，逾桥卧枪而坐。遣人会合张俊、杨沂中之师。翌日，沂中及王德、田师中、张子盖诸军俱至，惟俊后期。锜与诸将分军为三，并进渡河以击之。师中欲俟俊至，德曰："事当机会，复何待！"即与锜上马先迎敌，沂中继之。金人以拐子马两翼而进，德率众鏖战。沂中曰："虏恃弓矢，吾有以屈之。"使万人持长斧如墙而进，虏遂大败。德与锜等追之，又败于东山⑨。虏望见，惊曰："此顺昌旗帜也！"即走保紫金山⑩。是役也，失将士九百

————————

① 昭关：山名，在今安徽含山县。
② 含山县：今安徽含山县。
③ 柘皋：在今安徽巢湖市。
④ 东关：即濡须口，在今安徽巢湖市。
⑤ 清溪：即清溪水，在今安徽含山县。
⑥ 石梁河：即濡须水，在今安徽巢湖市。
⑦ 巢湖：在今安徽巢湖市西。
⑧ 曳薪叠桥：拖曳木材，堆叠成桥。
⑨ 东山：当在今安徽巢湖市境内。
⑩ 紫金山：在今安徽凤台县。

人,金人死者以万计。既而兀术复亲帅兵逆战于店步①,沂中等又败之,乘胜逐北,遂复庐州。

纲金主亲祀孔子。

纲三月,张俊、杨沂中、刘锜奉诏班师。金人陷濠州,俊使沂中救之,败绩。

纲岳飞帅兵救濠州,不及,还次舒州②。

纲金兀术渡淮北去。

纲孙近罢。

〔韩世忠、张俊、岳飞罢兵权〕

纲夏四月,以韩世忠、张俊为枢密使,岳飞为副使。

纲罢三宣抚司③。五月,诏张俊、岳飞如楚州阅军。

纲六月,进秦桧为尚书左仆射。秋七月,以范同参知政事。

纲罢淮北宣抚判官刘锜。

目锜自顺昌之捷,骤贵,张俊、杨存中嫉之④。至是,二人言于朝曰:"淮西之役,岳飞不赴援,刘锜战不力。"秦桧信之,遂罢锜兵,命锜知荆南府。

―――――――――

① 逆战:迎战。店步:即店埠镇,在今安徽合肥市。
② 舒州:治今安徽潜山市。
③ 三宣抚司:京湖宣抚司、淮东宣抚司、淮西宣抚司,长官分别为岳飞、韩世忠、张俊。
④ 杨存中:即杨沂中,宋高宗赐名存中。

纲 八月,罢知温州王居正。

目 居正立朝,累与秦桧忤,且力辨王安石父子学行之非。自兵部侍郎出知温州,桧犹忌之,讽中丞何铸劾居正为赵鼎汲引,欺世盗名,夺职奉祠。居正之学,根据六经,杨时器之,出所著《三经义解》示居正曰:"吾举其端,子成吾志。"居正感励,首尾十载,为《诗书周礼辨学》三十九卷,与时书同进。二书行,天下遂不复言王氏学。

纲 罢岳飞,奉朝请①。

目 飞以恢复为己任,不肯附和议。尝读桧奏,至"德无常师,主善为师"之语,恚(huì)曰②:"君臣大伦,根于天性,大臣而忍面欺其主邪!"兀术遗桧书曰:"汝朝夕以和请,岳飞方为河北图,必杀飞始可和。"桧亦以飞不死,终梗和议,己必及祸,故力谋杀之。遂讽中丞何铸、侍御史罗汝楫、谏议大夫万俟卨(mò qí xiè)交章论飞:"奉旨援淮西,暂至舒、蕲而不进,比与张俊按兵淮上,欲弃山阳而不守。"乃罢为万寿观使,奉朝请。

纲 九月,吴璘等收复陕西诸州,诏班师还镇。

目 吴璘进兵拔秦州,闻金统军胡盏与习不祝合兵五万屯刘家圈③,请于胡世将击之。世将问:"策安出?"璘曰:"有新立叠阵法,每战以长枪居前,坐不得起,次最强弓,次强弩,跪膝以俟,次神臂弓④。约贼相搏,至百步内则神臂先发,七十步强弓并发,次阵如之。凡阵以拒马

---

① 奉朝请:闲散高官定期参加朝会。
② 恚:愤恨、愤怒。
③ 统军:金国统军司的将领。
④ 神臂弓:又称神臂弩,宋神宗时发明的一种踏张弩,以足踩蹬张弓发射,距三百步能穿重甲。

为限①,铁钩相连,俟其伤则更代②,代则以鼓为节,骑两翼以蔽于前,阵成而骑退,谓之叠阵。"世将善之。诸将窃议曰:"吾军其歼于此乎!"璘曰:"此古束伍令也,军法有之,诸君不识耳。得车战余意,无出于此。战士心定则能持满,敌虽锐,不能当也。"遂进次剡家湾。时胡盏、习不祝据险自固,前临峻岭,后控腊家城③,谓璘必不敢犯。璘先以兵挑之,胡盏出麾战,璘以叠阵法更迭战,轻裘驻马亟(qì)麾之④,士殊死斗,金人大败,降者万人。胡盏走保腊家城,璘围而攻之。城垂破,朝廷方主和议,以驿书诏班师。

时璘拔秦州,其势方张,陕西、河东首领争来附,而杨政拔陇州⑤,郭浩复华州⑥,入陕州矣。诏至,璘即自腊家城引兵还河池,浩还延安,政还巩⑦,世将惟浩叹而已。

纲 莫将还自金。

纲 冬十月,诏以魏良臣为金国禀议使⑧。

〔岳飞下狱〕

纲 秦桧矫诏下岳飞于大理狱。

---

① 拒马:木制可移动障碍物,多用于防御骑兵。
② 更代:更替、代换。
③ 腊家城:在今甘肃秦安县。
④ 亟:屡次。
⑤ 陇州:治今陕西陇县。
⑥ 华州:治今陕西渭南市华州区。
⑦ 巩:州名,治今甘肃陇西县。
⑧ 金国禀议使:南宋向金国派遣的禀奏、求和的使臣。

目秦桧必欲杀飞,乃与张俊谋,密诱飞部曲能告飞事者,优与重赏,卒无应者。俊闻飞尝欲斩统制王贵,又尝杖之,乃诱贵告飞。贵不肯,俊因劫以私事,贵惧而从之。桧又闻飞统制王俊善告讦(jié),号"雕儿",以奸贪屡为张宪所抑。使人谕之,王俊许诺。于是桧谋以张宪、王贵、王俊,皆飞部将,使其徒自相攻发,因以及飞父子,庶帝不疑①。俊时在镇江,乃自为状付王俊,妄言:"副都统制张宪谋据襄阳,还飞兵柄。"令告王贵,使贵执宪赴镇江行枢密府②。宪未至,俊预为狱以待之。俊亲行鞠炼③,使宪自诬,谓得飞子云手书,命宪营还兵计。宪被掠无完肤,竟不伏。俊手自具狱成,告桧,械宪至临安,下大理寺狱。

〔岳飞背涅"尽忠报国"四大字〕

桧奏召飞父子证宪事,帝曰:"刑所以止乱。勿妄追证,动摇人心。"桧矫诏召飞父子,使者至飞第,飞笑曰:"皇天后土,可表此心!"遂与云就狱。桧命中丞何铸、大理寺周三畏鞠之。铸引飞至庭,诘其反状。飞裂裳以背示铸,有旧涅"尽忠报国"四大字④,深入肤理。既而阅实俱无验,铸察其冤,白桧。桧曰:"此上意也。"铸曰:"铸岂区区为岳飞者。强敌未灭,无故戮一大将,失士卒心,非社稷之长计。"桧语塞,乃改命谏议大夫万俟卨。卨素与飞有怨,遂诬飞令于鹏、孙革致书张宪、王贵,令虚申探报,以动朝廷,云与宪书,令措置使飞还军,且云其

---

① 庶:也许,差不多,表示希望或推测。
② 行枢密府:枢密院长官在都城之外开府理事,其官署称行枢密府、枢密行府。
③ 鞠炼:拷问。
④ 涅:纹身、刺青。

[“莫须有”三字,何以服天下]

飞坐系两月①,无可证者,或教卨以台章所指淮西逗留事为言。卨喜白桧,桧又使鹏、革等证飞受诏逗留,命评事元龟年取行军时日杂定之②,傅会其狱。大理卿薛仁辅、寺丞李若朴、何彦猷皆言飞无辜。判宗正寺士儦请以百口保飞无他,且曰:“中原未靖,祸及忠义,是忘二圣,不欲复中原也。”皆不听。韩世忠心不平,诣桧诘其实,桧曰:“飞子云与张宪书虽不明,其事莫须有。”世忠曰:“‘莫须有’三字,何以服天下也!”

[韩世忠罢]

纲 韩世忠罢。

目 世忠深以和议为不然,及魏良臣使金,抗疏言秦桧误国之罪。桧讽言官论之,帝不听,而世忠连疏乞罢,遂罢为醴泉观使,封福国公。世忠自是杜门谢客③,绝口不言兵,时跨驴携酒,从一二童奴,纵游西湖以自乐,澹然若未尝有权位者④,平时将佐罕得见其面。

纲 十一月,范同罢。

---

① 坐系:获罪入狱。
② 评事:大理评事,大理寺属官,掌推按刑狱。
③ 杜门:闭门。
④ 澹然:安定、恬淡的样子。

〔宋金第二次绍兴和议〕

纲 和议成,以何铸签书枢密院事,奉表称臣于金。

目 兀术以萧毅、邢具瞻为审议使①,与魏良臣偕来,议以淮水为界,求割唐、邓二州及陕西余地②,岁币银绢各二十五万,仍许归梓宫、太后。帝悉从其请,命铸往使,铸至汴,见兀术,遂如会宁。

评宋金绍兴和议:

　　绍兴和议的签订,是宋金经历了十几年反复拉锯、对抗之后,双方军事力量对比渐趋平衡的结果。和议规定宋向金称臣、纳岁贡,双方以淮河、大散关为界,奠定了宋对金关系的屈辱格局。此后的隆兴和议,宋朝地位在绍兴和议的基础上有所提高。双方和、战之间长期的动态演进,对时局产生了深远影响。

纲 遣使割唐、邓、商、秦之地以畀金。

〔岳飞被赵构、秦桧冤杀〕

纲 秦桧杀故少保、枢密副使、武昌公岳飞。

目 岁已暮,而飞狱不成,一日桧手书小纸付狱,即报飞死矣。年三十九。云与张宪皆弃市③,于鹏等从坐者六人④。籍飞家赀⑤,徙之岭南。于

────────

① 审议使:金国遣往南宋审议宋金和约的使臣。
② 陕西余地:当时尚在宋朝控制下的陕西南部商、秦等州。
③ 弃市:当众处死。
④ 从坐:即连坐,受牵连而获罪。
⑤ 籍:登记,即抄家。

是薛仁辅、李若朴、何彦猷皆被黜。布衣刘允升上书讼飞冤,下大理
狱死。凡傅成其狱者皆进秩①。

评岳飞之死:

　　抗金名将岳飞对恢复南宋地方统治秩序、经营京湖战区、抵御金军
并出兵北伐等事业做出了巨大贡献。岳飞被杀的冤案,不只是宋高宗、
秦桧与岳飞在政治事件及个人恩怨层面的冲突,也是南宋初期专制皇权
重建与收兵权的结果,是政策路线之争的结果。绍兴议和,宋廷认为金
方威胁基本消弭,迅速解除了三大将的兵权,翦除异己,强化威权,制造
了杀戮岳飞的千古冤狱。岳飞之死经宋高宗亲自决断,秦桧负责执行,
共成其恶。

　　洪皓在金,以蜡书奏:“金人所畏服者惟飞,至以父呼之。及闻其死,
诸酋酌酒相贺。”
　　飞事亲孝,家无姬侍。吴玠素服飞,愿与交欢,饰名姝遗之,飞曰:“主
上宵旰(gàn)②,岂大将安乐时邪!”却不受,玠益敬服。帝欲为飞营
第,飞辞曰:“金虏未灭,何以家为!”或谓天下何时太平?飞曰:“文
臣不爱钱,武臣不惜死,天下太平矣。”
　　卒有取民麻一缕以束刍者③,立斩以徇。卒夜宿,民开门愿纳,无敢
入者。军号:“冻死不拆屋,饿死不卤掠④。”卒有疾,飞躬为调药。诸
将远戍,飞遣妻问劳其家。死事者哭之而育其孤,或以子婚其女。凡

---

① 傅成:助成。
② 宵旰:宵衣旰食,比喻勤于政事。
③ 束刍:捆草成束。
④ 卤掠:同“掳掠”。

有颁犒①，均给军吏，秋毫不私。

善以少击众，尝以八百人破群盗王善等五十万众于南薰门②，以八千人破曹成十万众于桂岭。其战兀术于颍昌，则以背嵬八百，于朱仙镇则以五百，皆破其众十余万。凡有所举，尽召诸统制与谋，谋定而后战，故有胜无败。猝遇敌不动，故敌为之语曰："撼山易，撼岳家军难!"张俊尝问用兵之术，飞曰："仁、信、智、勇、严，阙一不可。"

飞好贤礼士，览经史，雅歌、投壶③，恂恂如书生。每辞官，必曰："将士效力，飞何功之有!"然忠愤激烈，议论持正，不挫于人，卒以此得祸。

纲 壬戌，十二年(1142)④，春二月，进封建国公瑗为普安郡王。

纲 封崇国公璩为恩平郡王。

纲 诏诸州修学宫。

纲 何铸还自金。

目 初，萧毅至临安，帝曰："朕有天下而养不及亲，徽宗无及矣。今立信誓明言归我太后，朕不耻和；不然，朕不惮用兵。"及何铸、曹勋往，帝召至内殿，谕之曰："朕北望庭闱⑤，无泪可挥。卿见金主，当曰：'慈

---

① 颁犒：用酒食或财物分赏下属。
② 南薰门：东京开封府外城南中门。
③ 雅歌：歌唱《诗经》大雅、小雅的诗篇。投壶：士大夫宴饮时的一种投掷游戏，也是一种礼仪。
④ 金皇统二年。
⑤ 庭闱：家宅的内舍，代指父母居处。

亲之在上国,一老人耳;在本国,则所系甚重。' 以至诚说之,庶彼有
感。"铸至金,首以太后为请。金主曰:"先朝业已如此,岂可辄改。"
曹勋再三恳请,金主乃许之。遂遣铸还,许归徽宗及郑后、邢后之丧,
与帝母韦氏。

纲 三月,放齐安王士儇于建州。

纲 四川宣抚副使胡世将卒,以郑刚中代之。

纲 夏四月,金使人以衮冕来册帝①。

纲 六月,何铸罢。

纲 秋八月,以万俟卨参知政事。

纲 金人归徽宗皇帝、显肃皇后郑氏及懿节皇后邢氏之丧。

纲 皇太后韦氏至自金。

纲 九月,以孟忠厚为枢密使。

〔加封秦桧〕

纲 大赦,加秦桧太师,封魏国公。

纲 遣使如金。

_____

① 衮冕:皇帝的礼服和礼冠。

纲冬十月,攒(cuán)徽宗皇帝、显肃皇后于永固陵①,以懿节皇后祔(fù)②。

纲以程克俊签书枢密院事。

纲进封秦桧为秦、魏两国公,辞不拜。

纲十一月,张俊免。

目初,俊赞秦桧成和议,约尽罢诸将,独以兵权归俊。及和议定,诸将罢,而俊无去意,故桧讽台臣江邈论之。遂罢为节度使,充醴泉观使,进封清河郡王,奉朝请。

纲刘光世卒。

目光世在诸将中最先进,律身不严,驭军无法,不肯为国任事。早解兵柄,与时浮沉,不为秦桧所忌,故能窃宠荣以终其身。方之韩、岳,不逮远矣。

纲徽猷阁待制致仕尹焞卒。

目焞质直弘毅,实体力行,程颐尝以鲁许之,且曰:"我死而不失其正者,尹氏子也。"

[秦熺修日历]

纲诏秘书少监秦熺(xī)修日历。

―――――――――

① 攒:不葬而暂停棺柩。永固陵:在今浙江绍兴市,不久后改名永祐陵。
② 祔:合葬。

目秦桧无子,取妻兄王焕孽子熺养之①。南省擢为第一②,桧以为嫌。进士陈诚之策,专主和议,乃以为首;熺次之,历官秘书少监。桧自知不为士论所与,乃以熺领国史。自桧再相,凡诏书章疏稍及桧者率更易焚弃。因以太后北还为己功,自领其事,使著作郎王杨英、周执羔上之③。

纲孟忠厚罢。

目忠厚始以外戚贵显,然能避权势,不以私干朝廷。秦桧,忠厚之僚婿也④,未尝亲附。至是,桧讽台谏,引故事外戚不预政,罢之。

纲癸亥,十三年(1143)⑤,春正月,作太学。

纲二月,作景灵宫⑥。

纲夏闰四月,立贵妃吴氏为皇后。

目后,开封人,年十四选入王邸。帝既即位,后常以戎服侍左右。习书史,善翰墨,宠遇日隆,累进贵妃。帝怜邢氏在金,虚中宫以待其还。至是,秦桧累表请立后,皇太后亦以为言,帝从之。

纲王次翁罢。六月,程克俊罢。

---

① 孽子:庶子,婢妾所生之子。

② 南省:尚书省。

③ 著作郎:著作局长官,掌著书之事。

④ 僚婿:连襟,孟忠厚与秦桧都是宰相王珪的孙女婿。

⑤ 金皇统三年。

⑥ 景灵宫:为供奉宋圣祖赵玄朗而作的道教宫观,太祖以下帝后御容亦在其中。

〔宋使洪皓等自金归宋〕

綱　秋七月,行人洪皓、张邵、朱弁还自金①。

目　自建炎以来,奉使如金被拘囚者三十余人,多已物故,惟三人以和议

　　成许归。已而金人遣七骑追之,及淮,而皓等已在舟中矣。

　　皓居冷山,距会宁二百里,屡因谍者密奏敌情,且力言和议非计,乞兴

　　师进击。尝求韦太后书,遣李微持归,帝大喜曰:"朕不知太后宁否几

　　二十年,虽遣使百辈,不如此一书!"每遇贵族名家子流落于金者,尽

　　力拯救之。留金十五年而还,入对内殿,求郡养母。帝曰:"卿忠贯日

　　月,志不忘君,虽苏武不能过,岂可舍朕去邪!"皓退,见秦桧,语连日

　　不止,曰:"张和公金人所惮②,乃不得用。钱塘暂居,为景灵宫、太

　　庙,皆极土木之华,岂非示无中原意乎!"桧不怿③。遂除徽猷阁直学

　　士,提举万寿观,复以论事忤桧,出知饶州④。

　　邵被囚祚山⑤,逾年,送刘豫使用之。邵见豫,长揖而已,又呼豫为

　　"殿院"⑥,责以君臣大义,词气俱厉。豫怒,械于狱。久之,复送于

　　金,拘之燕山僧寺,从者皆莫知所之。金复徙之会宁。及还,入见,除

　　秘书修撰、主管祐神观⑦。司谏詹大方论其使事无成,改台州崇道观。

---

① 行人:使臣。
② 张和公:张浚。
③ 不怿:不悦。
④ 饶州:治今江西鄱阳县。
⑤ 祚山:祚山寨,位于密州,在今山东诸城市。
⑥ 殿院:刘豫政和中曾任殿中侍御史,故称。
⑦ 秘书修撰:据《宋史·张邵传》《建炎以来系年要录》卷一四九,当作"秘阁修撰"。

弁副王伦使金,既就馆①,守之以兵。久之,金将议和,当遣一人受书还,欲弁与伦探策决去留。弁曰:"吾来,固自分必死,岂应今日觊幸先归②! 愿正使受书,归报天子,成两国之好,蚤伸四海之养于两宫,则吾虽暴(pù)骨外国③,犹生之年也。"伦将归,弁谓曰:"古之使者有节以为信。今无节有印,印亦信也,愿留之,使弁得抱以死,死不腐矣!"伦解以授弁,弁受而怀之,卧起与俱。金人迫弁仕刘豫,且诪之曰:"此南归之渐。"弁曰:"豫,国贼,吾常恨不食其肉,又忍北面臣之,吾有死耳!"金人怒,绝其饩(xì)遗以困之④。弁忍饥待尽,誓不为屈;金人感动,致礼如初。久之,复欲易其官,弁曰:"吾官受之本朝,有死而已,誓不易以辱吾君也。"又以书诀洪皓曰:"杀行人,非细事,吾曹遭之,命也! 要当舍生以全义耳。"及还,入见便殿,弁谢,且曰:"陛下与金人讲和,上返梓宫⑤,次迎太母⑥,此皆知时知几之明。然时运而往,或难固执,几动有变,宜鉴未兆。金人以黩武为至德,以苟安为太平,虐民而不恤民,广地而不广德,此皆天助中兴之势。若时与几,陛下既知于始,愿图厥终。"帝曰:"善。"秦桧恶其言,奏以初补官易宣教郎、直秘阁而卒⑦。

纲 帝书六经,刻石于太学。

---

① 就馆:到达、入住使馆。
② 觊幸:希求侥幸。
③ 暴:暴露、显露。
④ 饩遗:供给、赠送的食物。
⑤ 梓宫:指宋徽宗的棺材。
⑥ 太母:指宋高宗生母韦氏。
⑦ 宣教郎:文臣寄禄官,正七品。

纲 冬十二月，金人来聘①。

纲 复置三馆②。

目 上谓宰执曰："人才须素养。太宗置三馆养天下之士，至仁庙人才辈出为用③。今日若不兴学校，将来安得人才用邪！"

纲 甲子，十四年(1144)④，春正月，乐平水斗⑤。

目 乐平县何冲里，田陇数十百顷，田中水类为物所吸，聚为一直行(háng)，高平地数尺，不假堤防而水自行；里南程氏家井水溢，亦高数尺，夭矫如长虹⑥，声如雷，穿墙毁楼。二水斗于杉墩，且前且却，约十余刻乃解，各复故。

纲 二月，万俟卨罢，以楼炤签书枢密院事。

纲 三月，帝谒孔子庙，遂视学。

目 国学大成殿成⑦，司业高闶表请帝视学⑧，从之。止辇于殿门外⑨，步趋升降，退御敦化堂，命礼部侍郎秦熺执经，高闶讲《易·泰卦》。

胡宏见其表，移书责之曰："太学，明人伦之所在也。太上皇帝劫制于

---

① 金国遣使来贺正旦，参加元正大朝会。
② 三馆：昭文馆、史馆、集贤院，总称崇文院，宫廷藏书之所。
③ 仁庙：指宋仁宗。
④ 金皇统四年。
⑤ 乐平：县名，今江西乐平市。水斗：二水相斗，五行属水的灾异。
⑥ 夭矫：屈伸腾跃。
⑦ 国学：太学。
⑧ 司业：国子司业，国子监副长官。
⑨ 辇：帝后所乘之车。

强敌①,生往死归,此臣子痛心切骨,卧薪尝胆,宜思所以必报之大仇
也。太母,天下之母,其纵释乃在金人,此中华之大辱,臣子所不忍言
也。而柄臣乃敢欺天罔人②,以大仇、大辱而为大恩,阁下目睹,忘仇
灭理,北面敌国,以苟晏安之事,犹偃然为天下师儒之首。既不能建
大论明天人之理以正君心,乃阿谀柄臣,希合风旨③,求举太平之典,
又从而为之词,欺罔孰甚焉!"宏,安国子也。

〔禁野史〕

纲 夏四月,初禁野史。

目 从秦桧请也。后著作郎林机言:"有失意之人,匿迹近地,窥伺朝廷,
作为私史,以售其邪说,请禁绝之。"复下诏申禁之。

纲 五月,楼炤罢,以李文会签书枢密院事。

纲 闽、浙大水。

目 内侍右武大夫白锷④,从皇太后北归者,因闽、浙大水,宣言:"燮理乖盭
(lì)⑤,洪皓名闻华夷,顾不用⑥!"锷馆客张伯麟⑦,尝题太学壁云:"夫
差,而忘越王之杀而父乎!"秦桧怒之,俱坐诽谤,刺配锷于万安军⑧,伯

---

① 太上皇帝:指宋徽宗。
② 柄臣:执掌政权的大臣,指秦桧。
③ 希合风旨:窥测形势,迎合上意。
④ 右武大夫:武臣阶官五十三阶的第十四阶。
⑤ 燮理:协和治理。乖盭:乖戾,喻指宰相治国乖张失道。
⑥ 顾:反而、却。
⑦ 馆客:门客、幕僚。
⑧ 刺配:在脸上刺字并发配边远地方。万安军:治今海南万宁市。

麟于吉阳军①,罢皓提举江州太平观。

纲秋九月,徙赵鼎于吉阳军。

目鼎在潮五年,杜门谢客,时事不挂口,有问者,引咎而已②。先是,鼎请
正建国公皇子之号,桧言:"鼎欲立皇太子,是待陛下终无子也。宜俟
亲子乃立。"至是,中丞詹大方希桧意,劾鼎与其党范冲邪谋密计,转
相扇惑③,以徼无妄之福④。盖指皇子,而冲尝为翊善故也。遂移鼎
吉阳。鼎谢表有曰:"白首何归?怅余生之无几!丹心未泯,誓九死
以不移!"桧见曰:"此老倔强犹昔。"

纲冬十月,何若请黜程颐之学。

目右正言何若指程颐、张载遗书为专门曲学,请戒内外师儒之官,力加
禁绝。秦桧从之。

纲十二月,李文会免,以杨愿签书枢密院事。

目愿为中丞,迎合桧意以举劾,人号之为"肉简牌"。至是,论文会,遂代
其位。

纲王伦为金所杀。

目金欲以伦为平州路转运使⑤,伦曰:"奉命而来,非降也。"金胁以威,
遣使来趣,伦拒益力,金杖其使,俾缢杀之。

①吉阳军:治今海南海口市琼山区东南。
②引咎:把过失归于自己。
③扇惑:煽动蛊惑。
④徼:求,带有侥幸的意味。
⑤平州路:金国政区,治今河北昌黎县。

纲 乙丑,十五年(1145)①,春正月朔,初御大庆殿受朝②。

纲 夏四月朔,彗出东方③,大赦。

纲 六月朔,日食。

纲 帝幸秦桧第。

纲 秋七月,放张浚于连州。

目 浚因星变,欲力论时事,以其母计氏年高,言之必被祸。计氏知之,诵其父咸绍圣初制策曰④:"臣宁言而死于斧钺⑤,不忍不言而负陛下。"浚意遂决,即上疏言:"当今时势,如养大疽于头目心腹之间,不决不止。迟则祸大而难决,疾则祸轻而易治。惟陛下谋之于心,断之以独,谨察情伪,豫备仓卒,庶几社稷安全。不然,后将噬脐⑥。"事下三省。秦桧大怒,令中丞何若劾之,遂贬连州居住,寻徙永州。桧必欲杀浚,以其死党张柄知潭州,与郡丞汪召锡共伺察之。

纲 冬十月,杨愿罢,以李若谷签书枢密院事。

纲 丙寅,十六年(1146)⑦,春正月,行藉田礼⑧。

---

① 金皇统五年。

② 受朝:举行元正大朝会典礼,皇帝在大年初一接受文武百官、藩国使者等朝贺。

③ 彗星出于东方,是灾异的象征。

④ 制策:皇帝以简策、诏书问政于臣下,臣下应诏上书言事。

⑤ 斧钺:斧和钺,借指重刑。

⑥ 噬脐:啮咬肚脐,比喻后悔莫及。

⑦ 金皇统六年。

⑧ 藉田礼:皇帝率百官亲自耕田的典礼,寓重视农耕、祈望丰收之意。

目先是,知虔州薛弼言:"州民朽柱中有文,曰'天下太平年'。"秦桧大
　喜,乞诏付史馆。于是修弥文以饰治具①,如乡饮、耕藉之类。节节
　备举,为苟安于杭之计。自此不复巡幸江上,而祥瑞之奏日闻矣。

纲秋九月,金刘豫死。

纲丁卯,十七年(1147)②,春正月,以李若谷参知政事,何若签书枢密院
　事。二月,李若谷罢。三月,以段拂参知政事。何若罢。夏四月,以
　汪勃签书枢密院事。

纲五月,安置提举江州太平观洪皓于英州③。

纲秋八月,故相赵鼎卒于吉阳军。

目鼎潜居深处,门人故吏皆不敢通问,惟广西帅张宗元时馈醪(láo)
　米④。会降旨"赵鼎、李光,遇赦永不检举"⑤,且令本军月具存亡申
　省。鼎遣人语其子汾曰:"秦桧必欲杀我。我死,汝曹无患;不尔,祸
　及一家矣。"自书墓中石,记乡里及除拜岁月,且书铭旌云⑥:"身骑箕
　尾归天上⑦,气作山河壮本朝。"遗言其子乞归葬,遂不食而死。天下
　闻而悲之。
　　鼎为相,专以固本为先,以为本固而后敌可图,仇可复。惜其见忌于

---

① 修弥文:举行礼制,对政治弥加文饰。
② 金皇统七年。
③ 英州:治今广东英德市。
④ 醪米:酿酒用的米。
⑤ 检举:荐拔。
⑥ 铭旌:灵枢前书写死者姓名等文字的长幡。
⑦ 箕尾:二十八星宿中的箕宿与尾宿,两宿相接。

桧,赍志以没①。然中兴贤相,鼎为称首。

纲 九月,罢四川宣抚副使郑刚中。

纲 冬十二月,金及蒙古和。

目 初,挞懒既诛,其子胜花都郎君率其父故部曲以叛,与蒙古通。蒙古益强,兀术讨之,连年不能克,乃与之议和,割西平河以北二十七团寨与之②,岁遗牛、羊、米、豆,且册其酋熬罗勃极烈为蒙辅国王③。不受,自号大蒙古国。至是始和,岁遗甚厚。于是蒙酋自称祖元皇帝,改元天兴。

纲 戊辰,十八年(1148)④,春二月,段拂罢。三月,以秦熺知枢密院事。

纲 夏四月,秦熺罢为观文殿学士兼侍读,位次右仆射。

纲 五月,放浙东副总管李显忠于台州。

目 显忠熟知西边山川险易,因上恢复策。秦桧恶之,降官奉祠,台州居住。

纲 秋七月,宽诸郡杂税。

纲 八月,汪勃罢,以詹大方签书枢密院事。九月,詹大方卒。

纲 冬十月,以余尧弼签书枢密院事。

---

① 赍志以没:怀抱着未遂的志愿死去。
② 西平河:即胪朐河,今克鲁伦河,发源于今蒙古国肯特山,注入呼伦湖。
③ 勃极烈:金国官号,后授予皇室贵族。
④ 金皇统八年。

纲金兀术卒。

纲十一月,窜胡铨于海南。

纲十二月,金以完颜亮为右丞相。

〔完颜亮弑金熙宗完颜亶,自立为帝〕

纲己巳,十九年(1149)①,冬十二月,金完颜亮弑其主亶而自立。

〔军士施全刺杀秦桧〕

纲庚午,二十年(1150)②,春正月,殿司军士施全刺秦桧,不克,桧杀之。

目桧趋朝,殿前司后军使臣施全挟刃于道③,遮桧肩舆刺之,不中,捕送
　大理。桧亲鞫之,全对曰:"举天下皆欲杀虏人,汝独不肯,故我欲杀
　汝也。"诏磔(zhé)于市。自是桧每出,列五十兵持长梃以自卫。

纲三月,以余尧弼参知政事,巫伋(jí)签书枢密院事。遣尧弼使金④。

纲下李光子孟坚于大理狱,流之峡州⑤。责降徽猷阁直学士胡寅等官
　有差。

目光在琼⑥,尝作私史,其仲子孟坚为所亲陆升之言之,升之讦其事。秦

---

① 金皇统九年,十二月改元天德。
② 金天德二年。
③ 使臣:低阶武官。
④ 贺完颜亮即位。
⑤ 峡州:治今湖北宜昌市。
⑥ 琼:州名,治今海南海口市琼山区。

桧命两浙转运副使曹泳究实,泳言:"孟坚省记父光所作小史,语涉讥谤。"送大理寺,狱成,诏光遇赦永不检举,孟坚除名,编管峡州。于是胡寅、程瑀、潘良贵、宗颖、张焘、许忻、贺允中、吴元许八人皆缘坐①,责降有差。有太常主簿吴元美作《夏二子传》,指蚊、蝇也。其乡人告之,以为讥毁大臣。且言:"元美与李光交,故其亭号潜光。"桧大怒,窜之容州②。

纲 夏四月,金主亮大杀其宗室。

纲 冬十月,金主亮杀其左副元帅撒离喝等,夷其族。

纲 秦桧有疾,诏执政赴桧第议事。

纲 辛未,二十一年(1151)③,春正月,金置国子监。

纲 二月,以巫伋为金国祈请使。

目 伋至金,首请迎靖康帝归国,金主曰:"不知归后何处顿放?"伋唯唯而退。

纲 三月,金主大营宫室于燕。

目 金主稍习经史,慕中国朝著之尊④,密有迁都意,遂下诏求直言,而上书者多谓"上京僻在一隅,不若徙燕,以应天地之中",与金主意合。乃遣左丞相张浩、右丞相张通古等调诸路夫匠,筑燕京宫室,一依汴

----

① 缘坐:即连坐。
② 容州:治今广西容县。
③ 金天德三年。
④ 朝著之尊:宫廷中百官列定班次,向皇帝行朝参礼仪,彰显皇帝的尊贵。

京制度。一殿之费,以亿万计,成而后毁,务极华丽。

纲秋八月,太傅、镇南武安宁国节度使、咸平王韩世忠卒①。

目世忠解兵罢政,卧家凡十年,至是卒。孝宗朝追封蕲王,谥忠武。子彦直、彦质、彦古,皆以才见用。

纲冬十一月,余尧弼罢。

纲壬申,二十二年(1152)②,夏四月,巫伋罢,以章复签书枢密院事。秋九月,章复罢。冬十月,以宋朴签书枢密院事。

黄晓巍 评注

张　帆　高纪春 审定

---

① 咸平王:据《宋史·韩世忠传》《建炎以来系年要录》卷一六二,当作"咸安王"。
② 金天德四年。